古代歷史文化 研究輯刊

十 編

王 明 蓀 主編

第 7 冊

漢代長安與洛陽都城宮室規制
——以兩都二京賦爲主軸（上）

葉 大 松 著

國家圖書館出版品預行編目資料

漢代長安與洛陽都城宮室規制——以兩都二京賦為主軸（上）
／葉大松 著—初版—新北市：花木蘭文化出版社，2013〔
民 102〕
目 6+208 面：19×26 公分
（古代歷史文化研究輯刊 十編；第 7 冊）
ISBN：978-986-322-335-1（精裝）
1. 宮殿建築　2. 漢代
618　　　　　　　　　　　　　　　　　　　102014366

ISBN-978-986-322-335-1

9 789863 223351

古代歷史文化研究輯刊
十 編 第 七 冊　　　　　　　ISBN：978-986-322-335-1

漢代長安與洛陽都城宮室規制
——以兩都二京賦爲主軸（上）

作　　者　葉大松
主　　編　王明蓀
總 編 輯　杜潔祥
出　　版　花木蘭文化出版社
發 行 所　花木蘭文化出版社
發 行 人　高小娟
聯絡地址　235 新北市中和區中安街七二號十三樓
　　　　　電話：02-2923-1455／傳眞：02-2923-1452
網　　址　http://www.huamulan.tw 信箱 sut81518@gmail.com
印　　刷　普羅文化出版廣告事業
初　　版　2013 年 9 月
定　　價　十編 35 冊（精裝）新台幣 62,000 元　　　版權所有·請勿翻印

漢代長安與洛陽都城宮室規制
——以兩都二京賦爲主軸（上）

葉大松　著

作者簡介

葉大松，臺灣彰化人，民國 32 年出生，甫弱冠即畢業於臺北科技大學，當年高考及經建特考土木工程科及格，翌年進入高雄港務局就職；民國 55 年連中郵政總局高級技術員及建築師高考，兩年後又考上電信特考及高考水利技師，並進入電信管理局任職；而立之年復中舉衛生工程技師，三年後開業建築師並持續了三十五年，齡垂花甲高考水土保持技師及第，年逾耳順始當研究生，先後獲得北京清華大學工程碩士及玄奘大學文學博士學位；出版著作有《中國及韓國建築史》。未出版著作《日本建築史》。

提　要

　　班固兩都賦與張衡二京賦所描寫的西漢長安與東漢洛陽氣象宏偉，鋪陳詳細。其中涉及兩座都城的宮殿、禮制三宮、苑囿，帝陵及其陵邑、臺榭、邸宅、市廛等建築之規劃、選址、佈局、風格、施工在建築史上是彌足珍貴的史料，論著由建築的觀點上來瞭解漢代文學，故對賦文中所提到的建築名辭、術語放在附錄中釋意，必要時佐以圖樣，對史書所記載的碩大尺度如井幹樓高五十丈等，則以建築測量技術進行評估與驗證，庶幾不致認為古人之記載僅是齊東野語。

　　西漢選擇八水環繞三面及終南屏南的優越地理位置之長安建立國都，所營建未央宮象徵紫微垣之佈局有如藩臣拱衛帝君之勢，象徵天人合德之建築哲理。東漢定都洛陽，北有瀍澗穀洛伊五水縈繞，南有太室、嵩山之鎮峙，位居天下之中，古為四戰之衢地。光武帝將禮制三宮明堂、靈臺及辟雍一氣建成，這是建築史上的大事。還有西漢為強幹弱枝所建之陵邑正是現代衛星城市的濫觴。

　　本論著第一章緒論，介紹研究動機、目的及範圍，第二章論述兩京都城規制，第三章論述兩京宮室規制，第四章論述兩京體制三宮，第五章論述兩京苑囿，第六章論述兩京都陵邑及陵墓，第七章論述兩京第宅、朝堂、太學等建築，第八章敘述兩京文獻與遺址資料之比對，第九章論述兩京風水格局，第十章結論敘述建築文學研究之必要性及前景。

目

次

圖表目次

第一章　緒　論

　　人類自文明的曙光開始，就與建築脫不了關係，橧巢樹居需要構建，穴居的自然岩洞，洞口也要用蓬垣蓽戶，沒有建築物當庇護所，人類無法適應風雨霜雪的氣侯、無法抵禦蟲蛇野獸的侵襲，人類老早就自然淘汰，也不再有文明的出現，遑論產生文化或文學。人類進入農耕定居時，其居室為陶復陶穴、茅茨板築，板築所產生的工作聲音「捄之陾陾，度之薨薨；築之登登，削屢馮馮」〔註1〕頓成文學的題材。漢寶德稱：「建築是文化的具體反應，所以一個民族的文化特質不可避免表現在建築上面，古代的器物包括藝術品，如果沒有建築空間的架構為基礎，都顯不出其文化的光輝，就淪為美麗的骨董。」〔註2〕建築是文化的表徵，建築如果沒有文化的持質，那只是一堆建材的組合體，故劉月稱：「建築這一劃分空間的藝術，使華夏之民從長期的農耕生活中體悟到『宇宙即建築』……建築又是文化的一個縮影，反映出不同的社會功能，中國建築以人的尺度本現著中國人樂生、重生的現世情懷。」〔註3〕無論是展現皇權威勢的宮室建築、祀天祭祖的禮制建築、娛樂遊獵的苑囿建築、生活起居的住宅建築、買賣貨物的市廛建築等社會功能，都是體現以人為本的小宇宙，以班固〔註4〕（32～92）〈西都賦〉而言，五陵象人之

〔註1〕　《毛詩注疏卷十六·大雅·緜》漢·鄭玄箋，唐·孔穎達疏，臺北，1977年1月，頁548。
〔註2〕　《中國的建築文化·封面題辭》漢寶德著，聯經出版公司，臺北，2004年9月，封面。
〔註3〕　《中西建築美學比較論綱·緒論》劉月著，復旦大學出版社，上海，2008年9月，頁7。
〔註4〕　班固，右扶風安陵邑人，班彪之子，與妹班昭俱有文名。曾因再續其父之《續

首，建章、甘泉兩宮象左右手，杜、霸兩陵邑象左右足，金城周池爲肚，紫宮未央，長樂宮、北宮、明光宮、桂宮、象心、肝、脾、肺、腎等五臟，九市象胃，十二通衢象十二經絡，閣道像象動脈，整座長安都城就像人的身體，長安都城宏偉壯麗象徵大漢天子的偉大，更代表大漢帝國的強盛，這就是中國建築文化觀。

第一節　研究動機

　　漢代描寫都城的賦文以漢成帝（前 52～前 7）時揚雄（前 53～18）所描寫成都的〈蜀都賦〉爲最早，但以描寫洛陽及長安都城宮室的班固的〈兩都賦〉與張衡（註5）（78～139）的〈二京賦〉最著名，依皇甫謐（215～282）〈三都賦序〉云：「至班固**兩都**，張衡二京……初極宏侈之辭，終以約簡之制，煥乎有文、蔚爾鱗集，皆近代辭賦之偉也。」（註6）再依《文心雕龍・詮賦》云「孟堅**兩都**，明絢以雅贍，張衡二京，迅發以宏富……並辭賦之英傑也。」（註7）晉劉逵雖云：「班固兩都理勝其辭，張衡兩京文過其義。」（註8）但賦家確對地理、城邑、博物下過嚴謹的考證工夫，如左思所云：「余既思摹二京而賦三都，其山川、城邑則稽之地圖，鳥獸、草木則驗之方志，風謠、歌舞，魁梧、長者，莫非其舊……匪本匪實，覽者奚信？」（註9）張其昀亦稱：

> 班固〈西都賦〉是第一篇長安的刻畫描寫，其價值非普通辭賦可比。
> 從地理形勢說到高祖定都，從城內熱鬧說到四郊繁榮，從人民的康
> 樂說到帝王的豪華；此外描述封畿環境的優美，物產貢品的豐富，
> 宮殿裝飾的絢爛，觀臺建築的宏偉，天子畋獵的壯觀，舟車遊娛的
> 盛況，元元本本，殫見洽聞，此情此景，有如恍在眼前，文筆之勝，
> 處處入妙，極爲生動，誠足以隆上都而觀萬國。至今讀之『撫懷舊

史記》而被告私改國史下獄，賴其弟班超上書述明，乃得召爲蘭臺令史，後隨竇憲征北匈奴作銘勒燕然山，憲敗被牽連，死在獄中。
〔註5〕　張衡，南陽郡西鄂邑人，曾擬班固〈兩都賦〉作〈兩京賦〉，十年乃成；爲太史令，作混天儀及候風地動儀，爲文學家兼科學家。
〔註6〕　《文選卷四十五・三都賦序》蕭梁・蕭統輯，唐・李善注，正中書局，臺北，1971 年，頁 632。
〔註7〕　《文心雕龍卷二・詮賦第八》，劉勰撰，粹文堂，臺北，1975 年，頁 135。
〔註8〕　《文選學・徵故第七》，駱鴻凱著，華正書局，臺北，1989 年 9 月，頁 199。
〔註9〕　《文選卷四・三都賦序》頁 56。

之蓄念，發思古之幽情。』留下了極珍貴的歷史文獻。」〔註10〕

　　除兩都二京賦外，張衡另有描寫南陽的〈南都賦〉，其後又有東漢傅毅（？
～90）再描述洛陽的〈洛都賦〉、曹魏劉楨（？～217）以山東曲阜爲背景的
〈魯都賦〉、曹魏劉邵描寫邯鄲的〈趙都賦〉，到晉代又有構思十年造成洛陽
紙貴的左思（250？～305？）的蜀都（成都）、吳都（姑蘇、建業）、魏都（鄴
都）等的《三都賦》，另東晉庾闡亦有描寫武昌的〈揚都賦〉等都城文賦陸續
出現，但已無兩都二京賦之雄渾滂薄、翔實生動。筆者以爲班孟堅的〈兩都
賦〉與張衡精思十年的〈二京賦〉異曲同工，實爲建築文賦的翹楚，值得從
文學角度來看兩都二京賦。其次，漢代的長安都城係先有宮室〔註11〕後建都
城，洛陽沿用東周以來的成周城，並非有如唐代長安與洛陽係整齊計畫型的
都城〔註12〕，先建都城後建宮屋：漢代長安與洛陽基本上爲宮室主體型都城
的代表，此與許多歐洲的教堂主體型都市如梵諦岡有異曲同功之妙，因爲前
者是宮室平面集團之偉大（千門萬戶），而後者則強調教堂個體立面之高大（圓
頂尖塔）與龐大（拱圈柱廊），同爲典型東、西方專制型都城的典型，值得深
入探討，此其一。

　　《古詩十九首》第三首：「長衢羅夾巷，王侯多第宅；兩宮遙相望，雙
闕百餘尺。」及第五首「西北有高樓，上與浮雲齊；交疏結綺窗，阿閣三重
階。」第十二首「東城高且長，逶迤自相屬。」以及第十三首「驅車上東門。」
〔註13〕等詩辭，顯示洛陽都城內相距一里的南北兩宮、屹立於宮前廣場（闕
庭）上高達百餘尺的雙闕，都城東北角上東門外寬大的車路，西北角的高聳
金鏞城百尺樓之四注式的廡殿屋頂、牆壁上有交疏櫺條之綺窗且有三層臺階
之崇臺高閣，以及都城內長街羅列夾峙巷道，處處都有王侯豪奢邸宅等等建
築布局令人不禁心嚮往之，遂興起了透過文學來研究漢代都城宮室的動機，
此其二。（如圖 1-1）

〔註10〕《中華五千年史・西漢史》，張其昀撰，中國文化大學，臺北，1982 年，頁
　　　　73。
〔註11〕除長樂宮即秦代興樂宮列外，其餘未央宮、桂宮、北宮、明光宮皆長安築城
　　　　後陸續興建。
〔註12〕即《周禮・考工記・匠人》所謂的「匠人營國：方九里，旁三門，國中九經
　　　　九緯，經涂九軌，左祖右社，面朝背市，市朝一夫」之都城計劃。
〔註13〕《增補六臣注文選卷二十九・古詩十九首》蕭梁・蕭統撰，唐・李善等六臣
　　　　註，漢京文化事業公司，1983 年 9 月，頁 536。

圖 1-1　重簷歇山樓閣（左）交疏綺窗廡殿樓閣之漢代明器（右）

〈明人入蹕圖〉之重簷歇山樓閣

引自《中國建築》031，頁 15。

漢代三層廡殿頂樓閣明器，具有
交疏綺窗，多倫多皇家博物館藏

引自《中華歷史文物》，頁 181。

　　1972 年，湖南長沙馬王堆漢墓之軑侯利蒼夫人名爲辛追的女屍出土，雖
經歷了二千一百年，然而身體未腐，皮膚尚有彈性，隨葬品包括紡織品、衣
物、竹器、木器、漆器、陶器以及竹簡、帛書、地圖、木俑、樂器、帛畫、
兵器等共計三千餘件﹝註 14﹞，而墓室內之葬具爲槨室及四套棺及墊木組成，
其中槨室長六點七三公尺，寬四點八一公尺，高二點六公尺﹝註 15﹞，其面積
達三十二點三七平方公尺，六層棺槨全部用七十塊厚木板拼接而成，不用一
支金屬釘子，這麼大尺度的槨室又如同一間木構造房屋，埋封在二十公尺深
之地下，承受了相當大的土壓力，歷二千餘年而完好如初，這是建築史上的
奇蹟，漢代的建築結構頓時引起了筆者研究的動機，此其三。
　　由今本《三輔黃圖》記載漢宮的尺度﹝註16﹞，如未央宮前殿東西五十丈、

﹝註 14﹞《考古中國》，黃士強著，錦繡出版社，臺北，1982 年 4 月，頁 161。
﹝註 15﹞《長沙馬王堆一號漢墓上集》，槨室之高度由上下底板及頂板厚度以及壁板高
　　　　度之總和計算得出，文物出版社，北京，1973 年，頁 13。
﹝註 16﹞《中國度量衡史》表十五，吳洛著，表十五，前漢尺爲 27.65 公分，後漢尺爲
　　　　23.04 公分：一丈六尺，則前漢步爲 1.659 公尺，後漢尺爲 1.224 公尺：一丈
　　　　十尺，則前漢丈爲 2.675 公尺，後漢丈爲 2.304 公尺，：一里 1800 尺，則前
　　　　漢里爲 427.5 公尺，後漢里爲 414.72 公尺，一臺灣商務印書館，臺北，1966

深十五丈、高三十五丈，建章宮閭闔門高二十五丈，鳳闕高二十五丈，別風闕高五十丈，井幹樓高五十丈，圓闕高二十五丈等等〔註17〕，以前漢尺一尺等於 27.65 公分計算〔註18〕，未央宮前殿東西面寬一百三十八公尺、南北進深四十一公尺、高度九十六公尺，閭闔門與鳳闕高六十九公尺，別風闕與井幹樓高一百三十八公尺，這些漢代宮闕殿樓高度如與今日臺北的建築物作比較，未央宮前殿高過七十公尺的中正紀念堂八角攢尖屋頂之寶瓶，別風闕與井幹樓高度為總統府塔樓錐頂的五倍……在二千餘年前的西漢時代，居然可以興建這種超高樓，其建築工藝技術值得研究，此其四。

漢晉描寫都城、宮室、殿宇的賦文如班固的〈兩都賦〉、張衡的〈二京、南都賦〉、左思的〈三都賦〉、揚雄的〈甘泉賦〉、王延壽（124？～148？）的〈魯靈光殿賦〉、何晏（？～249）的〈景福殿賦〉等，這些賦文內容有很多收關建築專門名詞（以黑體表示），諸如：

〈西都賦〉云〔註19〕：

　　因瓌材而究奇，抗應龍之**虹梁**；列**棼橑**以布翼，荷**棟桴**而高驤，雕**玉瑱**以居楣，裁金璧以飾璫；……**左墄右平，重軒三階**；……上**觚稜**而棲金雀……上**反宇**以蓋戴……。

〈東都賦〉云〔註20〕：

　　宮室光明，闕庭神麗……聖皇蒞止，**造舟為梁**。

〈西京賦〉云〔註21〕：

　　蔕倒茄於**藻井**，披紅葩之狎獵……跱遊極於**浮柱**，結重欒以相承……**反宇業業**，飛檐轍轍。

〈東京賦〉云〔註22〕：

　　黃帝合宮，有虞總期……**度堂以筵，度室以几**；……建**象魏**之兩觀，旌六典之舊章……**複廟重屋，八達九房**。

〈蜀都賦〉云〔註23〕：

　　　　年，頁 65。

〔註17〕《三輔黃圖卷二》，世界書局，臺北，1973 年 11 月，頁 15，16

〔註18〕《中國度量衡史》表十五，吳洛著，臺灣商務印書館，臺北，1966 年，頁 65。

〔註19〕《增補六臣注文選卷一・西都賦》蕭梁・蕭統撰，唐・李善等六臣註，漢京文化事業公司，1983 年 9 月，頁 22～32。

〔註20〕同註 19 卷一〈東都賦〉頁 33～41。

〔註21〕同註 19 卷二〈西京賦〉頁 42～59。

〔註22〕同註 19 卷三〈東京賦〉頁 60～80。

結陽城之延閣，飛觀榭乎雲中，開高軒以臨山，列綺窗而瞰江。

〈吳都賦〉云〔註24〕：

雕欒鏤楶，青瑣丹楹。

〈魏都賦〉云〔註25〕：

枌橑複結，欒櫨疊施，丹梁虹申以並互，朱桷森布而支離。

〈甘泉賦〉云〔註26〕：

列宿迤施於上榮兮，日月纔經於柍桭。

〈景福殿賦〉云〔註27〕：

桁梧複疊，勢合形離，……承以陽馬，接以員方。

〈魯靈光殿賦〉云〔註28〕：

層櫨磥垝以岌峨，曲枅要紹而環句；芝栭攢羅以戢孴，枝掌权枒而斜據。

〈蕪城賦〉云〔註29〕：

板築雉堞之殷，井幹烽櫓之勤。

以上所列舉建築術語，但可能讓人推敲半日，也難以知其究爲何指？指何物？指何處？除了板築爲建築施工術語外，其餘皆爲建築布局、構件及細部外觀術語。本論文將從建築觀點解釋其義，並佐以圖說，以明其微，此其五。

而《文選》60卷491篇首中，其開宗名義章第一卷至第三卷京都類賦文即〈兩都二京賦〉該四篇賦文，皇甫謐贊其爲近代辭賦之偉於先，劉勰（465？～532？）美其爲辭賦之英傑於後，開都城辭賦之濫觴，啓宮室文章之先河；本論文即選用此四篇賦文做爲主要研究探討對象，此其六。

中國文學史上有時代及作者存疑的作品，如《古詩十九首》作品年代問題，有謂第一、二、五、六、九、十、十二、十九等八首爲西漢枚乘（？～前141）所作，如徐陵（507～583）的《玉臺新詠》〔註30〕；或疑爲建安時

〔註23〕同註19卷四〈蜀都賦〉頁89～97。

〔註24〕同註17卷五〈吳都賦〉頁98～116。

〔註25〕《增補六臣注文選卷六·魏都賦》，頁117～137。

〔註26〕同註19卷七〈甘泉賦〉頁141。

〔註27〕同註19卷十一〈景福殿賦〉頁223。

〔註28〕同註19卷十一〈景福殿賦〉頁216。

〔註29〕同註19卷十一〈蕪城賦〉頁212。

〔註30〕《玉臺新詠箋注卷一·枚乘雜詩九首之八首》陳·徐陵編，清·吳兆宜注，

期（196～220）曹、王所製，如鍾嶸（？～518？）的《詩品》〔註31〕；或稱枚乘（？～前140）之詞，但肯定傅毅（47？～92）作第八首〈孤竹詩〉，如劉勰（465？～532？）《文心雕龍·明詩》〔註32〕等莫衷一是。

　　但以該古詩描寫漢代建築而言，其第三首有「兩宮遙相望，雙闕百餘尺」之聯，考東漢洛陽都城內有南北兩宮，其中南宮漢高祖（前256～前195）時已存在，如《史記·高祖本紀》云「（五年五月，前202）高祖置酒於洛陽南宮」。〔註33〕北宮竣工於後漢明帝（28～75）永平八年（65），如《後漢書·明帝紀》云「永平三年……是歲起北宮及諸官府……八年……冬十月，北宮成」。〔註34〕故此詩創作年代不會早於永平八年，另漢獻帝（181～234）初平元年（190）二月董卓（？～192）悉燒洛陽宮廟、官府、居家，二百里內室屋蕩盡無復雞犬〔註35〕，則知兩宮已毀於董卓之火，又依曹植（192～232）〈送應氏詩〉有「洛陽何寂寞，宮室盡燒焚，垣牆皆頓擗，荊棘上參天。」〔註36〕，知當時洛陽已呈殘破之景象，三十年後，魏文帝（？～192）黃初元年〔220〕再營洛陽宮〔註37〕，可知《古詩十九首》第三首應該是東漢明帝永平八年（65）以後至獻帝初平元年（190）間的作品，此為由漢代宮闕建築史來研究文學作品年代的例子，此其七。

清·程琰刪補，穆克宏點校，明文書局，臺北，1988年7月，頁17～21。

〔註31〕　《四庫全書集部九·詩文評類·詩品卷一》蕭梁·鍾嶸撰，清·陳文樞校，臺灣商務印書館，臺北，1986年7月，頁1487～192。

〔註32〕　《四庫全書集部九·詩文評類·文心雕龍卷二·明詩第六》蕭梁·劉勰撰，清·何思鈞校，臺灣商務印書館，臺北，1986年7月，頁1487-10～11。

〔註33〕　《史記一卷八·高祖本紀》漢·司馬遷撰，劉宋·裴駰集解，唐·司馬貞索隱唐·張守節正義，藝文印書館，1975年，頁175。

〔註34〕　《後漢書集解卷二·孝明帝紀》劉宋·范曄撰，唐·李賢注，清·王先謙集解，藝文印書館，1975年，頁6869。

〔註35〕　《後漢書集解一卷一·獻帝紀》及《後漢書集解二卷一·董卓列博》所載，劉宋·范曄撰，唐·李賢注，清·王先謙集解，藝文印書館，1975年，頁145，812。

〔註36〕　《增補六臣注文選卷二十·送應氏詩二首之一》頁380。

〔註37〕　《三國志集解·魏書·武帝操》卷一云：「二十五年，春正月至洛陽」。《集解》引《世語》曰：「自漢中至洛陽起建始殿。」不久，黃初元年（220）二月文帝曹丕：「初營洛陽宮」重修北宮，晉·陳壽撰，劉宋·裴松之注，民國·盧弼集解，1975年，藝文印書館，臺北，頁82，105。

第二節　研究目的

一、探討建築與古典文獻的關聯性

「文學」的定義依據王夢鷗意見：

> 廣義的文學，是指一切書寫的東西，狹義的文學則專指那屬於所謂
> 詩歌、戲曲、小說等作品。……換句話說，狹義的文學，實際僅指
> 廣義的文學之一部份。〔註38〕

則兼有廣狹二義。而建築亦有廣狹二義，狹義的建築指供人居住的房屋，廣
義的建築則指人類所建造的固定的空間形體及布局，舉凡房屋，園林、橋梁、
墳墓等是建築，華表、牌樓、紀念碑、圖騰柱、日人鳥居（神社牌樓）、藏族
嘛呢堆、英國的巨石陣、孔明的八陣圖等亦是建築。

趙潤峰則認爲〔註39〕：

> 文學亦稱「語言藝術」，它用語言塑造形象，反映社會生活，表達作
> 者的思想感情，以形象的美感作用，對讀者產生影響。

則將文學當作大我的社會及小我的感情融合的語言藝術，具有對群眾的影響
的社會責任，建築爲造型藝術，其創造亦有設計者的思想感情以展現美感，
如蘇州的園林設計者小空間的宇宙觀，雪梨歌劇院設計者藉曝日的貝殼展現
海洋文明的耀昇。

而涂公遂則將文學分爲質文與美文二類，如：

> 質文重理智、重邏輯、重實證、重文法、重勸善、重教人，相當於
> 六朝的所謂「筆、無韻文」；美文重情感、重直覺、重想像、重美感、
> 重修辭、重藝術、相當於六朝的所謂「文、有韻文。」〔註40〕

則是專指純文學而言，美文重情感、美感、藝術之持性，如《詩經》歷近三
千年流傳不斷，而建築作爲一種造型藝術，亦具有超時空的特點，劉月稱：
「建築藝術作爲一門具有獨特魅力的藝術，其最大的生命力，就在于它能跨
越時空，千古流傳。」〔註41〕如埃及金字塔的幾何美，長城的迤邐美亦有同

〔註38〕　《文學概論第二章‧看家本領》，王夢鷗著，帕米爾書店，中華書局，臺北，
　　　　1980 年 3 月，頁 8。
〔註39〕　《文學知識大觀‧文學原理》趙潤峰著，時代文藝出版社，長春，1989 年 4
　　　　月，頁 1。
〔註40〕　《文學概論》涂公遂著，安邦書局，臺北，1976 年 8 月，頁 129～130。
〔註41〕　《中西建築學概論比較論綱‧緒論》劉月著，復旦大學出版社，2008 年 9 月，

樣特點。

西洋「文學」一辭，以華舍斯德 Warcester（1784～1865）所下定義較簡明：

> 文學就是學問、知識、想像的結果，時存於書面。〔註42〕

則文學定義幾乎包羅人的一切學識與思惟，而建築學則由造型、美學、材料、構造、光學、聲學、力學、地質等等工藝學科構思出來的形體藝術，當然也包涵其中。

由上面諸家的定義，文學領域應包涵科學與美學之觀點，正是擴大文章的視野並拓寬文學的領域。

筆者因爲對建築歷史有濃厚的興趣，因此常在建築文學方有所鑽研，而古典文獻描述建築文辭自《易・繫辭》所謂「上古穴居而野處，後世聖人易之以宮室，上棟下宇，以待風雨。」〔註43〕開始，古文描述建築非常多，但以建築觀點與一般文學觀點有若干差異，如《詩經・鄘風・定之方中》:「定之方中，作于楚宮，揆之以日，作于楚室。」〔註44〕，《毛傳》云:「定，營室也；方中，昏正四方，楚宮，楚丘之宮。」〔註45〕鄭玄箋云「楚宮，謂宗廟也；定星，昏中而正，可以營制宮室，故謂之營室，定昏中而正，謂小雪時其體與東壁連，正四方。」〔註46〕定之方中的定，若依上述解釋謂「定」爲營室星，則本句一般解釋將爲:「在營室星黃昏時出現正南方時刻的日子（夏正十月小雪中氣），來建造楚宮，並測量日影之子午線來定爲楚室的方向。」但是若從建築觀點而言，「定之方中」當解釋爲將楚宮配置在基地正中位置上，即現在工程上所稱的「放樣」。其因之一「揆之以日」天天可做，定之方中只選擇以營室星黃昏時出現正南方的月份時刻，且只在小雪那一天動工，似乎不符中國人營建的習慣，其因之二以句法而言，「揆」爲動詞，「定」依例應爲動詞，其因之三，鄭玄既云之小雪時營室星體與東壁連以正四方，又云:「營室，玄武宿，與東壁連體而四星」〔註47〕，則鄭

頁 1。
〔註42〕同註 33，作者云:「華舍斯德，英國文學批評家，著有文學批評史」，頁 43。
〔註43〕《周易注疏・繫辭下》曹魏・韓康伯注，唐・孔穎達正義，新文豐出版公司，臺北，1977 年 1 月，頁 168。
〔註44〕《毛詩注疏卷三・鄘風・定之方中》漢・鄭玄箋，唐・孔穎達疏，頁 115。
〔註45〕同註 44。
〔註46〕同註 44。
〔註47〕《周禮注疏・考工記・輈人》云:「龜蛇四斿以象營室」之鄭注，頁 614。

玄以室宿的室二星以及壁宿的壁二星連體四星成正方形，但室二星爲西洋星座飛馬座之α及β星，而壁二星爲飛馬座之γ及仙女座α星〔註48〕，近代觀測飛馬座的南中時間在陽曆10月25日，仙女座的南中時間在陽曆11月27日〔註49〕，因南中時間不相同，四星無法形成正東西南北向的四方形，鄭玄所云「營室，定昏中而正，謂小雪時其體與東壁連，正四方」，小雪（陽曆11月22或23日）時營室與東壁連體無法達到正四方的功能。因此「定」推論應依《書經・洛誥》所謂「公既定宅」即選定基址的「定」字解。

又如張衡〈西京賦〉所謂「反宇業業（如圖1-2），飛簷轍轍。」〔註50〕（如圖1-3）」，反宇是因屋頂坡度上陡下緩使殿宇的屋簷向上翻起，亦即如《周禮・考工記・輪人》所云「輪人爲蓋，……上欲尊而宇欲卑，上尊而宇卑，則吐水疾而霤遠。」〔註51〕反宇目的使雨水吐水疾而霤遠，以防木構潮濕易腐，且兼有自然採光面較大的因素。而飛簷則是殿宇屋簷隅角翹起，造成美麗的飛簷曲線，反宇與飛簷也是中國宮殿式建築屋頂重要的特徵。

又如〈魯靈光殿賦〉所謂「圓淵方井反植荷蕖」〔註52〕（如圖1-5），也是此義，但「圓淵方井，反植荷蕖」，北宋李誡（？～1110）認爲「爲方井，圖以圓淵及芙蓉華葉向下，故云反植」〔註53〕則指藻井的型式下方上圓，中央有倒植荷花（又名水芙蓉），但反植荷蕖是指木雕而非繪畫，李誡指天花藻井畫上的倒垂蓮花並非正確。室內用此裝飾其用意即如《營造法式・總釋下・鬥八藻井》引《風俗通義》云「殿堂象東井形，刻作荷蔆，蔆水物也，所以厭火。」並引《宋書》云：「殿屋之爲圓泉方井兼荷葉者以厭火祥。」〔註54〕都是因木構造易燃，用水生植物來象徵以水剋火之心理作用。

另〈魏都賦〉所謂：「枌橑複結，欒櫨疊施。」〔註55〕，李善（630？～690）注「《廣雅》曰：曲枅謂之欒，說文曰櫼櫨，柱枅也，然欒櫨一也，有曲直之殊耳！」〔註56〕，依《營造法式・看詳・諸作異名》：

〔註48〕《中國天文學史・星象篇・中西星名對照表》陳遵媯著，頁367，370。
〔註49〕《中國天文學史・星象篇・八十八星座總表》陳遵媯著，頁286。
〔註50〕《增補六臣注文選卷二・西京賦》頁48。
〔註51〕《周禮注疏・考工記・輪人》漢・鄭玄注，唐・賈公彥疏，頁603。
〔註52〕《增補六臣注文選卷十一・魯靈光殿賦》頁216。
〔註53〕《營造法式卷第二・總釋下・鬥八藻井》，並謂其另名有三，即藻井、圓泉、方井。李明仲撰，臺北，臺灣商務印書館，1956年4月，頁36。
〔註54〕《營造法式卷第二・總釋下・鬥八藻井》頁36。
〔註55〕《增補六臣注文選卷六・魏都賦》頁121。
〔註56〕同註55，頁122。

圖1-2　頤和園配亭之反宇　　　圖1-3　頤和園藏經亭之飛簷

取自《頤和園畫刊》。

圖1-4　新竹鄭進士第門廳垂花　　圖1-5　北京紫禁城養心殿正間
　　　　木雕　　　　　　　　　　　　　　天花藻井

取自《臺灣傳統民居》。　　　　取自《紫禁城》，北京，2000年
　　　　　　　　　　　　　　　　1月。

　　栱其名有六……三曰欂、四曰曲枅、五曰欒、六曰栱。枓其名有五……
　　二曰栭、三曰櫨……五曰枓。棟其名有九，一曰棟，……四曰棼，
　　八曰橑。椽其名有四，一曰桷、二曰椽、三曰榱、四曰橑。〔註57〕
由此知棼同梦，即欂也，橑即椽，欒即栱，櫨即枓或櫨斗，欒櫨即斗栱也，
此句意思爲「欂、椽木重複配置，斗栱重疊出跳。」

───────────────

〔註57〕《營造法式‧看詳‧諸作異名‧大木作制度》頁38。

　　至於鮑照（421？～465？）〈蕪城賦〉稱「板築雉堞之殷，井幹烽櫓之勤。」〔註58〕則應解爲廣陵城用兩板夾土搗實的「板築」方式夯築城牆，用井字形的木構架亦即井幹結構建造供瞭望的烽火台。他如著名的王勃（647～675）〈滕王閣序〉所謂：「飛閣流丹，下臨無地。」〔註59〕（如圖 1-6）由建築觀點即知滕王閣的基礎係以木樁打入贛江底部，整棟樓閣下基只看到水面而不能看到地面，且漆朱紅顏色的木造樓閣倒影在水中出現丹波蕩漾。這些都是以建築來看文學或是從建築上解釋文學例子，此其一。

　　其二、杜牧（803～852）在項羽（前 232～前 202）焚燒秦阿房宮（前 206）後千年始作〈阿房宮賦〉，賦文云：

　　　　五步一樓，十步一閣，廊腰縵迴，簷牙高啄，各抱地勢，鉤心鬥角，盤盤焉，囷囷焉，蜂房水渦，矗不知幾千萬落。長橋臥波，未雲何龍？複道行空，不霽何虹？……負棟之柱，多於南畝之農夫；架梁之椽，多於機上之工女……瓦縫參差，多於周身之帛縷；直欄橫檻，多於九土之城郭。〔註60〕

其術語簷牙高啄就是飛簷曲線，鉤心鬥角指建築布局，長橋臥波就指複道行空，廊腰縵迴就是廊道轉折的結果，「覆壓三百餘里，離宮別館，彌山跨谷，輦道相屬，閣道通驪山八百餘里。」〔註61〕等等。不僅將阿房宮規模描述無餘，更掌握了我國宮殿建築千門萬戶佈局的特徵，以文學擴大到建築領域，文章雖有點誇飾，但這一篇文章無疑是建築文學史上的傑作！（如圖 1-7）。

　　我國數千年來建築物都是以木構造爲本位，但是歷代因火災、兵燹、腐朽的因素，現今大陸上在明代以前的建築物已寥寥無幾，至於漢代建築除了李白〈憶秦娥詞〉所云：「西風殘照，漢家陵闕！」的陵闕以及若干像山東武梁祠畫象石室、漢墓地宮外，只剩下陶質建築模型明器，其它已蕩然無存，對於古建築考證除了作現場遺址田野考查外，就是對建築文獻的考證研究，本論文稱這些研究古建築的文獻的工作稱爲「建築文學」，本文擬對漢魏建築文學作更深入的研究，以擴充中國文學之研究領域。

〔註58〕《增補六臣注文選卷十一·蕪城賦》頁 212。
〔註59〕《古文今圖書集成七十七·考工典上卷四十七，宮殿部藝文二·阿房宮賦》頁 477。
〔註60〕同註 59。
〔註61〕同註 59。

圖 1-6　飛閣流丹　　圖 1-7 明人阿房宮圖，五步一樓，十步一閣

承德避暑山莊之煙雨樓，取自一平、庚子、李世苓《承德風光》，（石家莊，1987 年 12 月）頁 56。　　明人阿房宮圖，取自《千年古都長安》頁 79。

　　其三、一般人對建築物的形容有的值得商榷，以屋宇華麗稱為「畫棟雕梁」成語出自王勃（648〜675）〈滕王閣序詩〉「畫棟朝飛南浦雲〔註 62〕」及江總（519〜594）〈雜曲〉「芙蓉作帳照雕梁」〔註 63〕名辭而言，以建築上觀點，畫棟是對的，因傳統建築常在棟木上油漆繪畫花草、人物、風景可做為裝飾並保護木材；但雕梁就有問題，除虹梁雕成彎拱形外，雕梁並不常見，通常宮室的梁也只有彩畫，不施雕刻，以免傷及梁身損害梁的結構承載力，位於梁下兩端托承梁的「雀替」才施以雕飾。其他值得深究如「山節藻梲」〔註 64〕一詞，其中「節」就是斗栱，因為最原始一斗三升斗栱形成山字形，「梲」即梁上蜀柱或稱瓜筒柱，也即是漢賦的「桴」或宋代的侏儒柱，常雕成水藻形。由圖 1-10 可見到構架平行的梁，垂直的是棟以及梁上的梲。

　　又如成語的「鉤心鬥角」語出杜牧〈阿房宮賦〉，一般釋為宮室結構之交錯而緻密也。鉤心原為車下與軸相連的鉤心木。鉤，彎如鉤；心，引伸為宮室中心；鉤心其實就是確立屋宇中軸，尤其指屋頂中軸成反宇曲線如「鉤」形。角，為簷角，鬥角之鬥為拼合之意，即殿宇角隅由角梁、椽、斗栱、昂材拼合成起翹的飛簷。鉤心鬥角原指建築物的結構精巧而細致。由於鉤心鬥

〔註 62〕《建宏古文觀止・阿房宮賦》清・吳楚材等編輯，1996 年 8 月，頁 540。
〔註 63〕《傳世藏書總集 13・樂府詩集卷 77，陳・江總雜曲三首之一》北宋・郭茂倩輯，張撝之主編，海南國際新聞出版中心，海口，1995 年 2 月，頁 273。
〔註 64〕《論語注疏卷五・公冶長篇》曹魏・何晏集解，宋・邢昺疏，頁 44。

角的應用，才造成〈西京賦〉所謂之「反宇業業，飛簷轍轍。」之華麗傳統宮殿建築屋頂。

圖 1-10　木構梁架圖之棟桴高驤

即宮殿建築木構架以梁承桴，來負荷脊檁而抬高屋頂高度（取自《台灣傳統民居建築》）

二、瞭解古文獻名辭之眞義

　　中國古代文學中有若干古代與建築有關的文獻，如後漢班固的〈兩都賦〉、張衡的〈二京賦〉、王延壽〈魯靈光殿賦〉、三國何晏的〈景福殿賦〉、西晉左思的〈三都賦〉等都是寫漢代宮殿、苑囿、郊祀建築概況及都城計劃，如果有較深文學修養加上建築上的知識，當能更駕輕就熟的深入研究，如宋代李誡（？～1110）著有〈營造法式〉一書，其卷一總釋部份，將古代文學之建築上術語，除搜羅各家註釋外，並用宋代通行的術語予以對照，如；

　　　搏風：《儀禮》「直干東榮」。榮，屋翼也；〈甘泉賦〉「列宿乃施於東榮。」《說文》：「屋梠之兩頭起者爲榮。」《義訓》：「搏風謂之榮。」今謂之搏風版。〔註65〕（圖 1-8）

〔註65〕李明仲《營造法式卷第二・總釋下搏風》，頁 26。

李誠如非博覽古代文獻就無法列出這麼多專業的註釋，他並將古代「搏風」
術語的演變條列出來，並註以宋代通行的術語「搏風板」，這是歇山式屋頂最
重要的特徵；此術語現在已變成為「搏風」，日本人把它叫「破風」，成為日
本最自豪仿唐建築「破風造」〔註66〕殿堂的主要特徵。文人賦文描寫的如此
清晰透徹，尤其是都城或宮殿的賦應該是身歷其境（唐杜牧的〈阿房宮賦〉
隔代想像當然除外），古建築雖現已不存，惟如欲暸解占代都城宮室建築概
況，透過研究這些建築賦文及建築專業足以洞悉其建築細部，進而復原其建
築規制。

圖 1-8　排雲殿翼角群椽之歇　　　**圖 1-9　京部金閣寺銅雀薨標**
**　　　　山博風**　　　　　　　　　　　**　　　　棲金爵**

排雲殿翼角群椽起翹，（《取自頤和園　　　　京部金閣寺銅雀薨標（取自墨刻《日
畫刊》）。　　　　　　　　　　　　　　本自遊自在》）。

　　除前者所述外，此四賦之建築名辭特別多，本文將一一予以詮釋，佐以
圖說，以更清楚呈現其涵義，茲再舉例如下：

　　〈西都賦〉：「攀井幹而未半，目眴轉而意迷。」〔註67〕井幹依李善（630？
～690）注：「《漢書》曰：『武帝作井幹樓，高五十丈、輦道相屬焉。』司馬
彪（？～306）《莊子注》曰『井幹，井欄也，然積木有若欄也。』」〔註68〕
西都賦所云之井幹當然指的是漢武帝在建章宮北面所建的井幹樓，井幹樓是

_____

〔註66〕日本平安時代「破風造」，式樣完全與歇山式殿堂（唐代稱爲九脊殿）相同，
　　　　只取消正脊兩端的鴟尾而換上鬼瓦之瓦鎮而已。
〔註67〕《增補六臣注文選卷一·西都賦》頁29。
〔註68〕同註67。

用井幹結構法建造的高樓，其原理用四支木櫟組構成井字構架相疊而成（圖1-10），〈西京賦〉：「井幹疊而百增」〔註69〕李善注「增者重也。」〔註70〕也就是說井幹樓疊置百層，原井幹結構架井幹樓是否眞正有一百層，也可以現有漢代考古資料作校核，井幹架之梁尺寸以馬王堆外槨室墊木厚爲四十二公分見方計〔註71〕，加上井幹樓窗戶高以五尺計，在每層井幹架四角當有一點二公尺的支柱，支柱中間可開綺窗，則每層高的一點六公尺，則百層井幹樓高度應在一百六十公尺左右，然《史記·孝武本紀》載井幹樓高五十餘丈，約合今尺一百三十八公尺〔註72〕，則知井幹樓不足百層，大約八十六層〔註73〕，但也屬於超高樓，難怪爬到一半高度，就讓人產生：「目眴轉而意迷」的現象。綜此，井幹木架接合技術及基礎錨定技術在當時應有高超的水準。

〈東都賦·辟雍詩〉云：「乃流**辟雍**，辟雍湯湯，聖皇蒞止，造舟爲梁。」〔註74〕另《東京賦》云：「造舟清池，惟水泱泱，左制**辟雍**，右立靈臺。」〔註75〕，〈辟雍〉，依《明堂制度研究》云：「辟雍一詞在古文獻中最早見于《詩經》，其《大雅·靈臺》『於論鼓鐘，於樂辟雍……』《毛傳》云『水旋丘如璧曰辟雍，以節觀者。』」〔註76〕東都洛陽辟雍，依據《水經注·穀水》云：「穀水又東，經平昌門南故平門也，又逕明堂北……引水於其下，辟雍也。」〔註77〕由此，可知辟雍有圓形水池環繞其外，並建浮梁即舟橋相通，《水經注》認爲辟雍內丘即爲明堂，明堂與辟雍合併構建。

至於靈臺，最早文獻仍爲《詩經·大雅·靈臺》「經始靈臺，經之營之。」東都靈臺之制參見《水經注·穀水》「穀水又經靈臺北，望雲物也，漢光武所

〔註69〕《增補六臣注文選卷二·西京賦》頁47。

〔註70〕同註67。

〔註71〕《長沙馬王堆號漢墓》上集，湖南省博物館，中國科學院考古研究所編，文物出版社，北京，1973年10月，頁8。

〔註72〕《史記一卷八·孝武本紀》頁218。前漢每尺0.2765公尺，以五十丈計138公尺。

〔註73〕〈臺灣建築技術規則〉第26條樓高五層爲十五公尺，則每層高度爲三公尺計，四十二公尺爲十四層。

〔註74〕《增補六臣注文選卷一·東都賦》頁40。

〔註75〕同註72，卷三〈東京賦〉頁66。。

〔註76〕《明堂制度研究》張一兵著，中華書局，北京，2005年8月，頁65。

〔註77〕《水經注校證卷十六·穀水》北魏·酈道元撰，陳橋驛校證，中華書局，北京，2007年7月，頁401。

築，高六丈，方二十步，世祖嘗宴於此臺。」〔註78〕

　　至於東都靈臺之故址已爲中國科學院考古研究所洛陽工作隊於 1974 年冬至 1975 年春所發掘，稱：「其（東都靈臺）位置在漢魏故城南郊，其現存夯土臺南北殘長 41 公尺，東西殘長約三十一公尺，殘高約八公尺。」〔註79〕《水經注》方二十步（今尺 27.65 公尺）應爲臺上尺寸，稍小於遺址殘基。

　　《文選·西京賦》：「跱極於浮柱，結重欒以相承。」〔註80〕薛綜（？～243）注「跱猶置也，三輔名梁爲極，作遊梁置浮柱上；欒柱上曲木，兩頭受櫨者。」〔註81〕浮柱依《營造法式·諸作異名》：「侏儒柱其名有六，一曰梲、二曰侏儒柱、三曰浮柱……六曰蜀柱〔註82〕」則浮柱即宋代的侏儒柱，今日臺灣稱瓜筒；欒即斗栱的栱木，此句可解釋爲：「將梁置於瓜筒上，並組構多踩斗栱來荷承。」

三、解決漢代長安與洛陽都城宮室佈局與營建技術問題

　　漢代長安與洛陽都城與宮室的佈局至今尚有若干疑點，建築史界尚未能解決，茲舉例如下：

（一）洛陽禮制三宮建築布局是合構還是分建？

　　漢光武帝（前 6～57）所營建洛陽禮制三宮（即明堂、辟雍、靈臺）計有下列文獻記載：

　　《後漢書·光武帝紀》云：「中元元年（56）……是歲，初起明堂，靈臺、辟雍及北郊兆域。」〔註83〕《後漢書·光武帝紀》李賢注引《漢官儀》云：明堂去平城門二里，天子出，從平城門先歷明堂，迺至郊祀；又曰：辟雍去平城門三百步。〔註84〕《後漢書·光武帝紀》李賢注引《漢宮閣疏》曰：「靈

〔註78〕《水經注校證卷十六·穀水》頁 401。

〔註79〕《漢魏洛陽故城研究·漢魏洛陽南郊的靈臺遺址》，洛陽市文物局洛陽白馬寺漢魏故城文物保管所編，科學出版社，北京，2000 年 9 月，頁 120。遺址殘基爲靈臺下基尺寸。

〔註80〕《增補六臣注文選卷二·西京賦》頁 47。

〔註81〕《增補六臣注文選卷二·西京賦》頁 47。

〔註82〕《營造法式（二）卷五·侏儒柱》宋·李誡撰，臺灣商務印書館，臺北，1956 年 4 月，頁 11。遺址殘基爲靈臺下基尺寸。

〔註83〕《後漢書集解卷一下·光武帝紀下》頁 61。

〔註84〕同註81。

臺高三丈，十二門，天子曰靈臺，諸侯曰觀臺。」〔註85〕

　　班固〈東都賦〉云：「觀明堂、臨辟雍，揚緝熙、宣皇風；登靈臺，考休徵。」〔註86〕張衡〈東京賦〉云：「乃營三宮，佈教頒常，複廟重屋，八達九房，規天矩地，授時順鄉；造舟清池，惟水泱泱，左制辟雍，右立靈臺。」〔註87〕古本《三輔黃圖》云：

> 明堂者，明天道之堂也，所以順四時、行月令、宗祀先王、祭五帝，故謂之明堂；辟雍員如璧、雍以水，異名同事，其實一也。〔註88〕

　　蔡邕（133～192）〈明堂月令論〉云：

> 明堂者，取其宗祀之貌，則謂之清廟：取其正室，則曰太室；取其堂，則曰明堂；以其四門之學，則曰太學；取其周水圜如辟，則曰辟雍。〔註89〕

　　酈道元（？～527）《水經注卷十六・穀水》云：

> 穀水又逕靈臺北，望雲物也，……又逕明堂北，漢光武帝中元元年立，尋其基構，上圓下方，九室重隅、十二堂，蔡邕〈月令章句〉同之，故引水其下爲辟雍。〔註90〕

由《漢官儀》則知洛陽明堂距平城門二里，辟雍距平城門三百步（即一里），顯然其位置不在一處，應係分建，靈臺據《漢宮閣疏》只載臺高，不載其位置；〈東都賦〉用觀明堂、臨辟雍、登靈臺三種親近三宮之動作，也無法確定是否分建？〈東京賦〉之「乃營三宮，……複廟重屋，八達九房、規天矩地……」很明顯的指明堂之規制，「左制辟雍，右立靈臺。」也是指辟雍與靈臺在明堂之左右側，可肯定此三宮分建的布局。至古本〈三輔黃圖〉以明堂、辟雍異名同事而爲合建之制，〈明堂月令論〉則以明堂辟雍異名同指即是合建之制，《水經注》則贊同〈明堂月令論〉之明堂辟雍異名同處，靈臺則另建一處；由上述文獻作綜合研判，三宮應爲分建布局，其理由有二，其一既名爲三宮，則應有三處建築物，其二《漢官儀》已載明堂辟雍分立兩處，〈東京賦〉與《水

〔註85〕　《後漢書集解卷一下・光武帝紀下》頁 61。
〔註86〕　《增補六臣注文選卷三・東都賦》頁 37。
〔註87〕　同註 86，頁 66。
〔註88〕　今本〈三輔黃圖〉，世界書局，臺北，1963 年 11 月，頁 61～64。
〔註89〕　《漢魏六朝一百三名家集・蔡中郎集・明堂月令論》明・張溥編，未具出版社及出版年月。
〔註90〕　《水經注校證卷十六・穀水》頁 401。

經注》又稱靈臺另建，可證三宮係分建之布局。

（二）漢代高臺之營造技術問題

漢代建造的閶闔門、神明臺、鳳闕、別風闕、柏梁臺、通天臺、涼風臺、井幹樓、漸臺、鳳闕等高樓建築高達數十丈，在古代營建技術水平之下如何建造，值得探討，本文將研究解決此問題。

《史記卷十二・孝武本紀》云：

> 於是作建章宮，……其東則鳳闕，高二十餘丈，……乃立神明臺、井幹樓度五十餘丈，輦道相屬焉。〔註91〕

《史記索隱》引《漢宮閣疏》云：「（神明臺）臺高五十丈，上有九室，常置九天道士百人。」〔註92〕

《史記索隱》引《關中記》云：

> （建章）宮北有井幹臺高五十丈，積木爲樓，言築累萬木，轉向交架如井幹。」又引司馬彪注《莊子》云：『井幹，井欄也。』又崔譔云：『井以四邊爲幹，猶築牆之有楨幹。』〔註93〕

今本《三輔黃圖》云：

> 建章宮，……宮之正門曰閶闔，高二十五丈，亦曰璧門，左鳳闕，高二十五丈，右神明臺，門內起別風闕高五十丈，對峙井幹樓高五十丈……漸臺在建章宮，高二十餘丈……〔註94〕

張澍《三輔舊事》引《玉海》云：「鳳凰闕，武帝造，二十五丈五尺，一名別風闕。」〔註95〕

《水經注卷十九・渭水》云：

> 陂水北出，逕漢武帝建章宮東，於鳳闕南……漢武帝故事：闕高三十丈，《關中記》曰：「建章宮圓闕，臨北道，有金鳳在闕上，高丈餘，故號鳳闕也……上於建章中作神明臺、井幹樓，咸高五十餘丈……《漢武帝故事》曰：「建章宮北有太液池，池中有漸臺三十丈……南有璧門三層，高三十餘丈。」〔註96〕

〔註91〕《史記一卷八・孝武本紀》頁218。
〔註92〕同註89。
〔註93〕同註89。
〔註94〕今本《三輔黃圖卷二・漢宮》頁15。
〔註95〕《三輔舊事》清・張澍輯，世界書局，臺北，1963年11月，頁17。
〔註96〕《水經注校證卷十九・渭水》頁451。

以上文獻記載漢代樓臺皆高達數十丈，與漢武帝同時之司馬遷《史記》載鳳
闕高二十餘丈，神明臺與井樓幹高皆五十餘丈，以整數計算，二十丈合五十
五公尺，五十丈合一百三十八公尺，約今十八層及四十六層樓高，在二千三
百年前的漢武帝時代，能建造如此高聳的樓臺，其建築營造技術問題值得探
討。

井幹式結構法用圓木或長方形木料四支，相互重疊構成一個井字形，在
轉角處的木料端部，相互交叉咬合，形成如井欄的木構，一般是層層重疊當
做牆壁稱爲井幹架如圖 1-11 所示，但漢代的井幹樓臺需開窗眺望，將水平井
架在四角用木柱撐起稱爲井幹結構架。

圖 1-11　井幹結構——某民居之井幹結構組構外觀

黑龍江省漠河縣某民居之井幹結構組構外觀，其井幹
架相參疊。

而井幹臺與神明臺立面因有數百層井幹結構架（〈西京賦〉所謂井幹疊而
百增乃概數）及四十餘層樓梯及樓板，此樓板平面梁架結構與立面的井幹結
構牢固組合成空間韌性剛構架，足以承受水平及垂直荷重，這就是關鍵之技
術所在，現存高達六十七公尺的山西應縣遼代佛宮寺木塔則用立面的柱梁構
架與平面的梁架構成的空間韌性剛構架，歷時千餘年仍屹立安在也就是此理。

（三）解決漢代長安與洛陽都城與宮室位置及布局問題

常人所熟知漢代史事，如蕭何（？～前 193）營未央宮，呂后（前 241～

前 180）斬韓信（？～前 196）於長樂宮鐘鼓室，漢文帝（前 202～前 157）半夜召見賈誼（前 200～前 168）於未央宮宣室問鬼神，大多不知長樂宮與未央宮在長安城的方位（圖 1-14）以及宣室在未央宮何處？鐘鼓室在長樂宮何處？而研究歷史的學者看到《史記・高祖本紀》「八年（前 199）……蕭丞相營作未央宮，立東闕、北闕、前殿、武庫、太倉……」〔註 97〕，再由《後漢書・光武帝紀上》「建武元年（25）……冬十月癸丑，車駕入洛陽，幸南宮卻非殿……」〔註 98〕，或閱讀宮室焚毀時間依《漢書・武帝紀》云：「（太初元年十一月，前 104）乙酉，柏梁臺災……二月起建章宮。」〔註 99〕對「東闕、北闕、前殿、武庫、太倉」這些建築物不知是否屬於未央宮內的建築物？或位於未央宮何處？同樣的也不知「卻非殿」在南宮的方位，柏梁臺究在長安的那一宮殿？

　　至於〈古詩十九首〉第三首「兩宮遙相望，雙闕百餘尺。」之聯，一般認爲南北兩宮遙遙相望，一定相互對齊，《元河南志》載〈東漢洛陽城圖〉〔註 100〕就是如此，其實依考古發掘資料兩宮並不對齊，兩宮之西城垣相錯開約五百公尺〔註 101〕。另〈古詩〉所謂兩宮遙相望，可見相距有不短的距離，到底是多少呢？試以文獻及考古資料比對作解如下：

　　據《後漢書卷一・光武帝紀》李賢注引蔡質《漢宮典職》曰：「南宮至北宮中央作大屋複道三道，……兩宮相去七里。」〔註 102〕《古詩十九首》第三首李善注亦云：「蔡質《漢宮典職》曰南宮、北宮相去七里。」〔註 103〕

　　但據《後漢書・郡國志》載〔註 104〕；

　　　　《帝王世紀》曰：「城東西六里十一步，南北九里一百步。」……《晉
　　　　元康地道記》曰：「城內南北九里七十步，東西六里十步，地三百頃
　　　　二十畝有三十六步。」

則洛陽城南北全長僅九里餘，而南北兩宮尺度文獻不載。括考古發掘資料，「南

〔註 97〕《史記一卷八・高祖本紀》頁 177。
〔註 98〕《後漢書集解一卷一・光武帝紀上》頁 45。
〔註 99〕《漢書補注一卷六・武帝紀》頁 99。
〔註 100〕《元河南志》附圖，清・徐松輯，世界書局，臺北，1963 年 11 月，篇首。
〔註 101〕《中國古代建築史・第一卷》圖 5-22 所量度尺寸，劉叙杰主編，中國建築工業出版社，北京，頁 399。
〔註 102〕《後漢書集解一卷一・光武帝紀上》頁 45。
〔註 103〕《增補六臣注文選卷二十九・古詩十九首》頁 536。
〔註 104〕《後漢書集解二卷十九・郡國志一・司隸・洛陽》頁 1220。

宮之南北長約一千五百公尺，東西寬約一千公尺，北宮南北長約一千六百公尺，東西寬約一千四百公尺。」〔註105〕以後漢里一里爲四百二十七點五公尺計，南宮南北深三點五里，北宮南北深三點七里，則洛陽城顯然容不下兩宮及其間的七里廣場（即〈東都賦〉所稱的閶庭），文獻所載兩宮相距七里顯然有誤，依據考古資料兩宮遺址相距約四百二十公尺，則僅約一里等等，〈漢宮典職〉及〈李善注〉記載顯然有誤。

　　漢代洛陽與長安都城與宮室布局，大陸依靠考古發掘資料已做出初步成果，北宮與明光宮雖尙未考古發掘，且長安之未央、建章、長樂、桂宮等四大宮室與洛陽的南北兩宮內的殿閣相互位置以及與考古資料宮殿遺址之對照判定尙有存疑，本論文將對這些疑點以文獻學資料進行研究，並試圖解決之。

第三節　文獻檢討

　　有關描寫兩漢建築規制散見於漢魏晉的文獻中，主要在都城宮殿文賦諸如班固〈兩都賦〉，〈張衡的二京、南都賦〉，傅毅的〈洛都賦〉、揚雄的〈甘泉賦〉、王延壽的〈魯靈光殿賦〉、何晏的〈景福殿賦〉劉楨的〈魯都賦〉、劉邵的〈趙都賦〉、左思的〈三都賦〉中，及其他漢代苑囿遊獵文賦如司馬相如〈上林賦〉、揚雄〈甘泉、羽獵、長揚賦〉亦略有描述，另外《三輔黃圖》、《西京雜記》，《關中記》，《三秦記》、《洛陽記》、《水經注》私人筆記亦有或多或少的記載。

　　這些建築規制文獻尤其漢賦作品特色，依《漢書·藝文志》云：

> 不歌而誦謂之賦，……大儒孫卿及楚臣屈原離讒憂國皆作賦以風，咸有惻隱古詩之義；其後宋玉、唐勒，漢興枚乘、司馬相如、下及揚子雲兢爲奢麗閎衍之詞，沒有風諭之義，是以揚子悔之曰：「詩人之賦麗以則，辭人之賦麗以淫。」〔註106〕

則知賦原有隱諷規勸之義，其後專鶩奢麗閎衍，已失風諭原義。誠如皇甫謐〈三都賦序〉所云：「然則賦也者，所以因物造端，敷弘體理，欲人不能加也。引而申之，故文必極美；觸類而長之，故辭必盡麗。然則美麗之文，賦之作

〔註105〕《中國古代建築史》第一卷，劉叙杰主編，中國建築工業出版社，北京，頁413，414。
〔註106〕《漢書補注二卷三十·藝文志》頁902，903。

也。」這些美麗文賦受到帝王的喜愛，故文人有班固〈兩都賦序〉所云：「至於武、宣之世，乃崇禮官，考文章，內設金馬、石渠之署，外興樂府協律之事，以興廢繼絕，潤色鴻業……故言語侍從之臣若司馬相如、虞丘壽王、東風朔、……時時間作。」考文獻賦之事，但美文麗辭，誇飾過度，鋪陳離實，亦為人所詬病，陷入了古人所云之：「於辭則易為藻飾，於義則虛而無徵」（皇甫謐〈三都賦序〉），今人所云之：「散文賦之特色，可以『體制弘偉，筆調誇張，用學艱深』三句盡之……然前者實病於推砌，後者則指意雖覿，至於筆調誇張，尤為最大缺點。」（葉慶炳《中國文學史・漢賦之源流及特色》）。但漢賦尤其都城賦也並非虛而無徵，左思〈三都賦序〉云：「余既思摹而賦三都，其山川城邑則稽之地圖，鳥獸草木，則驗之方志……美物者貴其本，讚事者宜本其實，匪本匪實，覽者奚信？」至如〈東京賦〉所云：「複廟重屋，八達九房」之寫明堂規制，「造舟清池，惟水泱泱」之寫辟雍布局，「永安離宮，脩竹冬青，陰池幽流，玄安洌清」之寫永安宮環境景觀等，更是將建築規制沾滿了文藝氣息，至若班固之金城萬雉、閭閻且千，雖稍有誇飾，然亦近事實，筆者認為漢賦有帝王之提倡而興盛，猶如唐詩有帝王的欣賞而光輝，帝王的喜愛對文化的發展有時是正面的意義，漢都城賦將生澀的建築規制融入文學領域，雖說是為誇示大漢帝國都城聲威作用，但宏麗而寫實的散文賦，既可供研究又可欣賞，一舉而兩得。而各文獻對都城宮室規制之描述概說如下：

〈西都賦〉及〈西京賦〉中勾畫出西漢長安都城形勢、城池、街道、市場、陵邑、聯外水運以及苑囿之輪廓，兼及未央宮之宮殿布局，外飾及裝潢，宮室間之閣道，臺榭之高聳，昆池之牛女、太液之神山，觚稜之金爵，仙掌之露盤，〈西都賦〉特別對前殿之風格及木構系統，昭陽殿華麗裝潢有詳盡的描述，〈西京賦〉則對甘泉宮的布局及涌天臺式樣有特別描述。

由〈東都賦〉及〈東京賦〉中皆描述洛陽的建都沿革，並對禮制三宮之制度、布局皆有敘述，〈東京賦〉則特別述及北宮宮殿之布局、永安宮、平樂觀之建築景觀。

但以上〈兩都二京賦〉皆未提及都城及宮室的規模及尺度，幸而有古本及今本《三輔黃圖》所所記載，可補其不足。

《三輔黃圖》現在有一卷古本及六卷今本，前者清代孫星衍（1753～

1818）序推斷爲「漢末人撰」〔註107〕，後者南宋程大昌（1123～1195）稱：「今圖蓋唐人增續成之」〔註108〕及清代畢沅（1730～1797）稱：「蓋唐好事者所輯」〔註109〕，《兩圖》對長安三輔之都城、宮殿、門闕、樓臺、苑囿、陵廟、陵邑、郊祀、倉廒、橋梁等建築有詳細的敘述，甚至載其周長、面積、尺度，供研究甚至復原建築物頗有助益，古本《三輔黃圖》保留較原始資料如西漢尺度，今本則無，但以兩本《三輔黃圖》皆云漢明堂在長安西南七里而言，古本《三輔黃圖》亦有後人所修改的痕跡；本論文所用今本《三輔黃圖》計有世界書局本及西安三秦出版社校注本兩種，後者校注有晚近的考古探查資料，可與本文相互對照。

此外《水經注‧渭水、穀水》對兩都城門、街陌、樓觀，漕渠、明堂及靈臺等構造及尺度記載，可補其他文獻的不足，如《水經注‧渭水》記載了王莽九廟之尺度、建章宮璧門之構造及鳳闕，《水經注‧穀水》也記載平樂觀大小壇及華蓋尺度，太學石經尺度，更是彌足珍貴，該書引用了今佚之魏晉人對兩都之地理志書更具參考價值。

北宋宋敏求（1019～1079）之長安志則對長安各宮殿之名稱記載齊全，其所載上林苑之面積最接近實測值。

元代佚名人氏所撰《元河南志》中之〈後漢城闕宮殿古蹟〉篇中記載後漢宮闕最詳細，尤其附有〈後漢東都城圖〉將東漢洛陽城門、宮殿、府署、倉庫、亭觀、市場等皆標示在內，其相互位置一目瞭然，研究上十分方便。

另外清代張澍（1781～？）所輯《三輔故事》《三輔舊事》記載長安九市之面積及建章宮太液池漸臺及長安靈台之高度俱甚有參考價值。而史書中，以《史記》所載武帝興建之超高臺榭高度記載最詳細，《漢書》則對都城興建鳩工及時程以及《後漢書》對北宮之興建及南宮的重建過程及遭到的反對記載最詳細。

北宋李誠的《營造法式》爲宋代以前建築技術的綜彙，雖是是宋代建築爲主軸，但因脈絡相傳，漢代都城、宮室建築規制皆可藉該書而揣摩。而由清代工部的《工程做法》可以瞭解明清建築技藝。

近人高步瀛之《文選李注義疏》係以李善注爲本，引經據典，證其異、

〔註107〕古本《三輔黃圖‧新校正序》清‧孫星衍撰，世界書局，臺北，頁1。
〔註108〕《雍錄卷一‧三輔黃圖》南宋‧程大昌撰，中華書局，北京，頁6。
〔註109〕《三輔黃圖校注‧前言》頁3。

疏其義，爲《文選》義疏之精華，有如李時珍之《本草綱目》爲歷代本草之集大成，如其疏〈西京賦〉「圜闕竦以造天，若雙闕之相望」之句，辨《關中記》中之圓闕即鳳闕之誤，提出：「步瀛按《寰宇記》引《三輔舊事》，《黃圖》亦引之，闕必有二，故曰若雙闕，朱氏以鳳闕、圓闕當之，非是。」〔註110〕認爲圓闕與鳳闕實爲二闕之卓見，該書堪值參考。駱鴻凱之《文選學》對《文選》之纂集、義例、源流、体式、撰人、徵故、評騭等引各家之見却有創見，如從史事及文體〈李陵答蘇武書〉爲僞作〔註111〕。另游志誠以搜集到佚版之《文選》，綜合各家之選學，提出以現代文學角度做研究，其近著《昭明文選學術論考》亦有卓見。

　　大陸最近幾年出版的都城考古書籍如中國社會科學院考古研究所等編著《漢代長安城考古與漢文化》則對漢代長安城之城牆、未央宮之椒房殿、武庫、東西市等考古資料有發詳的論證並對五十年來的考古資料的總研討，杜金鵬、錢國祥主編《漢魏洛陽城遺址研究》對漢魏洛陽故城之城牆、城門、水道以及靈臺，太學之遺址有考古發掘資料與論述。劉慶柱，李毓芳著《漢長安城》則對未央前殿及桂宮的發掘有渡較詳盡的考古資料，中國社會科學院考古研究所編著《西漢禮制建築遺址》則對王莽九廟遺址以及大土門遺址的發掘有詳細的報告，另《漢長安城－武庫》則對長樂未央宮之間的武庫七座長方形庫房有詳盡報告，並對武庫之形制及武器架有所論證。及《千年閱一城-洛陽漢魏故城與漢魏王朝》、曲英杰《史記都城考》則對漢代長安之都城、宮室、臺榭、池沼的尺度皆有詳盡的考古資料，這些長安與洛陽都城及宮室之考古資料可供比對文獻的記載。而張一兵著的《明堂制度源流考》則對歷代文獻明堂的制度作一綜述，並對歷代明堂布局另有創見，劉敘杰主編《中國古代建築史第一卷‧原始社會、夏、商、周、秦、漢建築》則探討上古到秦漢的都城、宮殿、市廛、住宅、陵墓等建築布局及形制，而王世仁著《中國古建探微》則對禮制建築有較詳細的論證，並對禮制建築作創見性的復原。這些都可供探討漢代各類建築布局及式樣之參考。

〔註110〕《文選李注義疏卷二‧西京賦》漢‧班固撰，唐‧李善注，高步瀛疏，廣文書局，臺北，1977 年 7 月，頁 260。

〔註111〕《文選學‧撰人第五》駱鴻凱著，華正書局，臺北，1979 年 9 月，頁 172。

第四節　研究對象與範圍

　　本文研究對象是對漢代長安與洛陽之都城城垣街衢、坊里市廛、宮室樓臺、禮制郊祀、園林苑囿、陵邑等建築爲研究探討對象。

　　本文研究的地點雖是漢代的長安與洛陽兩京，但是西漢長安是新建都城，完全摒棄了周代的鎬京與秦代的咸陽城，平地而起，故所建宮室、臺觀、樓閣、苑囿等建築較多，且漢武帝時代，國力鼎盛，且好神仙，故求仙的臺樓建造如雨後春筍，故篇幅較多；相反的，洛陽都城肇建於周公的下都，又經東周時代的擴建北都城，名爲成周城，到秦代呂不韋擴建南都城，其後爲三川郡治，號稱十萬戶，到光武帝決定都洛，倡導簡樸，都城皆沿用周秦之舊垣，宮室也僅修復南宮，明帝時才重建北宮，重要建築只有都城南郊的禮制三宮，其它建築微不足道，故篇幅較少。

　　本文研究方式，係以漢代建築文獻的文學作品〈兩都、二京賦〉爲主軸，以其他漢晉都城宮殿賦如〈南都〉、〈甘泉〉、〈三都〉、〈魯靈光殿〉、〈景福殿〉、〈上林〉等賦及今本及古本《三輔黃圖》、《三輔舊事》、《三輔故事》、晉代的《三秦記》、《關中記》、《西京雜記》及以北魏《水經注》，宋代《營造法式》、《雍錄》，元代的《元河南志》等爲旁支進行研究，並輔以大陸及國內對長安與洛陽的考古報告、文獻，配合西安與洛陽等地博物館、文物資料館及前往漢代長安與洛陽故城之遺址調查研究爲範圍。本文研究中最主要的文獻《昭明文選》係採用正中書局出版清代胡克家嘉慶十四年（1809）重刻《宋淳熙本》李善注《文選》以及漢京文化事業公司出版之元代《古迂書院刊本》，間取宋代《茶陵陳氏刊本》《四部叢刊景宋本》補其漫漶之《增補六臣注文選》爲研究依據。前者據《文選學》引胡枕泉曰：

> 李善注援引賅博，經史傳注，靡不兼綜，又旁通倉雅訓故及梵釋諸
> 書，史家稱其淹貫古今，……李時古書尚多，自經殘缺，而古光片
> 羽，藉存十一，不時文人資爲淵藪，抑亦後儒考證之林也。〔註112〕

李善注受到肯定可見一般，後者爲李善加唐代呂延濟、劉良、張銑、呂向、李周翰等五人之五臣注合稱六臣注，歷代對李注及五臣注雖互有泛褒〔註113〕，然兩者在長安洛陽都城宮室規制之注釋皆自有徵引，筆者認爲皆可供研究參考用途。

〔註112〕《文選學·源流第三》駱宏凱撰，華正書局，臺北，1989 年 9 月，頁 63。
〔註113〕《文選學·源流第三》駱宏凱撰，華正書局，臺北，1989 年 9 月，頁 66。

第五節 研究方法

　　本文將對上述建築文獻的先作綜合探究，並以西安與洛陽大比例尺地圖以及大陸對長安與洛陽的考古報告等有關漢代都城與宮室建築描述作一概括性綜合整理，並前往西安與洛陽對漢代長安與洛陽故城之遺址作實地田野調查研究，再以交叉比對，歸納分析，以期復原漢代長安與洛陽都城宮室之規制與佈局，並應用下列的研究法相互對照。

一、文獻研究法

　　文獻搜集將包括漢長安與洛陽都城與宮室（含園林、臺榭、禮制建築）的文學上、建築上以及考古上的古今文獻，本文並將對漢魏建築文獻的文學作品及建築歷史作品以及對大陸長安與洛陽故成的考古報告論文等作一概括性綜合整理，以求得到一個合理的答案，例如長安城興築的次序與時間《史記・呂后本紀》《漢書・惠帝紀》《今本三輔黃圖・漢長安故城》《史記索隱》四種文獻各有異同且不全的記載，即可得到各面城牆施工的次序與時間。

二、建築科學分析法

　　建築文獻如兩京賦、兩都賦及其他有關文獻所描述的都城規劃、宮室選址、宮室平面、宮殿配置、建築結構、建築裝飾、禮制建築、園林建築配合考古發掘資料予以歸納、比對、推論、整理方法作一系統分析，並用建築、土木、測量的專業技術驗證古典文典文獻記載的混淆或未載之處，可以得到一個比較合理的答案，例如漢代超高樓之臺榭建築所用之井幹構架分折；又如用地球曲率及大氣折光的公式，將古典文獻片斷記載（如從遠地瞥見樓臺、屋脊）重算樓臺的高度。

三、田野調查研究法

　　將已整理資料攜至漢長安與洛陽故城的遺址作現場比對、調查、攝影乃至於測繪並比對與文獻之異同及其原因，並訪問當地耆儒碩老有關當地史地、人文以及都城興頹歷史，當場作筆記並提問，例如筆者在未央宮前殿遺址見到的臺基為天然土丘並無夯土層的遺跡，當地鄉民亦言從小時到老山丘不曾有滑坡現象，可以推斷臺基是開挖並修整龍首山的實土，與文獻所載疏

龍首以抗前殿之情況相符。

四、比較研究法

　　文獻記載與考古資料相對照對古都城及宮室的復原相當重要，比對數值近似者以後者爲準，如差異過大則研判文獻資料記載是否正確？或是由於地形地貌的變化致產生差異，可用考古勘察資料比較來推斷。例如洛陽因二千年來洛河北岸的沖刷變遷漢魏洛陽故城遺址已無南面城牆，其東、西、南三面城牆長度則須研判得知。今由《後漢書集解·郡國志一》所引《帝王世紀》洛陽城尺度「城東西六里十一步，南北九里一百步。」〔註114〕以後漢尺一尺等於零點二四一二公尺計註〔註115〕，每里一千八百尺，每步六尺計；

　　則洛陽東西城牆長約爲四千零五十二公尺。

　　洛陽南北城牆長爲二千六百二十九公尺〔註116〕。

再依據考古調查資料，漢魏洛陽洛陽故城垣實際調查里數，東城垣全長三千八百六十二點七公尺，西城垣全長三千八百十一公尺，北城垣全長二千六百公尺〔註117〕。由上可見北城牆大致與考古資料相符，東城牆少了一百八十九公尺，西城牆少了二百四十一公尺，就是因洛河北岸沖刷流失的，故文獻記載比對考古資料才能得到正確的數據。

　　其次，洛陽城依據文獻記載應是南北長東西短的長方形，再依《元河南志》所附後漢東都城圖（圖 1-12）其城牆也是長方形，惟依考古發掘及遺址調查，漢魏洛陽城平面除南垣不明外，其餘三面呈折線形，尤其北垣凸出兩塊，曲折尤甚，整個漢魏洛陽故城形成茶壺形（圖 1-13），故如無考古調查資料，單憑文獻資料是無法瞭解其眞面目。

　　其三，長安城門及道路系統如〈西都賦〉描述爲「披三條之廣道，立十二之通門。」〔註118〕〈西京賦〉描述爲「徒觀城郭之制，則旁開三門，三塗夷庭，方軌十二，街衢相經。」〔註119〕長安十二通門載於《今本三輔黃圖》，

〔註114〕《後漢書集解二卷十九·郡國志一·司隸·洛陽》，蕭梁·劉昭注補，頁 1220。
〔註115〕《帝王世紀》爲西晉皇甫謐所作，西晉尺依據中國度量衡史第十五表，頁 65。
〔註116〕洛陽東西城牆長＝（9×1800＋100×6）×0.2412＝4,052 公尺，洛陽南北城牆長＝（6×1800＋11×9）×0.2375＝2,629 公尺
〔註117〕《漢魏洛陽故城研究·洛陽漢魏隋唐城址勘查記》，閻文儒撰，頁 3。
〔註118〕《增補六臣注文選卷一·西都賦》頁 24。
〔註119〕《增補六臣注文選卷二·東都賦》，1983 年 9 月，頁 379。

即東面的宣平門、清明門與霸城門，西面章城門、直城門與雍門，南面覆盎門、安門與西安門，北面的橫門、廚城門與洛城門註〔註120〕；門制的「三塗夷庭，方軌十二」薛綜注云：「門三道，故云三塗，塗容四軌，故方十二軌。」〔註121〕

圖 1-12　後漢東都城圖　　　　**圖 1-13　漢魏洛陽故城實測圖**

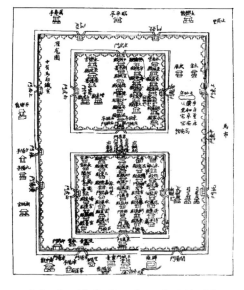

引自《三輔黃圖‧唐兩京城坊考》

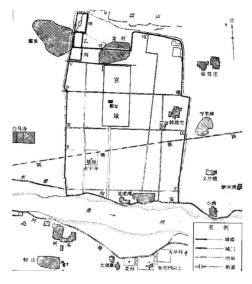

引自《漢魏洛陽故城研究》

今本《三輔黃圖》引《三輔決錄》曰：

> 長安城面三門，四面十二門，皆通達九逵，以相經緯，衢路平正，可並列車軌：十二門三塗洞闢，隱以金椎，周收林木，左右出入，為往來之徑，行者升降有上下之別。〔註122〕

三塗之說已由考古調查資料證實如下：

> 城內有八條主要道路，街道都是直線……其中貫通南北的安門內大街長達五公里半，這條街道寬約 50 米，中央是皇帝專用的馳道，寬二十米，兩側有溝，溝外兩側各寬十三米的街道……〔註123〕

〔註120〕《三輔黃圖卷一‧漢長安故城》頁 8～11。
〔註121〕同註 112。
〔註122〕同註 112，頁 11。
〔註123〕《中國古代建築史》，劉敦楨等編撰，明文書局，臺北，1982 年 6 月。

另據李遇春〈漢長安城城門述論〉云：

> 一九五七年發掘了直城門、西安門。霸城門與宣平門……，證實了
> 漢長安城每個城門有三個門道，每個門道各寬八米……（長安城）
> 八條大街的長度不等，寬度卻相同……〔註124〕

如以薛綜注所云：「（每）門三塗，塗容四軌，故方十二軌」而言，軌寬依《考
工記》鄭玄注：「軌謂轍廣，乘車六尺六寸，旁加七寸凡八尺。」〔註125〕則塗
容四軌即三十二漢尺，即塗寬爲七點六公尺，此塗寬與直城門、西安門。霸城
門與宣平門考調查資料門道寬八公尺相差僅零點四公尺，可視爲兩旁的淨空，
三個門道共容十二軌，則與文獻所載方軌十二相符，至於大街兩側道路十三公
尺各容六軌寬十一點四公尺，其餘一點六公尺種行道樹爲是，而中央馳道寬二
十公尺容九軌即十七點一公尺，兩旁尚有一點四五公尺行道樹綠化帶，由此而
知，文獻資料如與考古發掘資料相比對，就能更瞭解實際狀況。（圖1-14，1-15）

圖1-14　漢代長安城平面圖

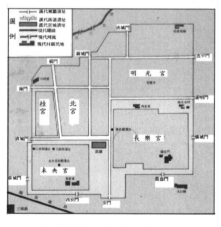

取自《千年古都長安》頁81。

圖1-15　漢代長安城殘垣

取自《千年古都長安》頁81。

五、出土實物研究法

　　宮室樓閣的界畫要用界尺有條不紊、端端正正，線條平直的工筆畫，而

〔註124〕李遇春〈漢長安城城門述論〉，2005年第6期《考古與文物》西安，2005年
　　　　6月。
〔註125〕《周禮注疏·考工記·匠人》「國中九經九緯，經涂九軌。」鄭玄注，頁642。

研究城闕、宮室、樓臺要求切切實實、詳詳細細的研究其布局、平面配置、斗拱雀替、蜀柱梁橡、飛簷反宇、鴟吻博風等建築大樣及細部，限於我國傳統木構造建築物不像西洋古建築如埃及希臘石造建築可以保存建築細部達數千年，但我們可由出土的建築物明器如漢代陶屋、陶倉、陶樓或仿住宅漢墓來比對並研判其細部規制，如漢明器陶樓有斗拱平座、四注屋頂的飛簷以及交疏的綺窗（圖 1-17），猶如當時漢墓的磚造穹窿演變成後來的無樑殿，徐州漢墓有石造一斗二升式的斗拱（圖 1-16），雲南及吉林、黑龍江等地少數民族尚有井幹結構式民居等等；還有如湖南長沙馬王堆漢墓如木屋大的棺槨室可做為漢代宮室用材及材料接合榫頭技術之研究實物，這些都可供我們復原漢代建築物重要的參考。王國維以〈月令〉之云太廟太室，由《殷虛書契》卜文兩見太室、吳彝蓋云：「王在周成太室」、君夫敦蓋云：「王在周康宮太室」、矞攸從鼎：「王在周康宮辟太室」等出土甲骨、金文而斷定殷周宗廟之有太室〔註126〕，此即以出土文物印證之二重證據研究法。

圖 1-16　漢代斗栱石刻　　　　　　圖 1-17　漢代綺窗石刻

攝自徐州畫像石博物館　　　　　　攝自徐州畫像石博物館

第六節　研究局限

本研究受到所指定地區受時間、空間、文獻、考古的因素所局限，不能完全達到頂期的研究目標，其原因說明如下；

〔註126〕《觀堂集林卷三‧藝林三‧明堂寢廟通考》頁 132。

一、時間因素

　　本研究的對象是漢代長安與洛陽的都城與宮室，經過二千餘年來歷史上的戰火摧殘，如赤眉焚燒長安宮室後，東漢初葉的長安正如張衡〈東京賦〉所云「望先帝之舊墟，慨長思而懷古！」只能作黍離傷感的懷古；董草焚燒洛陽宮室後，曹植也嘆洛陽成爲如〈送應氏詩〉所云：「垣牆皆頓擗，荊棘上參天」〔註127〕的廢墟！再加以數百年的自然風化，地面遺址所剩無幾，則如李白（701～762）〈憶秦娥〉詞所描爲的「西風殘照，漢家陵闕」，長安在唐代時期也只剩幾坵漢陵而已！兩千年來地面上建築物完全消失無蹤，東漢洛陽南城牆現已淹沒於北移的洛河中等等，使本文對長安、洛陽宮殿布局的研究有所局限。

二、空間因素

　　本研究因研究對象在陝西省西安市與河南省洛陽市，在臺灣進行研究，無法進行長時間的田野調研，遇到需到現場遺址實地比對文獻，因受空間遠隔因素無法進行，例如以地球弧面差推測地上物高度，文獻所載甘泉宮通天臺（今陝西淳化縣鐵王鄉）距離漢長安城（今西安西北三橋鎮）三百里可眺望長安城〔註128〕，依漢尺化成今里爲八十五點五公里，地圖所量爲七十九公里〔註129〕，兩地雖僅差距六點五公里，用地球弧面差公式所計算出的通天臺高度的結果差距卻達七十一公尺，因空間所限無法到現址進行比對，使研究受到局限。

三、文獻不足因素

　　自古以來，社會以職業分四民，春秋時以士、商、農、工爲四民〔註130〕，漢代則以士、農、工、商爲四民〔註131〕，營建工人爲工民之類，屬四民之末，營造技術只列入方技之流，士大夫素不重視，影響所及營建之歷史只記載營建何工事？工期？或功限而已！至於工事詳細尺寸，施工技藝，用料數量、

〔註127〕《增補六臣注文選卷二十・送應氏詩二首其一》頁380。
〔註128〕《關中佚志輯注・雲陽宮記》引《漢舊儀注》，漢・王襃等撰，陳曉捷輯注，三秦出版社，西安2006年1月，頁3。
〔註129〕依內政部〈國際百萬分之一中國輿圖〉・NI49西安〉量得公里數。
〔註130〕《穀梁傳・成公元年》：古者有四民，有士民、有商民、有農民、有工民。
〔註131〕《漢書卷二十四・食貨志上》：士、農、工、商四民有業。

建築布局、建物圖樣等等不但官方史書不載，私家筆記也少提及，例如記載西漢長安宮闕最詳盡的今本《三輔黃圖》所記載長樂宮之前殿、鴻華殿、溫室殿及長信宮之長信、長秋、永壽、永寧四殿，僅載前殿東西四十九丈七尺，兩杼中三十五丈，深十五丈尺度〔註132〕，實不足以復原其平面及立面，欲以古文獻記載來研究原來的布局、平面配置、立面風格實有文獻不足徵的局限。

四、考古調查資料不足因素

大陸自 1950 年以來，對漢代長安與洛陽故城考古發掘狀況如下：

（一）漢長安故城僅部份考古發掘

漢長安城址及長安城門的考古發掘，漢長安未央宮第二、三、四號遺址及西南角遺址的發掘，漢長安南郊禮制建築群的發掘，西安西郊漢代建築遺址的發掘，王莽九廟遺址發掘，漢長安武庫遺址的發掘。〔註133〕近年來，長樂宮及建章宮已經勘查並探明遺址範圍，桂宮已經部份考古發掘，惟北宮遺址尚未發現。

（二）長安洛陽故城考古調查尚未全面

1962 年漢魏洛陽故城城垣試掘，漢魏洛陽故城金鏞城址的發掘，1984 年漢魏洛陽故城北垣一號馬面的發掘，1972 年漢魏洛陽故城內城南郊三雍遺址的發掘，漢魏洛陽故城圓形建築遺址初探，漢魏洛陽城一號房址和出土的瓦文，1974 年冬～1975 年春漢魏洛陽故城南郊的靈臺遺址，1987 年在洛陽金溝一帶發現一處東漢園林建築。〔註134〕長安考古現依然持續進行，例如劉慶柱稱：

> 2008 年十月長安城內長樂宮西北角一宮殿遺址發掘出一座半地下建築，該半地下建築出土有壁畫的房間地面完全「塗朱」；「土被朱紫」在中國古代是非常高規格的房子」〔註135〕

雖然以上琳琅滿目的調查、發掘對漢代長安與洛陽故城重點考古調查對瞭解長安與洛陽的都城與宮室都有所助益，雖兩城遺址已列爲保護範圍，但大規模的考古發掘與調查遷涉到農作物及農地的賠償以及調查經費的關係，考古

〔註132〕《三輔黃圖卷之二·漢宮》頁 8～13。
〔註133〕《漢長安城考古與漢文化》頁 1～40，210～251。
〔註134〕《漢魏故城研究附錄二·漢魏故城保護、考古的回顧與展望》頁 1009。
〔註135〕依據 2008/12/29hk.epochtimes.com/archive/Issue105/Tsslh-4.htm 網頁報導。

調查尚未全面展開，依現有關查資料爲文獻比對，進行復原長安與洛陽都城
與宮室規制尚有局限。

第二章　由兩都二京賦探討漢代都城規制

　　古代城市的形成必須要有水源、經濟、人口諸要素,《史記‧五帝本紀》云:「舜耕歷山,歷山之人皆讓畔;漁雷澤,雷澤上人皆讓居;陶河濱,河濱器皆不苦窳。一年而所居成聚;二年成邑;三年成都。」〔註1〕耕作、漁撈、陶冶皆是經濟要素;一年所居住地方形成聚落,二年形成鄉邑,三年形成都城,則是人口增加之要素;古代都城皆濱水,如堯都平陽在汾河畔,舜都蒲坂、禹都安邑在涑水邊,湯都亳在渦河北岸,紂都朝歌城在洹水北岸、周文武王之豐鎬京在灃水兩岸,周公營洛邑在洛河北岸,秦咸陽渭水貫都,漢長安在灞滻之間,這就是爲了容易取得水源之因素。但做爲國都的條件尚有形勢及經濟中樞的因素,長安做爲西漢國都之因素如〈西京賦〉所云:「地沃野豐,嚴險周固,襟帶易守,得之者強,據之則久,流長難竭,深則難朽。」〔註2〕又如潘岳(247～300)〈西征賦〉所云長安之土腴農殷:「蹈秦郊而始關,豁爽塏以宏狀,黃壤千里,沃野彌望,華實紛敷,桑麻條暢。」〔註3〕故漢高祖(前256～前195)五年(前202),婁敬勸高祖都關中長安云:「秦地被山帶河,四塞以爲固,卒然有急,百萬之眾可具也;因秦之故,資甚美膏腴之地,此所謂天府也。」〔註4〕指關中兼具有形勢、人口及經濟三種卓

〔註1〕　《史記會注考證卷一‧五帝本紀》頁35。
〔註2〕　《增補六臣注文選卷二‧西京賦》頁59。
〔註3〕　《增補六臣註文選卷十‧西征賦》頁193。
〔註4〕　《史記卷九十九‧劉敬列傳》頁1105。婁敬言都秦地有功賜姓劉,事在《漢書‧卷十三‧劉敬傳》。

越之因素。而洛陽爲國都之因素，另有地位因素，居「天下之中，諸侯四方納貢職道里均矣。」〔註5〕其次則爲形勢因素，如傅毅（47～92）〈洛都賦〉所云：「被昆崙之洪流，據伊洛之雙川，挾成皋之崑阻，扶二崤之崇山，砥柱回波綴於後，三塗太室結於前，鎮以嵩高喬岳，峻極於天。」〔註6〕兩都形勢之優劣，張良（？～前189）云：

> 洛陽雖有此固，其中小，不過數百里，田地薄，此非用武之國也。
>
> 夫關中左殽函、右隴蜀，沃野千里。南有巴蜀之饒，北有胡苑之利。
>
> 阻三面而守，以一面專制諸侯，諸侯安定，河渭漕輓天下，西給京
> 師；諸侯有變，順流而下以委輸，此所謂金城千里，天府之國也。
> 〔註7〕

張良所云之洛陽雖有此固即高祖左右大臣所稱洛陽「東有成皋，西有殽澠，倍河向伊洛，其固亦足恃也。」顧祖禹（1631～1692）《讀史方輿紀要》云：「河南古所稱四戰之地也，當取天下之日，河南在所必爭，及天下既定，而守在河南，則岌岌焉有必亡之勢矣。」〔註8〕張衡（78～139）已知洛陽定都之弱點，如〈西京賦〉云：「秦據雍而彊，周即豫而弱，高祖都西而泰，光武處東而約。」〔註9〕自古以來，中原爲兵家必爭之地，都於洛陽不利於守，但因西京殘破，百廢待興，光武帝（前6～57）又尙儉樸，無意大興土木，洛陽南宮猶在，遂都於洛陽，取其方便，錢穆稱：

> 人類文化的最先開始，他們的居地，均賴有河水灌溉，好使農業易
> 於產生；而它灌溉區域，又須不很廣大，四圍又有天然屏障，好讓
> 這區域裏的居民，一則易於集中而到達相當的密度，一則易於安居
> 樂業而不受外圍敵人之侵擾。〔註10〕

其中河水可供飲用及灌溉產生農業、集中人口密度、四圍有天然屏障，正是城市產生所須具備水源、經濟、人口、形勢四大要素。

〔註5〕 同註4。

〔註6〕 《初學記卷二十四・居處部・都邑第一》頁564。

〔註7〕 《史記卷五十五・留侯世家》，頁816。

〔註8〕 《讀史方輿紀要卷四十六・河南一・河南方輿要序》，清・顧祖禹撰，中華書局，北京，2006年8月，頁2083。

〔註9〕 《增補六臣注文選卷二・西京賦》頁42。

〔註10〕 《中國文化史導論・中國文化之地理背景》第一章，錢穆著，臺灣商務印書館，臺北，2003年9月，頁1。

第一節　西漢長安都城之選擇要素

張其昀稱：

> 西漢定都長安，是爲國家政治、經濟、交通、軍事、文化中心，大
> 漢帝國政令、法制所自出，人才、文物之所薈萃。長安所爲長安，
> 實際利用兩種力量，即在武力上利用關西之將才與邊郡的騎兵，而
> 在經濟上利用了關中平原與巴蜀盆地的糧食與財富，這樣才可以支
> 持一個帝國京都的規模。〔註11〕

可知關中平原的樞紐長安，正是高祖建國智囊團非選不可的國都寶地。但關
中平原幅員廣大，惠帝會選在渭河南岸、長樂宮南牆以北建城，正是因秦都
已毀、長樂宮堪用，不再想虛耗民力的簡樸作風所致，但斗城之風水格局正
印證漢長安城爲非整齊型計劃都城〔註12〕。

一、地理形勢之優越

長安之地理形勢及土地富饒，如〈西都賦〉所云：

> 左據函谷二崤之阻，表以終南太華之山，右界襃斜龍首之險，帶以
> 洪河涇渭之川；眾流之隈，汧涌其西；華實之毛，則九州之土上腴
> 焉，防禦之阻，則天地之隩區焉。〔註13〕

又〈西京賦〉亦云之：

> 左函崤重險，桃林之塞，綴以二華，巨靈贔屭，高掌遠蹠，以流
> 河曲，厥跡猶存；右有隴坻之隘，隔閡華戎，岐梁雍，陳寶雞鳴在
> 焉。於前終南太一，隆崛崔崒，隱轔鬱律，連岡乎嶓冢，抱杜含鄠，
> 欱灃吐鎬，爰有藍田珍玉，是之自出；於後則高陵平原，據渭踞涇，
> 澶漫靡迤，作鎮於近。其遠則九峻甘泉，涸陰沍寒。爾乃廣術沃野，
> 厥田上上，實爲地之奧區神皋。〔註14〕

〈西京賦與西都賦〉以長安地理形勢被山帶河、重關四塞、土腴物豐，易守
難攻，爲天地之隩區。（圖 2-1）至於長安附近關中土壤肥腴原因，正如張其

〔註11〕張其昀《中華五千年史・西漢史》，中華文化大學出版部，臺北，1982 年 11
月，頁 73。
〔註12〕唐代長安城以及明清之北京城爲整齊型計劃都城。
〔註13〕《增補六臣注文選卷二・西都賦》頁 23。
〔註14〕《增補六臣注文選卷二・西京賦》頁 43。

昀所稱：

圖 2-1　西漢長安形勢圖

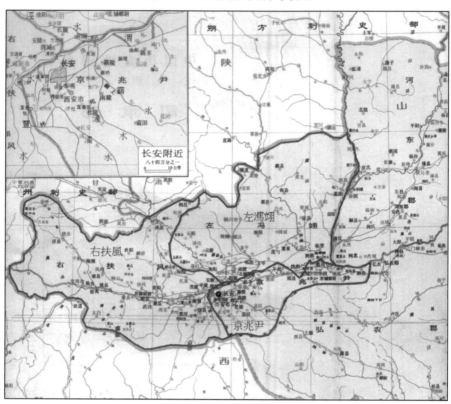

由〈中國歷史地圖集〉第二冊西漢司隸部圖填註。

　　所謂八川繞長安，指渭、涇、灞、滻、灃、鎬、潦、潏八川，渭水
是主流，涇水是北面支流，其餘六川都是由秦嶺北流注入渭水的小
支流，地勢南高而北低，長安平原，經八川之灌溉，土壤膏腴，號
稱陸海。〔註15〕

長安之此種優越地理形勢（圖 2-2），就如婁敬所云的：「搤天下之亢而拊其背
也。」〔註16〕也如柳宗元（773～819）所云：「據天下之雄圖，都六合之上游，
攝制天下，運諸掌握之內。」〔註17〕王恢云：

〔註15〕《中華五千年史・西漢史》，張其昀著，中華文化大學出版部，臺北，1982
　　　年 11 月，頁 75。
〔註16〕《史記會注考證卷九十九・劉敬列傳》，頁 1112。
〔註17〕《古文觀止續編・封建論》，王熙元，郭預衡主編，百川書局，臺北，1994

平王東遷，周室日弱；秦得豐歧，卒併六國，項羽東歸，漢高一統；
劉裕以幼子守長安，遂失統一之機；隋煬帝輕離關中，亡不旋踵，
宋明兩太祖欲都長安未能實現，國勢終於不振；清初藉追李自成，
既得關中，席捲江南，……史家以關中係天下安危，蓋地勢形使然
也。〔註18〕

由歷史上的經驗得知，定都長安附近的王朝如周之師出桃林、侯會孟津、牧
野鷹揚不論外，秦、漢、隋、唐皆能東出河洛、兼併山東、北略燕趙、南取
湖廣，進而一統寰宇，建立強大的帝國，長安形勢的優越盡在不言中。

圖2-2　長安歷代都城沿革圖

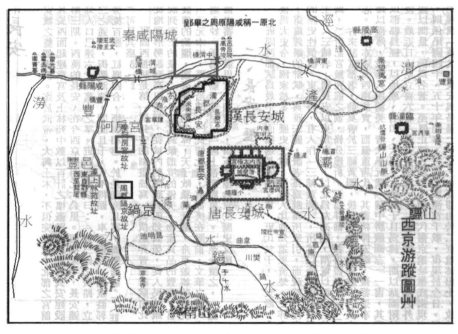

引自〈中華五千年史‧西漢史〉頁74附圖加註編彩。

二、天人對應之巧合

〈西都賦〉云：

及大漢受命而都之也，仰悟東井之精，俯協河圖之靈，奉春建策，

年3月，頁593。

〔註18〕《中國歷史地理‧五大古都——西安》，王恢著，學生書局，臺北，1965年4
月，頁30。

> 留侯演成，天人合應，以發皇明，乃眷西顧，實惟作京。〔註19〕

〈西京賦〉亦云：

> 自我高祖之始入也，五緯相汁，以旅東井，婁敬委輅，幹非其意，天啓其心，人楙之謀，及帝圖時，意亦有慮神祇，宜其可定，以爲天邑。豈伊不虔，思于天衢，豈伊不懷，歸於枌榆，天命不滔，疇敢以渝。〔註20〕

有關〈西京賦〉所云：「五緯相汁，以旅東井」之天文現象，李善（630？～890）謂即爲「《漢書》漢元年十月，五星聚於東井，沛公至霸上。」〔註21〕之事，因《史記・天官書》云：「（歲星）其所在，五星皆從而聚於一舍，其下之國可以義致天下。」〔註22〕此事在《漢書注》引應劭曰：「東井，秦之分野，五星所在，其下當有聖人以義服天下。」〔註23〕《漢書・天文志》塡星條亦云：「五星若合，是謂易行，有德受慶，改立王者，奄有四方，子孫蕃昌。」〔註24〕東井出於《禮記・月令》：「仲夏之月，日在東井。」〔註25〕東井即二十八宿南方七宿之井宿（距星井宿一即雙子座 μ 星），因在玉井星座之東而得名。

但五星聚東井之年月受到北魏高允（391～487）和崔浩（381～450）及北宋天文占星學者劉羲（1023～1089）的質疑與修正，依據《中國天文學史・天文測算編》云：

> 北魏太延五年（439），著作郎高允和司徒崔浩首先對這個現象發生懷疑。高允從金火兩星的位置關係，看出漢高祖元年（前206）十月五星不能聚於東井，認爲《漢書》這段紀事，『是史官欲神其事，不復推之於理。』崔浩經過了一年多的研究，斷定漢元年始月的十月，五星不聚於東井，而在十月前三個月即其前年的七月，五星才聚於東井。宋慶曆（1041～1048）時，劉羲也以五星聚東井，不在漢元年而在秦二世三年（前207），即在漢元年的前年夏曆七月。〔註26〕

〔註19〕《增補六臣注文選卷二・西都賦》頁23。
〔註20〕《增補六臣注文選卷二・西京賦》頁44。
〔註21〕《漢書補注卷一上・高帝紀》頁36。
〔註22〕《史記一卷二十七・天官書》頁516。
〔註23〕《漢書補注卷一上・高帝紀》頁36。
〔註24〕《漢書補注卷二十六・天文志》頁581。
〔註25〕《禮記注疏卷十六・月令》頁315。
〔註26〕《中國天文學史第四冊》陳遵媯撰，明文書局，臺北，1987年6月，頁154

業師莊雅州謂：「後代天文學家（高平子等）用科學方法推算，卻發現五星聚東井發生在漢高祖二年（前205）五月。」〔註27〕與《漢書》所載晚了七個月，四家推測五星聚東井均不在漢元年十月。

　　〈西都賦〉所謂俯協河圖之靈，李善注曰：「河圖命紀也，然《五經、緯》皆河圖。」〔註28〕呂延濟注曰：「河圖，河出圖也；帝王符應故曰靈。」〔註29〕按河圖出於《尚書・顧命》：「……河圖，在東序。」〔註30〕孔傳曰：「河圖，八卦；伏羲王天下，龍馬出河，遂則其文，以畫八卦，謂之河圖。」〔註31〕

圖 2-3　東井八星圖

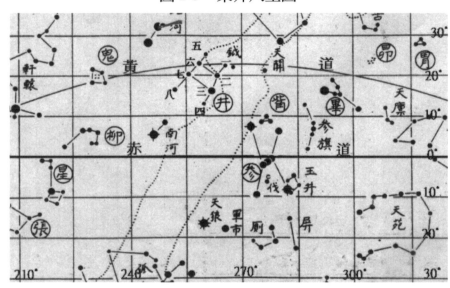

由〈天文日曆赤道南北星座圖〉填註

故協河圖之靈，應該參考八卦之方位，八卦東為震卦，震為雷為龍；西為兌卦，兌為澤。高祖起於沛，屬東方，其母媼當息於大澤之陂，時值雷電晦冥，夢與交龍遇而有娠，遂產劉邦，起於東方應震卦，息於西方應兌卦，應為當時選擇方位，長安在西，即有此靈應。而李善又引《春秋含孳》曰：「劉季握

　　　　　～155。

〔註27〕莊雅州《科學與迷信之際——史記天官書今探》，《中正大學中文學術年刊》
　　　　第六期，國立中正大學中國文學系，嘉義，2004年12月，頁9。
〔註28〕《增補六臣注文選卷二・西京賦》頁44。
〔註29〕《增補六臣注文選卷二・西京賦》頁44。
〔註30〕《尚書注疏卷十八・周書・顧命》頁278。
〔註31〕同註30。

卯金刀，在軫北，字季，天下服，卯在東，陽所立，仁且明。金在西，陰所立，義成功。刀居右，安成章，刀擎秦，枉矢東，流水神，哭祖龍，然則成，功在西，故都長安。」〔註32〕則是用劉邦姓氏作爲選都之緯書。

　　至於洛陽戍卒婁敬獻西都秦地之策〔註33〕，再經留侯張良玉成之勸〔註34〕，遂使高祖考慮放棄了天衢之稱的洛陽和富貴還鄉的豐邑枌榆社建都，因天命不滔，疇敢以渝，只好應天順人，毅然於漢五年（前202）二月車駕西都長安〔註35〕。

三、動植物資源之豐富

　　以二千年的漢代當時的環境，除百年以上的用材大樹外，森林植被狀況應尚未被破壞，關中的生態與物產之豐，如〈西都賦〉下列所描述，應是接近實況：

> 封畿之內，厥土千里，卓犖諸夏，兼其所有。其陽則崇山隱天，幽林穹谷；陸海珍藏，藍田美玉；商洛緣其隈，鄠杜濱其足，源泉灌注，陂池交屬。林林果園，芳草甘林，郊野之富，號爲近蜀，其陰則冠以九嵕，陪以甘泉……下有鄭白之沃，衣食之源，提封五萬，疆場綺分，溝塍刻鏤，原隰龍鱗，決渠降雨，荷插成雲，五穀垂穎，桑麻鋪棻。〔註36〕

〈西京賦〉亦云；

> 上林禁苑，跨谷彌阜。東至鼎湖，斜界細柳。掩長楊而聯五柞，繞黃山而款牛首。繚垣綿聯，四百餘里。植物斯生，動物斯止。眾鳥翩翻，群獸駓騃。散似驚波，聚以京峙。伯益不能名，隸首不能紀。林麓之饒，于何不有？〔註37〕

單以花卉之多，就如〈西京賦〉所云：「嘉卉灌叢，蔚若鄧林。鬱蓊薆蔚，橚爽櫹槮。吐葩颺榮，布葉垂陰。」〔註38〕

〔註32〕《增補六臣注文選卷二・西京賦》頁44。
〔註33〕同註4。
〔註34〕同註7。
〔註35〕《漢書補注卷一下・高帝紀》頁51。
〔註36〕《增補六臣注文選卷二・西都賦》頁24～25。
〔註37〕《增補六臣注文選卷二・西京賦》頁51。
〔註38〕《增補六臣注文選卷二・西京賦》頁51。

茲依〈西都賦〉與〈西京賦〉將關中地區各種動植物資源列舉如下：

（一）樹　木

〈西京賦〉載有：「林麓之饒，于何不有？樅、栝、椶、楠、梓、棫、楩、楓……柳、杞。」〔註 39〕等樹木。〈上林賦〉云：「沙棠、櫟、櫧，華、楓，枰、櫨，仁頻、并閭，欃、檀、木蘭，豫章女貞，長千仞，大連抱，夸條直暢，實葉俊楙。」〔註 40〕，豫章女貞種苗可能產自豫章郡，可作豫章樓船及豫章屋宇建材，其他樹木也是一般山林樹木，可供柴薪及建材使用。

（二）果　樹

〈上林賦〉云：「於是乎盧橘夏熟，黃甘、橙、楱，枇杷、橪、柿，梬、柰、厚朴，樗、棗、楊梅，櫻桃、蒲陶，隱夫、薁、棣，荅遝、離支，羅乎後宮，列于北園。」〔註 41〕這些大都是溫帶水果，種在上林苑北園。

（三）草

〈西京賦〉云：「草則葴、莎、菅、蒯，薇、蕨、荔、芫。王芻莔臺，戎葵懷羊。苯䔿蓬茸，彌皋被岡。篠簜敷衍，編町成篁。山谷原隰，泱漭無疆。」〔註 42〕則爲實用及藥用草類，一般在山區或沼澤區成長。

（四）水　族

〈西京賦〉云：「有黿鼉巨鱉，鱣鯉鱮鮦，鮪鯢鱨鯊。脩額短項，大口折鼻，詭類殊種……然後釣魴、鱧，纚鰋、鮋，摭紫貝，搏耆龜。」〔註 43〕長安附近人工池沼如昆明湖、太液池、滄池、琳池、影娥池等等面積皆不小，可以養殖魚類，如方三百里的昆明湖除供宮中御用、諸陵祭祀外，尚可拿到長安市上販售。

（五）鳥　類

〈西都賦〉云：「鳥則玄鶴白鷺，黃鵠鵁鸛。鶬鴰鴇鶂，鳧鷖鴻鴈。朝發河海，夕宿江漢。沈浮往來，雲集霧散。」〔註 44〕，〈西京賦〉云：「鳥則鷫鷞鴰鴇，駕鵝鴻鶤。上春候來，季秋就溫。南翔衡陽，北棲鴈門。奮隼歸鳧，

〔註 39〕《增補六臣注文選卷二・西京賦》頁 51。
〔註 40〕《增補六臣注文選卷八，上林賦》頁 158。
〔註 41〕《增補六臣注文選卷八，上林賦》頁 158。
〔註 42〕《增補六臣注文選卷二・西京賦》頁 51。
〔註 43〕《增補六臣注文選卷二・西京賦》頁 52，56。
〔註 44〕《增補六臣注文選卷一・西都賦》，頁 32。

沸卉軿訇。眾形殊聲，不可勝論。」〔註45〕

以上長安附近種類繁多鳥類，有些是當地樹林野地留鳥，有些是過境的侯鳥，在大面積的上林苑或終南山林木植被中棲息繁殖或在池岸河濱覓食，除供賞心悅耳之賞鳥活動外，以生態學的食物鍊平衡理論而言，眾多鳥類甚至成爲莊稼害蟲的天敵，甚至可提高農作物收穫量。

四、經濟地位之富庶

《文選·西都賦》稱長安之經濟狀況：

> 內則街衢洞達，閭閻且千；九市開場，貨別隧分。人不得顧，車不得旋；闠城溢郭，旁流百廛；紅塵四合，煙雲相連。於是既庶且富，娛樂無疆，都人士女，殊異乎五方，遊士擬於公侯，列肆侈於姬姜。鄉曲豪舉，遊俠之雄，節慕原嘗，名亞春陵；連交合眾，騁騖乎其中。〔註46〕

以元始二年（前2年）關中所在的行政區京兆尹、左馮翊、右扶風等三輔之戶籍計六十四萬七千一百八十戶、人口總數二百肆拾參萬六千三百六十人〔註47〕，佔全國總戶數百分五點二九，人口佔全國總人口之肆點零玖〔註48〕。而土地面積不到全國的百分之一〔註49〕，可見人口的集中。

《漢書·地理志》亦載長安所在秦地經濟之富庶狀況：

> 故秦地於《禹貢》時跨雍、梁二州，《詩》風兼秦、豳兩國，……其民有先王遺風，好稼穡，務本業，故《豳詩》言農桑衣食之本甚備。有鄠、杜竹林，南山檀柘，號稱陸海，爲九州膏腴。始皇之初，鄭國穿渠，引涇水溉田，沃野千里，民以富饒。……故秦地天下三分之一，而人眾不過什三，然量其富居什六。〔註50〕

〔註45〕 《增補六臣注文選卷二·西京賦》，頁52。
〔註46〕 《史記卷九十九·劉敬列傳增補六臣注文選卷一·西都賦》頁24。
〔註47〕 《漢書補注一·地理志上》記載當年京兆尹有195,702戶，人口682,468人，左馮翊有235,101戶，人口917,822人。右扶風有169,863戶，人口680,488人。頁670,672,675。
〔註48〕 《漢書補注一·地理志下》記載當時全國總戶數12,233,062戶，全國總人口59,594,978人。頁853。
〔註49〕 《中國歷史地圖集第二冊》第13～14，15～16圖，量得西漢全國領土面積620萬平方公里，三輔面積僅5.1萬平方公里。
〔註50〕 《漢書補注一·地理志下》頁854，855。

長安係周、秦故都，縮轂三秦，其財富超越全國之半，立都長安，寧非偶然？

五、交通之樞紐地位

　　長安有所謂八川繞長安，指渭水流域及其支流涇、灞、滻、灃、鎬、澇、潏等八川如扇骨並排，輻輳於長安，由渭水東下黃河直達中原、齊魯燕冀，由弘農之丹水接沔水、江水抵達荊州、江夏，再沿湘江南抵蒼梧、嶺南，江水西上達巴蜀、牂柯，而黃河蒲津北沿汾水抵并州、朔方，其水運交通便利。加上秦代出咸陽築馳道七條通全國各地，依《史記‧秦始皇本紀》：「二十七年（前220）……是歲，賜爵一級，治馳道。」〔註51〕裴駰《集解》引應劭曰：「馳道，天子之道也，若今之中道然。」〔註52〕

　　馳道之路面設計及通達地點依《漢書‧賈山傳》云：「為馳道於天下，東窮燕、齊，南極吳、楚，江湖之上、瀕海之觀畢至。道廣五十步，三丈而樹，厚築其外，隱以金椎，樹以青松。」〔註53〕王先謙補注曰：「三丈，中央之地，惟皇帝得行，樹之以為界。」〔註54〕馳道寬五十步，即三百秦尺〔註55〕，約今尺八十三公尺，當係指首都咸陽城內大道內之馳道。因漢代長安城內的馳道寬僅二十公尺，據調查資料：

> 城內有八條主要道路，街道都是直線……其中貫通南北的安門內大
> 街長達五公里半，這條街道寬約五十米，中央是皇帝專用的馳道，
> 寬二十米，兩側有溝，溝外兩側各寬十三米的街道……〔註56〕

若是郊區馳道則應小於此寬度。

　　接著闢築九原（今內蒙古包頭西北）至雲陽（今陝西淳化西北）之直道如《史記‧秦始皇本紀》所述：「三十五年（前212），除道，道九原抵雲陽，塹山堙谷直通之。」〔註57〕這些以咸陽為中心之馳道、直道修成後，可通達統一帝國各角落，陸路交通便利一方面促進地方產業發展，另一方面可掌控全國的治安，維護國家的統一。漢距秦不久，這些馳道應該仍維持正常通行狀態，漢初選擇長安立都，交通要素應是考慮的重點。

〔註51〕《史記會注考證‧秦始皇本紀》，頁118。
〔註52〕同註51。
〔註53〕《漢書補注二卷五十一‧賈山傳》頁1103。
〔註54〕《漢書補注二卷五十一‧賈山傳》，頁1103。
〔註55〕吳洛《中國度量衡史》第十五表秦尺等於27.65公分計。
〔註56〕《中國古代建築史，劉敦楨等編撰》，明文書局，臺北，1982年6月，頁47。
〔註57〕《史記會注考證‧秦始皇本紀》頁124。

圖 2-4　秦朝馳道圖道

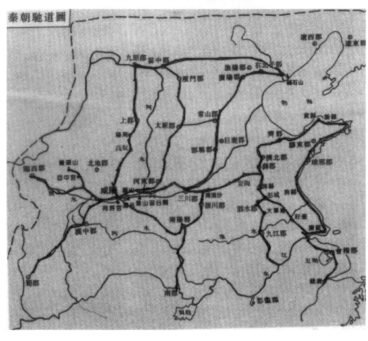

〈由彩色版中國通史——秦馳道圖塡註〉

第二節　西漢長安都城之城池規制

一、長安都城之設計之構思

　　如果將〈西都賦〉所云之「其宮室也，體象乎天地，經緯乎陰陽，據坤靈之正位，放太紫之圓方。」〔註58〕〈西京賦〉所云之「正紫宮於未央，表嶢闕於閶闔。」〔註59〕印證《漢書・高祖紀》:「七年（前 200）二月至長安，蕭何治未央宮，立東闕、北闕。」〔註60〕來揣摩蕭何設計長安都城之構思過程如下，以探討都城的文化藝術觀:

　　公元前 200 年春分後的某一夜晚，蕭何長樂宮前殿剛剛批好成一堆案牘，忙了一整天有點累，走出前殿門來到寬廣庭院中，心想到長安後十幾天，其心中所惦念如何規劃長安都城而苦思無解，他偶然抬頭看看天空，眾星閃爍，

〔註58〕《增補六臣注文選卷一・西都賦》頁 26。
〔註59〕《增補六臣注文選卷二・西京賦》頁 44。
〔註60〕《漢書補注一卷一・高帝紀下》頁 52。

望著北天，他看到紫微垣中的北極星座左右有十五顆星排列成拱手形，也就是左右樞環衛著北極座中央的帝星，就好像群臣拱衛著皇帝，北面左右樞張開的口就是閶闔門；他也注意到旁邊的北斗七星排成杓子形，其杓尖的天樞、天璇二星正指向北極，忽然若有所思轉到南方天空，他也發現俗稱南斗的斗宿六星也形成杓子狀，他說了一聲好，長安形狀像南北斗以及未央宮像紫微垣的藍圖就印在他的心版上。蕭何規劃都城宮室為建築，想像以天上星宿當做都城形狀與宮殿的布局，將宮殿配置在都城坤位南方，將天上紫微垣與地上紫宮取象天地，面向渭水、背對南山負陰而抱陽，宮殿在都城西南之未位而非坤位正中央，取名未央。這就是他規劃都城宮室之文化藝術。

二、長安都城之位置

　　長安城址依〈西都賦〉所云：「晞秦嶺、睋北阜，挾灃灞、據龍首。」〔註61〕長安位在渭河流域的中心之南岸臺地，其址北望九嵕、甘泉諸山，南望秦嶺終南，兩脅為灃水、灞水所挾，西翼據龍首原，龍首原之地勢依《讀史方輿紀要》云：「長六十里，首入渭水，尾達樊川，頭高二十丈，尾漸下五、六丈，土赤不毛。」〔註62〕則在龍首原建都具有高屋建瓴之勢，居高臨下，既利於防禦，又可避水患。

三、長安城牆之興築

　　長安城興築於漢惠帝元年（前194），六年（前189）築成，載於《史記‧呂后本紀》：「三年（前192），方築長安城、四年就半、五年、六年城就。」〔註63〕裴駰《索隱》：「按《漢舊疏》：四年築東面，五年築北面。」，瀧川《考證》：「梁玉繩曰：築長安始於元年，成于五年，至六年，起西市、大倉。」〔註64〕另依據《漢書‧惠帝紀》載動員勞役築城概況：

　　　　（元年）春正月，城長安……三年春，發長安城六百里內男女十四
　　　萬六千人城長安，三十日罷。……六月，發諸侯王、列侯、徒隸二
　　　萬人城長安……五年春正月，復發長安城六百里內男女十四萬五千

〔註61〕《增補六臣注文選卷一‧西都賦》頁23。
〔註62〕《讀史方輿紀要第五冊卷五十三‧陝西二》，頁2518。
〔註63〕《史記會注考證‧呂后本紀》頁185。
〔註64〕同註61。

人城長安，三十日罷。……九月，長安城成。〔註65〕

今本《三輔黃圖》：亦有類似記載；

> ……初置長安城，本狹小，至惠帝更築之。按惠帝元年正月，初城長安城。……三年春，……發長安六百里內男女十四萬六千人，三十日罷……六月發徒隸二萬人常役。至五年，復發十四萬五千人，三十日乃罷。〔註66〕

由上述文獻可以推斷惠帝築城之次序與時間，即三年（前192）築西面及南面，到四年上半年完成，此乃因未央宮在西南面，必須先築城牆護衛，完成一半後，四年下半年再築東面，五年築北面，此乃根據《索隱》之說，至六年再建西市、大倉，並於六年（前189）九月竣工。惠帝元年初築長安動用勞役文獻未載，《史記·呂后本紀》亦稱三年方築城，推測當年僅作選址、規劃作業，未實際築城。對惠帝三年及五年動員民工築城情況與《漢書》記載相同，但常役之徒隸工作自三年六月到五年九月完工爲止，計二十八個月，共五十六萬人工。以工程施工而言，漢初築造長安城分段分次施工，運料與施工動線不至紊雜，可增加工作效率。總計周迴六十五里的長安城，共動員民工十四萬六千人次，連常役之隸役總人工計九百二十九萬工〔註67〕。與此相比，隋煬帝在營建周迴七十三里一百五十步之東京城的動員民工載於《資治通鑑·隋紀四》：

> 大業元年（605）……三月丁未，詔楊素與納言楊達、將作大匠宇文愷營建東京，每月役丁二百萬人，徙洛州郭內居民及諸州富商大賈數萬戶以實之……二年春正月辛酉，東京成，進將作大匠宇文愷位開府儀同三司。〔註68〕

其動員民工二百萬人佔當時全國總人口二十三分之一〔註69〕，由大業元年三月丁未至二年正月辛酉歷時十個半月（計三百十四日）共耗費六億二千八百萬人工。漢初分次動員民工築長安城，徭役僅可稱尋常。

另築城牆之建材，據今本《三輔黃圖》載：

〔註65〕《漢書補注一·惠帝紀》頁61，62。
〔註66〕《三輔黃圖校注卷之一·漢長安故城》頁72，75。
〔註67〕560,000工＋146,000工×30天＋145,000工×30天＝9,290,000工。
〔註68〕《資治通鑑下冊卷一百八十·隋紀四》，文化圖書公司，臺北，1971年4月，頁1296。
〔註69〕《隋書·地理志上》，隋煬帝時全國人口46,019,956人。

（漢長安故城）：父老傳云：盡鑿龍首山土爲城，水泉深二十餘丈。

〔註70〕

何清谷注：

據考古勘察，城牆全部由黃土夯築，由於夯打非常結實，堅固程度
可以和磚牆相比，從保留最好的段落看，牆面上塗一層和有麥秸的
草泥，草泥外再塗一層堅硬的硃紅色細沙泥。〔註71〕

麥秸的草泥藉麥秸的抗拉力可防城牆龜裂，硃紅色細沙泥的凝固後可以防潮
及防雨水。

四、西漢長安城牆之形式及尺度與天文佈局

〈西都賦〉云：「建金城而萬雉。」〔註72〕以雉長三丈高一丈計算，萬雉
城牆其面積三萬方丈，其實際面積約爲 40,950 方丈或 13650 雉〔註73〕。

再依《今本三輔黃圖》載：

（長安城）高三丈五尺，下闊一丈五尺，上闊九尺，雉高三坂，周
迴六十五里。城南爲南斗形，北爲北斗形，至今人呼漢京城爲斗城
是也。〔註74〕

所謂雉高三坂之雉，非長度或面積單位之雉，而是指雉堞，指城上呈凹形的
矮牆，又稱睥睨或女牆，依劉熙《釋名》：

城上垣曰睥睨，言於其孔中睥睨非常也。亦名陴，陴，裨也，言裨
助城之高也。亦曰女牆，言其卑小，比之于城若女子之于丈夫也。
或名堞，取其重疊之意也。」〔註75〕

城上之矮牆稱爲女牆，今日大樓屋頂四周之矮牆，建築法規稱爲女兒牆〔註76〕
，用語源遠流長。

另依《史記‧天官書》二：「南斗爲廟，其北建星者旗也。」〔註77〕張守

〔註70〕《三輔黃圖橋校注卷之一‧漢長安故城》，三秦出版社，西安 2006 年 1 月，
　　　　頁 79。
〔註71〕《三輔黃圖橋校注卷之一‧漢長安故城》注四，頁 79。。
〔註72〕《增補六臣注文選卷一‧西都賦》，頁 23。
〔註73〕參見第二章第一節二〈度量權衡部‧雉〉。
〔註74〕《三輔黃圖橋校注卷之一‧漢長安故城》頁 75。
〔註75〕《釋名疏證補卷五‧釋宮屋》頁 90。
〔註76〕《建築技術規則‧施工篇第一章‧用語定義第一條》頁 7。
〔註77〕《史記卷二十七‧天官書》頁 515。

節《正義》：「南斗六星，在南也。」〔註78〕瀧川《考證》引《晉志》（即《晉書‧天文志上》）云：「北方南斗六星，天廟也。南二星：魁，天梁也；中央二星，天相也；北二星，天府庭也。」〔註79〕陳遵嬀引《石氏星經》云：「斗六星，赤，狀如北斗，在天市垣南，半在河中。」〔註80〕依據赤道南北星座圖，建星之南正爲二十八宿之斗宿，亦即南斗，斗六星正是人馬星座人馬獸之胸部，斗六星名不載史傳，今名斗宿一、二、三、四、五、六。〔註81〕

圖 2-5　北斗圖、南斗圖

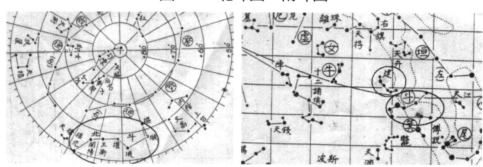

北斗圖（左）南斗圖（右），依北極星座及赤道南北星座圖

「北斗」辭出《春秋‧文公十四年》：「秋七月，有星孛入于北斗。」〔註82〕，《史記‧天官書》「北斗七星，所謂旋璣玉衡，以齊七政。」〔註83〕所謂七星，司馬貞《索隱》引《春秋運斗樞》云：「斗：第一天樞，第二旋，第三機，第四權，第五玉衡，第六開陽，第七搖光。第一至第四爲魁，第五至第七爲杓，合而爲斗。」〔註84〕北斗西名大熊星座。將北斗套入長安城北牆，南斗套入長安城南牆，如圖 2-6，其曲折形狀有點類似。

于希賢亦云：

在星圖上，將北斗七星、北極、勾陳、紫微右垣星座連接起來，與

漢長安城形狀完全吻合，幾個特殊的關鍵部位，正是星座的位置，

〔註78〕同註75。

〔註79〕《史記會注考證卷二十七‧天官書》瀧川龜太郎考證，宏業書局，1972 年 3 月，頁 472。

〔註80〕陳遵嬀《中國天文學史第二冊‧星象編‧北方七宿》頁 96。

〔註81〕陳遵嬀《中國天文學史第二冊附表 6‧中西星名對照表》頁 359。

〔註82〕《春秋經傳集解‧經文公十四年》，新興書局，臺北，頁 142。

〔註83〕《史記會注考證卷二十七‧天官書》，頁 509。

〔註84〕同註81。

南端突出處為天璇所在，建章宮獨立於西南，正是開陽、搖光的連接部份，西北城牆與太子、勾陳連線吻合，天璇、天樞與勾陳（北極星）三點一線已被天文學證實和東牆的平直完全相一致，更令人驚奇的是，連接安門、青城門、宣平門、洛城門、廚城門、橫門、雍門、直城門的八條大道也基本相同，甚至主要宮殿、市場的大小比例也相符合。〔註85〕

圖 2-6　斗城長安圖

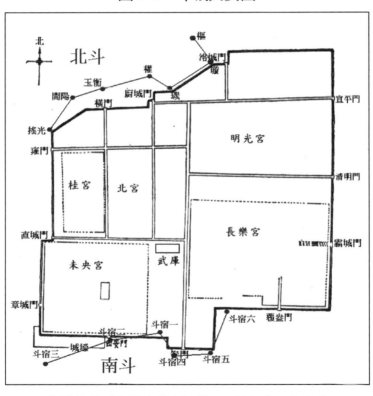

依潘谷西《中國建築史》圖 2-3 描紅套入南北斗

于氏立論大致正確，因為漢長安南城牆外基本沒有阻礙可向南面伸展，北面如欲避開渭河傾斜河道以雍門附近將北城牆拉平，則並不影響原已存在的長樂、未央兩宮，而建築一座方形或長方形的城郭《如周禮·考工記》匠人營國之制，漢長安城北、西、南面城牆形成曲折狀其因非為尋常。黃曉芬稱：

由漢長安城安門向南延伸到終南山子午谷口，其兩側山峯巍然聳

〔註85〕《風水與開發》張覺民者，瑞成書局，臺中，2004 年 9 月，頁 55，56。

立，形如天上宮闕。……安門位于子午谷口正北方位，……它足可
以證明漢人在規劃營建長安首都時，是有意仿照通天接地之天闕形
象，……具体再現司馬遷筆下所描述的秦阿房宮「南山爲闕」之景
象。〔註86〕

由此可知安門大道爲漢長安城的中軸線，其基準點通到子午谷口，中軸線將
長安城分成兩半，兩半互不對稱，但面積大致相同。

今本《三輔黃圖》所載長安城高三點五丈（9.68公尺），下闊一丈五尺（4.15
公尺），上闊九尺（2.49公尺），雉高三板即六尺（1.66公尺）。再依據考古實
測資料，城高在十二公尺以上，基部寬度十二至十六公尺，其長度東面城牆
約六千公尺，南面城牆約七千六百公尺，北面城牆約四千九百公尺，西面城
牆約七千二百公尺〔註87〕，周圍總長二十五點七公里，如以《三輔黃圖》依
孫星衍（1753～1818）新校正序斷爲漢末人所撰，以後漢尺爲準，以後漢尺
折合今尺二十三點零四公分計，後漢里等於四百十四點七公尺，周廻六十五
漢里折合二十六點九六公里，與實測值大致相符。至於城牆面積以三點五丈
乘一百八十丈再乘六十五總計四萬零九百五十方丈，與萬雉的三萬方丈比較
基本不悖。

五、西漢長安城之規模

西漢長安城幅員之廣袤依今本《三輔黃圖》引《漢舊儀》載：「長安城中，
經緯各三十二里十八步，地九百七十三頃。」〔註88〕

惟何清谷引陳直云：「《長安志》引《漢舊儀》曰：「長安城方六十三里，
經緯各十五里。」〔註89〕

《史記‧呂后本紀》《索隱》引《漢舊儀》曰：「城方六十三里，經緯各
十二里。」〔註90〕

〔註86〕 〈漢帝都長安的布局形制考〉收錄於中國社會科學院、陝西省考古研究院、
　　　　 西安市文物保護考古所編《漢長安城考古與漢文化論文集》，科學出版社，北
　　　　 京，2008年5月，頁201。
〔註87〕 《大百科全書‧考古學‧漢長安城遺址》，中國大百科出版社，北京，上海，
　　　　 1986年8月，頁159。
〔註88〕 《三輔黃圖校卷之一‧漢長安故城》頁79。
〔註89〕 《三輔黃圖校卷之一‧漢長安故城》頁79。
〔註90〕 《史記會注考證卷九‧呂后本紀》頁185。

《後漢書‧郡國志》劉昭《注補》引《漢舊儀》曰：「長安城方亦十三里，經緯各長十五里，十三城門，九百七十三頃。」〔註91〕

《後漢書》之方亦十三里之亦可能為六之誤，其餘各書均引《漢舊儀》卻有不一致之經緯長度，以長安城城周為《三輔黃圖》所云的六十五里或《漢舊儀》及的六十三里而言，經緯各十五里，即城周有二經二緯共計六十里較為合理，而長安城牆惟有東城牆為直線，可作為緯線的基準，其長度依實測值的六公里也大致十五漢里。

長安城面積九百七十三頃，頃依步建立，依《漢書‧食貨志》謂：「故必建步立畝，正其經界，六尺為步，步百為畝，畝百為夫，夫三為屋，屋三為井，井方一里。」〔註92〕再依《漢書‧楊惲傳》謂：「種一頃豆，落而為箕。」〔註93〕顏師古（581～645）注引張晏曰：「一頃百畝，以喻百官也。」〔註94〕，步百為畝之義依吳洛稱：「猶言畝百步，即積百步……面積平方之『步』，計三十六方尺。」〔註95〕但《說文》謂：「秦田二百四十步為畝。」〔註96〕段玉裁注云：「鄧展曰：『古百步為畝，漢時二百四十步為畝，按漢因秦制也。』」〔註97〕則漢畝為八千六百四十平方尺，即六百六十點五五平方公尺，一漢頃即百畝則為六萬六千零五十五平方公尺（合今六點六零五公頃），文獻所載長安城面積九百七十三頃折合六千四百二十七公頃，即為 64.27 平方公里。但長安城實測面積約為 36 平方公里〔註98〕。再以文獻所載漢長安城經緯各長十五里，因長安城非方形，無法以此校核其面積。文獻值遠大於實測值。推則各文獻所記載面積九百七十三頃可能包括城壕及城牆外隙地面積。

六、西漢長安城壕之規制

西漢長安之護城河如〈西都賦〉所描寫的：「呀周池而成淵。」〔註99〕及

〔註91〕《後漢書二卷十九‧郡國志一‧長安》頁 1228。
〔註92〕《漢書補注一‧食貨志上》頁 511。
〔註93〕《漢書補注一‧食貨志上》，頁 511。
〔註94〕《漢書補注一‧食貨志上》，頁 511。
〔註95〕《中國度量衡史‧地積之命名》頁 94。
〔註96〕《段氏說文解字注第十三編下‧田部》，頁 495。
〔註97〕《段氏說文解字注第十三編下‧田部》頁 495。
〔註98〕《大百科全書‧考古學‧漢長安城遺址》頁 160，中國大百科出版社，北京，上海，1986 年 8 月。
〔註99〕《增補六臣注文選卷一‧西都賦》頁 23。

〈西京賦〉所描寫的:「經城洫。」〔註100〕李善注引《周禮》曰:「廣八尺,深八尺爲洫。」〔註101〕,城壕之制則載於《今本三輔黃圖》:「(長安城)城下有池周繞,廣三丈,深二丈,石橋各六丈,與街相直。」〔註102〕城壕廣三丈即六點九一公尺,深二丈即四點六一公尺:但由考古勘察報告:「(漢長安遺址城牆)牆外有壕溝,寬約八米,深約三米。」〔註103〕文獻記載與實測資料稍有差距。此乃因壕溝溝底施作坡度以利溝渠水流,故壕溝有深淺情況,壕溝下游之尾閭爲眾溝所匯,其斷面較壕溝上游寬亦有可能。石橋六丈(十三點八二公尺),係指寬度而言,其長度即壕寬三丈(六點九一公尺),六丈橋寬可容中央城門道的四軌三十二尺,加上各軌間尚有五點六尺的淨空,足容天子乘輿的奔馳。

七、西漢長安城門之規制

長安城門如〈西都賦〉所云:「披三條之廣路,立十二之通門。」〔註104〕以及〈西京賦〉所云:「城郭之制,則旁開三門,參塗夷庭,方軌十二,街衢相經。」〔註105〕都城旁開三門之制源於《周禮·考工記·匠人》:「匠人營國,方九里,旁三門。」〔註106〕所謂長安都城十二門,即《三輔黃圖》所載的東面的霸城門、清明門、宣平門,南面的覆盎門、安門、西安門、,西面章城門、直城門、雍門,北面的洛城門、廚城門、橫門等十二門〔註107〕。城門之制今本《三輔黃圖》引《三輔決錄》曰:

> 長安城,面三門,四面十二門,皆通達九逵,以相經緯,衢路平整,可並列車軌,十二門三塗洞辟,隱以金椎,周以林木。左右出入,爲往來之徑,行者升降,有上下之別。〔註108〕

其各門之制,敍述如下:

〔註100〕《增補六臣注文選卷二·西京賦》,頁44。
〔註101〕《增補六臣注文選·西京賦注》頁44。
〔註102〕《三輔黃圖卷一·漢長安故城》世界書局,臺北,1963年11月,頁7,8。
〔註103〕《三輔黃圖校卷之一·漢長安故城》注五,頁80。
〔註104〕《增補六臣注文選卷一·西都賦》頁24。
〔註105〕《增補六臣注文選卷二·西京賦》頁49。
〔註106〕《周禮注疏》頁642。
〔註107〕《三輔黃圖校注卷之一·都城十二門》頁87~107。
〔註108〕《三輔黃圖卷一·漢長安故城》頁11。

（一）霸城門

今本《三輔黃圖》稱；「東出南頭第一門曰霸城門，民見門色青，名曰青城門。廟記曰：霸城門，亦曰青綺門。《漢書》王莽天鳳三年，霸城門災，莽更霸城門曰仁壽門無疆亭。」〔註109〕亦即西晉阮籍〈詠懷詩〉所云；「昔聞東陵瓜，近在青門外，連畛距阡陌，子母相鉤帶。」之青門〔註110〕。門內置大鐘，如《三輔舊事》云「清城門內大鐘二枚，各重萬鈞。」〔註111〕霸城門之名正與高祖入秦駐軍之霸上，即今之白鹿原有關〔註112〕。門與長樂宮東門相對，由長樂宮出此門東出泛灞水可北上渭水。其考古探測資料，據《三輔黃圖校注》引王仲殊〔註113〕曰：

> 霸城門南距城的東南角一千四百一十米，……被發現的門道則是三個門道的南側一個、中央一個和北側的一個門道，位置恰在路溝中，已遭破壞，溝中所留的石礎即是它們的遺跡，如果這兩個門道的寬度也是八米，則門道與門道之間相隔約十四米左右。〔註114〕

又李遇春〔註115〕稱各門道所容車軌狀況：

> 霸城門在今西安市未央區未央宮鄉范北村……北距清明門一千五百三十米……一九五七年發掘了直城門、西安門、霸城門與宣平門。……證實了漢長安城每個城門有三個門道，每個門道各寬八米，減去兩側立柱所占二米，實寬六米，在霸城門發現的車軌，寬爲 1.5米，每個門道正安容四個車軌，三個門道可容十二個車軌，與班固〈西都賦〉：『披三條之廣路，立十二之通門。』張衡〈西京賦〉：『城郭之制，則旁開三門，參塗夷庭，方軌十二。』的記載相符。〔註116〕

〔註109〕《三輔黃圖校注卷之一・都城十二門》頁 87。

〔註110〕《增補六臣注文選卷二十三・阮籍詠懷詩十七首之九》頁 419

〔註111〕《三輔舊事》，清張澍輯，世界書局，臺北，1963 年 11 月，頁 28。

〔註112〕《漢書補注一・高帝紀》：「漢元年十月，五星聚於東井，沛公至霸上。」頁 36。

〔註113〕王仲殊，1925 年出生，浙江寧波人，畢業於北京大學歷史系，曾任中國社會科學院考古研究所所長，爲中國現代考古學家。

〔註114〕《三輔黃圖校注卷之一・都城十二門》注三頁 88。

〔註115〕李遇春，考古學者，曾任新疆維吾爾自治區博物館館長，1959 年出持漢代尼雅遺址發掘，1975～1984 任中國社會科學院考古研究所漢唐長安考古隊隊長。

〔註116〕李遇春〈漢長安城城門述論〉，《考古與文物》2005 年第 6 期，陝西考古研究所，西安 2005 年 6 月。

以方軌十二，每門道寬四軌，而以軌距六尺六寸旁加七寸凡八尺（依《考工記·匠人》鄭玄注），以一漢尺爲零點二三零四公尺計，則每軌可通行的寬度爲一點八四公尺，四軌共計七點三六公尺，門道容納不下。故所謂方軌十二是指三個門道共寬十二軌，並非可供十二輛車馳騁。依《三輔決錄》所稱的「面三門，四面十二門，皆通達九達」，九達依《左傳·隱公十一年》云：「及大達弗及，子都怒。」〔註117〕杜預注「達，道方九軌也。」〔註118〕九達實爲九軌，每門通三軌，三軌計五點五二公尺，各車間及車與城門牆間尚有零點一二公尺的淨距。

圖 2-7　西漢長安城門圖

位置圖　　　　　　　　　　　　平面圖

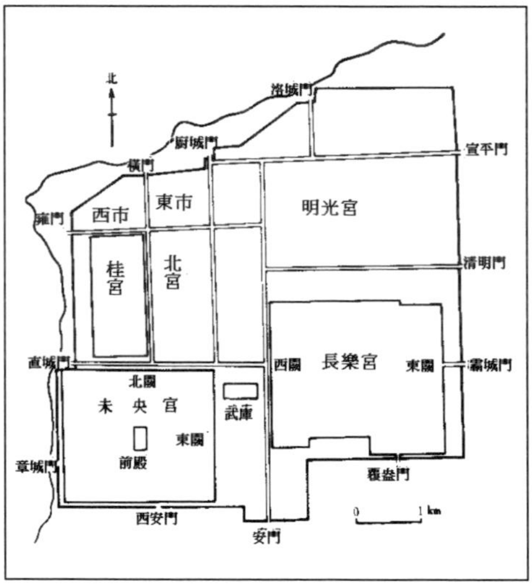

取自中國大百科全書——考古學，頁159。

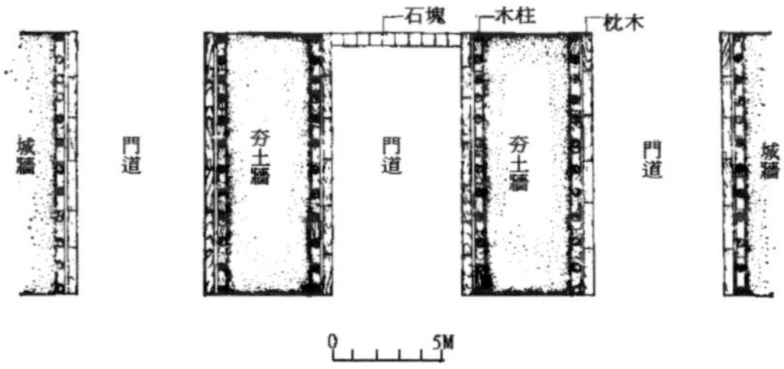

取自中國古代建築史頁46。

城門形制，李遇春稱：

> 漢長安城有兩種不同形制，一種如南、西、北面的九個城門，爲一般城門；一種如東面三個城門，在城門外有凸出的夯土基址，類似闕類基址，如宣平門外闕址西距門址二十米，闕址夯土基現高八點二（米）、東西三點八（米）、南北十一點七米。在霸城門北發現同

〔註117〕《左傳注疏·隱公十一年》頁80。
〔註118〕《左傳注疏·隱公十一年》頁80。

樣的情況。〔註119〕

則霸城門有一個城闕，位置在城內且在城門附近。城門的建築結構，李遇春稱：

> 城門全沒有用磚，與後世的磚築的城門不同，沒有圓弧形的卷頂，
> 而是兩壁直立的闕口，在兩側沿邊密排幾對柱礎，礎上立木柱，再
> 在其上築城門樓，城門門道長 16 米，與城牆厚度相同，門道前平鋪
> 一列方石，做爲門檻，兩端的兩塊石是門礎，是設置門扉之所在。
> 已發掘的幾座城門，南北兩面或門道兩個內發現一些房屋建築遺
> 跡，如霸城門與直城門南側，西安門兩個門道間隔處，緊靠著城牆，
> 在裡側有房屋遺跡，它們至少各有二、三間房屋，房屋牆體用土坯
> 砌築，白灰塗壁，巨石立柱，這些房屋可能是門侯及守衛人員的住
> 所。〔註120〕

城門洞不用拱門洞，由西漢古墓發掘只有折拱及穹窿，而無圓拱，到東漢時，在洛陽金谷園才有小磚圓弧拱的狀況〔註121〕，西漢初期圓拱的應用技術應尚未成熟。

（二）清明門

今本《三輔黃圖》云：

> 長安城東出第二門曰清明門，一曰籍田門，以門內有籍田倉，一曰
> 凱門……《漢書》：「平帝元始四年，東風吹屋瓦且盡。」即此門也。
> 　　《漢宮殿疏》曰「第二門名城東門。」莽更名宣德門芳恩亭。〔註122〕

清明依《淮南子・天文篇》：「春分……加十五日（斗）指乙，則清明」〔註123〕，另依據漢代栻盤圖〔註124〕乙方爲東方，清明門亦在東方有關。清明門在長樂宮與明光宮之間，其城制與霸城門相同。依《漢書・平帝紀》：「（四年）冬，大風吹長安城東門，屋瓦且盡。」〔註125〕，華北季候多天少有颶風，長安東

〔註119〕同註112。
〔註120〕同註112。
〔註121〕唐寰澄《中國科學技術史・橋梁卷・圬工拱橋》頁 256，科學出版社，北京，2000 年 1 月。
〔註122〕《三輔黃圖校注卷之一・都城十二門》注三，頁 89。
〔註123〕《淮南鴻烈解卷三・天文篇》，頁 11。
〔註124〕史箴〈從辨方正位到指南針・古代堪輿象的偉大歷史貢獻〉收錄於《風水理論研究》論文集，天津大學出版社，天津，1992 年 8 月，圖 7，頁 221。
〔註125〕《漢書補注一卷十二・平帝紀》頁 144。

城三門惟清明門有此大風災，其他城門無恙。推測在冬天時，遭到直徑在一公里以內的陸龍捲風吹颺所致，故一公里外的霸城門及宣平門不受影響。

（三）宣平門

今本《三輔黃圖》云：「長安城東出第一門曰宣平門，民間所謂東都門，其郭門亦曰東郭……王莽更名曰春王門正月亭。東都門至外郭亭十三里。」〔註126〕即西晉張協〈詠史詩〉所云：「昔在西京時，朝野多歡娛，藹藹東都門，耋公祖二疏。」〔註127〕之門，此門亦稱都門，如《漢書・王莽傳下》：「（地皇四年，23）十月戊申朔，兵從宣平城門入，民間所謂都門也。」〔註128〕，宣平門之名，以《爾雅》：「璧大六寸爲宣」〔註129〕，宣室，則謂大室，則宣平則謂大平，推測取其太平之意。

宣平門在晉代仍存，如潘岳〈西征賦〉：「戾飲馬之陽橋，踐宣平之清閟。」〔註130〕何清谷〔註131〕稱：

> 宣平門遺址在今青門口村緊西，北距漢長安城的東北城角約一千一百五十米，出此門向東是東去的交通要道……此門的發掘情況據王仲殊報告：三個門道如數存在，門道寬各約八米稍強，門道與門道的間隔四米稍強……門的南北兩側，城門各向外突出……文獻記域宣平門外有郭，可能就是指此而言的。〔註132〕

（四）覆盎門

今本《三輔黃圖》云：

> 長安城南出東頭第一門曰覆盎門，一號杜門，《廟記》曰：「覆盎門與洛門相去十三里二百一十步，門外有魯班輸所造橋，工巧絕世。」長樂宮在城中，其南有下杜城。《漢書集註》云：「故杜陵之不聚落也，故曰下杜門。」又曰端門。北對長樂宮。《漢書》曰：「戾太子

〔註126〕《三輔黃圖校注卷之一・都城十二門》注三，頁89。
〔註127〕《增補六臣注文選卷二十一・張協詠史詩》頁387。
〔註128〕《漢書補注二卷九十九・王莽傳下》頁1757。
〔註129〕《爾雅注疏卷六・釋器》頁80。
〔註130〕《增補六臣注文選卷十・西征賦》頁195。
〔註131〕何清谷，陝西省長安縣人，1931年出生，畢業陝西師範大學及研究所，現任該校教授，爲秦漢史專家，主編《司馬遷與史記論文集》，撰有《三輔黃圖校注》、《秦幣辨疑》等學術著作。
〔註132〕《三輔黃圖校注卷之一・都城十二門》注一，頁91。

所砍覆盎門出奔湖。」莽更名曰永清門長茂亭。〔註133〕

覆盎門門外有橋，應指城壕上六丈寬石橋。盎依《後漢書・逢萌傳》「有頃，乃首帶瓦盎，哭於市。」李賢注「盎，盆也。」〔註134〕則覆盎者覆盆也，其門形若覆盆，判斷其城樓屋頂應為四注式盎形屋頂。

（五）安　門

今本《三輔黃圖》云：「長安城南出第三門曰安門，亦曰鼎路門，北對武庫。王莽更名曰光禮門顯樂亭。」〔註135〕何清谷稱其門之形勢：「安門是漢長安南正中城門，可能遷就地勢，城門城牆向外突出，安門遺址在今西安市北郊西張村與呂家壕之間……武庫遺址南距安門一千八百一十米。」〔註136〕推測安門之名以其北對武庫取其偃武平安之意。安門為長安南城凸出之部份，即南斗之杓處，帶有風水之意。

（六）西安門

今本《三輔黃圖》云：

> 長安城南出第三門曰西安門，北對未央宮，一曰便門，即平門也。古者平便皆同字。武帝建元二年初作便門橋，跨渡渭水上，以趨茂陵，其道易直。《三輔決錄》曰：『長安城西門曰便門，橋北與門對，因號便橋。』王莽更名曰信平門城正亭。〔註137〕

《三輔決錄》所稱長安城西門曰便門，應是南牆西門之誤，《三輔黃圖校注》引王仲殊曰：「西安門是南牆西頭一個門，西距牆的西南角一千四百七十五米。」〔註138〕何清谷曰：「西安門也是一門三道……遺址在今西安市西北郊馬寨南一公里，進西安門北行經過五十米街道就是未央宮。」〔註139〕

西安門立非長安城西方，而是以安門之西而命名。便門橋之建造載於《漢書・武帝紀》：「（建元）三年（前138）……初作便門橋。」〔註140〕顏師古注曰：「便門，長安北面西頭門，即平門也。」〔註141〕，顏師古所云的長安

〔註133〕《三輔黃圖校注卷之一・都城十二門》注三，頁94。
〔註134〕《後漢書集解二・逸民列傳第七十三》頁985。
〔註135〕《三輔黃圖校注卷之一・都城十二門》注三，頁96。
〔註136〕《三輔黃圖校注卷之一・都城十二門》注三，頁97。
〔註137〕《三輔黃圖校注卷之一・都城十二門》頁97。
〔註138〕《三輔黃圖校注卷之一・都城十二門》注三，頁97〜98。
〔註139〕《三輔黃圖校注卷之一・都城十二門》注三，頁97〜98。
〔註140〕《漢書集解一卷六・武帝紀》頁85。
〔註141〕同註134。

北面西頭門即為橫門。王先謙《補注》引沈欽韓曰：「《元和志》便橋在京兆府咸陽縣西南，架渭水上，在長安北、茂陵東，去長安二十里，長安城西門曰便門，此橋與門對，因號便橋。」〔註142〕，《水經注·渭水》亦云其水繞形勢：

> 渭水又東與豐水會於短陰山內，水會無他高山異巒，所有惟原阜石激而已！水上舊有便門橋，與便門對直，武帝建元三年造……（南出東頭）第三門本名平門，亦曰便門，王莽更名信平門誠正亭，一曰西安門，北對未央宮。〔註143〕

但《三輔舊事》云：「章門一曰光華門，又曰便門。」〔註144〕則便門名稱就有今本《三輔黃圖》的「安門」，顏師古的「橫門」、《三輔舊事》的「章城門」以及《三輔決錄》《元和志》的「西門」四說，而《水經注》一方面稱西安門就是便門，另一方面又稱便門與渭水及豐水交會的便門橋相對（便門橋其位置在長安城西北面）顯有矛盾之處，考其地理及文獻便門應是長安城西出北頭第一門雍門之別名，該門亦名西城門，亦合《三輔決錄》《元和志》之說法，且便門橋（亦稱西渭橋）遺址在豐水流入渭水今稱文王嘴（在咸陽市釣台鄉）亦與雍門相對。〔註145〕

（七）章城門

今本《三輔黃圖》云：「長安城西出南頭第一門曰章城門，……王莽改曰萬秋門億年亭」〔註146〕何清谷稱：

> 章城門遺址在今西安市西北郊延秋門村東南一公里，王仲殊曰：「一九六二年在章城門外的發掘，究明了壕溝的形制，可以判斷當時壕溝上架有木橋，以便出入。」〔註147〕

壕溝上《三輔黃圖》稱為係寬六丈的石橋，以秦代已能造寬六丈長三百八十步的石柱橫橋〔註148〕，判斷王仲殊所言的木橋應是石柱木梁橋。章城門推測鄰近長安城西南隅章臺而得名。

〔註142〕同註134。
〔註143〕《水經注卷十九》頁237，240。
〔註144〕《三輔舊事》頁27。
〔註145〕《中國科學技術史·橋梁卷》，頁41，科學出版社，北京，2000年1月。
〔註146〕《三輔黃圖校注卷之一·都城十二門》頁98。
〔註147〕《三輔黃圖校注卷之一·都城十二門》頁99。
〔註148〕《三輔黃圖校注卷之六·橋》頁415。

（八）直城門

今本《三輔黃圖》云：「長安城西出第二門曰直城門，……亦曰故龍樓門，門上有銅龍，本名直門。王莽更曰直道門端路亭。」〔註149〕

何清谷稱：

> 桂宮在未央宮北，中間隔一條直城門大街，大街是一道三途，中央的一條是馳道，未經特許不准跨過。《漢書·成帝紀》載「（成帝）為太子……居桂宮，上嘗急召，太子出龍樓門，不敢絕馳道，西至直城門得絕乃度，還入作室門。」（太子）從桂宮（南門）龍樓門出來，不敢越馳道進未央宮，而要向西行，經直城門繞道經作室門進未央宮。由此可見龍樓門為桂宮南門〔註150〕。

直城門之制依《三輔黃圖校注》引王仲殊云〔註151〕：

> 直城門……南距城的西南角二千一百四十五米，西牆的曲折處緊靠城門，門的位置在曲折處北面，……城門有三個門道，中央的一個門道寬七點七米，兩側門道各寬八點一米，門道與門道相隔四點二米。

直城門因在漢代皇帝所未央宮之北，直城門大道除中央馳道外，左右兩道皆需直行進出城門，不得逾越或轉折，推測城門因直行出入而得名。

（九）雍　門

今本《三輔黃圖》云：「長安城西出北頭第一門曰雍門，本名西城門，王莽改曰彰義門著誼亭。其水北八函里，民呼曰函里門。」〔註152〕《水經注·渭水》：「第三門名本西城門，亦曰雍門，王莽更名彰義門著義亭……民名曰函里門，亦曰突門。」〔註153〕何清谷稱：「漢長安城雍門遺址在今西安市西北郊相家巷北。」〔註154〕

雍門原為戰國時齊都臨淄之西門，即《左傳·襄公十八年》：「十二月戊戌，及秦周，伐雍門之萩，范鞅門於雍門，其御追喜，以戈殺犬於門中，……己亥，焚雍門、西郭、南郭。」〔註155〕之雍門，因有《列子·湯問》所載韓

〔註149〕《三輔黃圖校注卷之一·都城十二門》頁101。
〔註150〕《三輔黃圖校注卷之一·都城十二門》注三，頁102。
〔註151〕《三輔黃圖校注卷之一·都城十二門》注一，頁102。
〔註152〕《三輔黃圖校注卷之一·都城十二門》，頁103。
〔註153〕《水經注卷十九》頁241。
〔註154〕《三輔黃圖校注卷之一·都城十二門》注一，頁103。
〔註155〕《左傳注疏卷三十三·都城十二門·襄公十八年》頁578。

娥匱糧，鬻歌雍門，餘音繞梁，三日不絕的故事〔註 156〕，呂后與惠帝故鄉原屬齊國，築長安城時以西門名爲雍門，或有懷舊之意。

（十）洛城門

今本《三輔黃圖》云：「長安城北出東頭第一門曰洛城門，又曰高門。《漢宮殿疏》曰『高門，長安北門也。又名鸛雀臺門，外有漢武承露盤，在臺上。』王莽更曰進和門臨渭亭。」〔註 157〕洛城門因此門爲搭乘渭河船隻出入洛陽的門戶，推測這是洛城門的原因。王莽更名之臨渭亭，是因洛城門北臨渭水而得名，但現因渭水北移，距洛城門已達一點五公里，《水經注》云：「本名杜門，亦曰曰利城門，王莽更曰進和門臨水亭，其外有客舍，故曰：客舍門，亦曰洛門。」〔註 158〕此門外爲由渭水進出洛陽候船碼頭，商旅客舍可能不少，故名客舍門。何清谷稱：

> 城門遺址在今高廟街，門正北正對渭河北岸咸陽原上的高祖長陵，
> 這可能是它被稱爲高門的原因。……（漢武帝）作承露盤以承……
> 同時又在洛城門外建鸛雀臺，臺上亦有承露盤。」〔註 159〕

這應是又名鸛雀臺門的原因。

（十一）廚城門

今本《三輔黃圖》云：「長安城北出西頭第二門曰廚城門，長安廚在門內。因爲門名。王莽更名建子門廣世亭。」〔註 160〕何清谷稱：「廚城門遺址在今西安市西北郊曹家堡內，爲北城牆的中門……長安廚官署及食品作坊就設在廚城門內。」〔註 161〕可知廚城門之名係與長安廚有關，而王莽所更名的建子門與此門在北城牆中央方位有關，此門可由廚城門大街通未央度及北宮，故《水經注》云又稱朝門〔註 162〕。

（十二）橫　門

今本《三輔黃圖》云：

〔註 156〕《冲虛至德眞經・湯問第五》頁 155。
〔註 157〕《三輔黃圖校注卷之一・都城十二門》，頁 104，何清谷校注，三秦出版社，西安 2006 年 1 月。
〔註 158〕《水經注校注卷十九・渭水》頁 454，
〔註 159〕《三輔黃圖校注卷之一・都城十二門》注一，注二，頁 104。
〔註 160〕《三輔黃圖校注卷之一・都城十二門》，頁 29、105。
〔註 161〕《三輔黃圖校注卷之一・都城十二門》注一，頁 105。
〔註 162〕《水經注校注卷十九・渭水》，頁 454，

長安城北出西頭第一門曰橫門。《漢書》：「厖上小女陳持弓走入光
門，即此門也」。門外有橋曰橫橋。王莽更曰朔都門左幽亭。……橋
廣六丈，南北三百八十步，六十八間，八百五十柱，百二十二梁，
橋之南北堤，激立石柱。〔註163〕

依據《漢書・成帝紀》載：「（建始）三年（前30）秋，關內大水，厖上小女
陳持弓走，聞大水至，走入橫城門，闌，入尚方掖門，至未央宮鉤盾中，吏
民驚上城。」〔註164〕應劭注：「厖上，地名，在渭水邊」〔註165〕，王先謙補
注：「王先慎曰：『〈五行志〉作十月丁未，小女年九歲也。』……鉤盾，未央
宮苑中也」〔註166〕，當年，推測係渭河大水泛濫，住在城外渭河河濱厖上的
九歲小女陳持弓〔註167〕在橫門攀緣上十公尺高的城牆，下城牆後往南走，由
未央宮北宮門旁的尚方掖門進入未央宮苑中避水患，可見漲大水時，因厚達
十六公尺城牆（考古探查尺寸）猶如擋水堰，將各城門關閉是可阻擋洪水之
患，猶如今日臺北在颱風來襲前關閉水門，以防淡水河暴漲淹入城內一樣。
何清谷稱：「橫門遺址在今西安市西北相家巷內，門北一點五公里有跨渭水通
秦咸陽的橫橋，今橫門遺址距渭河五點五公里，足見漢以來渭河在此北移四
公里。」〔註168〕橫門遺址親訪結果，只見荒草遍地，瓦礫成堆，地面除立一
指示牌外已無踪跡。

橫橋依今本《三輔黃圖》引《三輔舊事》云：「秦造橫橋。漢承秦制，廣
六丈，三百八十步，置都水令以掌之，號為石柱橋。漢末董卓燒之。」〔註169〕
《水經注》云：

> 秦始皇作離宮於渭水南北，以象天宮，《三輔黃圖》曰：「渭水貫都，
> 以象天漢，橫橋南渡，以法牽牛，南有長樂宮，北有咸陽宮，欲通
> 二宮之間，故造此橋。廣六丈，南北三百八十步，六十八間，七百
> 五十柱，百二十二梁，橋之南北有堤，激立石柱，橋南，京兆主之，
> 橋北，馮翊主之，有令丞，各領徒千五百人，橋之北首，疊石水中，

〔註163〕《三輔黃圖校注卷之一・都城十二門》，頁104。
〔註164〕《漢書補注卷十・成帝紀》，頁130。
〔註165〕《漢書補注卷十・成帝紀》，頁130。
〔註166〕《漢書補注卷十・成帝紀》，頁130。
〔註167〕《漢書補注卷十・成帝紀》，頁130。
〔註168〕《三輔黃圖校注卷之一・都城十二門》注一，頁105，106。
〔註169〕《三輔黃圖校注卷之六・橋》，415。

故謂之石柱橋也。」〔註170〕

橫門推測可能係因門外有秦代建的橫橋而得名。《三輔舊事》記載董卓可以焚燒橫橋，柱子如係石柱則不致燃燒，故唐寰澄認爲是木梁柱橋，又名中渭橋，如此寬長的多孔橋梁，梁數當以千計。〔註171〕六十八間用七百五十柱或八百五十柱，則每間用十餘柱，橋墩如果用石則是用石塊砌成，迎水面則需砌成尖斧形，名爲分水金剛牆，即李冰都江堰鏵嘴所用的方式。因施工技術限制古代罕有用石柱橋墩，因石柱受鎚打撞擊易於破碎，橫橋用橋柱不用橋墩，故推測仍用木柱，將木柱排列，集中打入河底下。而且《水經注》也稱在南北兩堤激立石柱，可以推論石柱僅立於南北兩堤，自水中砌疊伸出橋面以上，其功用係寫銘文之用，其餘七、八百根橋柱應是木柱。橫橋每間二梁，共需一百三十六支梁，蓋因每間（今稱跨間）至少要二梁，以鋪橋面板，文獻所載實際上少了十四支梁，即有十四間只用一梁，無法鋪橋面板，判斷文獻記載可能有訛誤。

第三節　西漢長安都城道路之規制

一、長安道路之名及考古資料比對

長安城內道路如〈西都賦〉所云：「內則街衢洞達。」〔註172〕以及〈西京賦〉所云：「街衢相經。」〔註173〕今本《三輔黃圖》引《三輔舊事》提及長安城中八街九陌：「有香室街、夕陰街、尚冠前街、《漢書》劉屈氂妻梟首華陽街、京兆尹張敞走馬章臺街、陳湯斬郅支王首懸藁街。」〔註174〕另《漢書·萬章傳》：「長安熾盛街各有游俠，章在城西柳市。」〔註175〕以及《三輔故事》：「高廟在長安城門街東、太常街南。」〔註176〕共計八街。

然根據考古探測資料：

〔註170〕《水經注卷十九·渭水》，239、240。
〔註171〕《中國科學技術史·橋梁卷》木梁橋，頁36，科學出版社，北京，2000年1月。
〔註172〕《增補六臣注文選卷一·西都賦》頁24。
〔註173〕《增補六臣注文選卷二·西京賦》頁49。
〔註174〕《三輔黃圖校注卷之二·長安八街九陌》頁121。
〔註175〕《漢書補注二卷九十二·游俠傳》頁1582。
〔註176〕《三輔黃圖校注卷之二·長安八街九陌》註八，頁123。

漢長安城中大小有十條街道，從覆盎門至長樂宮，從西安門至未央
宮，有兩條短街各數十米，除去不計，實有大街八條，且與之相連
的城門命名。八街中有安門大街，從安門內向北與宣平門大街相接；
清明門大街，從清明門向西，經長樂宮北與安門大街相接；宣平門
大街，從宣平門向西與廚城門大街相接；雍門大街，從雍門向東，
經西市、東市南，與安門大街相接；橫門大街，從橫門向南，經桂
宮西與直城門大街相接；廚城門大街，從廚城門向南，經北宮東側
與直城門大街相接；洛城門大街，從洛城門向南與宣玉門大街相接；
四條東西向，四條南北向，街道都是直線，它們互相交錯、接合，
形成許多丁字路口和十字路口。……最長的是安門大街，計五千五
百米，其次宣平門大街，計三千八百米，最短的是洛城門大街，計
八百五十米，其餘的大街，長度各為三千米左右；寬度大體一致，
都在四十五米左右，每一大街分成三條並行的道路，其間有兩條寬
約九十厘米、深約四十五厘米的排水溝……這兩條排水溝形狀很規
整，斷面呈半圓形，它固然是排澇設施，同時也起了使大街一分為
三的作用，中央是皇帝專用的馳道，寬二十米，……兩側的兩條道
路各寬十二米左右，供吏民通行。〔註177〕

依《說文》：「街，四通道也。」〔註178〕考古所發現的城門八街如果不是
四通道（十字路口）就是三通道（丁字路口），可以認為是街。至於九陌，依
《風俗通義》：「南北為阡，東西為陌，河東以東西為阡，南北為陌。」〔註179〕
又依《廣雅》：「陌，道也。」〔註180〕則九陌亦九條街道，惟陌可能只是南北
或東西的直街而不與他街交叉。另文獻上的八街加上尚冠後街推測應是九
陌，以此合計長安城內共十七條街道。

二、街道之寬度及佈局

據今本《三輔黃圖》引《三輔決錄》曰：「長安城，面三門，四面十二門，
皆通達九逵，以相經緯，衢路平整，可並列車軌，十二門三塗洞辟，隱以金

〔註177〕《三輔黃圖校注卷之二・長安八街九陌》注八，頁124。
〔註178〕《說文解字注》頁59。
〔註179〕《風俗通義校注》，應劭撰，王利器疏證，明文書局，臺北，1982年4月，
　　　　頁579。
〔註180〕《廣雅疏證》，張揖撰，王念孫疏證，中華書局，北京，2004年4月，頁214。

椎，周以林木。左右出入，爲往來之徑，行者升降，有上下之別。」〔註181〕長安城內街道以城門大街而言，若非東西向，就是南北向，故相交叉就形成正交方向，此即《三輔決錄》所謂：「衢路平整，以相經緯。」

至於城門大街的寬度文獻不載，據考古探勘資料：安門大街寬五十公尺，中央馳道寬二十公尺，兩側有溝，溝外兩側又各有寬十三公尺街道〔註182〕，二十公尺馳道以軌寬一點八四公尺加上零點三六公尺之淨距，車道計二點二公尺，二十公尺寬的馳道正可容納皇帝的九輛車並列通行：至於兩旁十三公尺旁道，單向通行除可並行四輛車共八點八公尺的車道，尚有四點二公尺寬的人行道，人行道上種植行道樹，人行道依《水經注》：「左出右入，爲往來之徑。」〔註183〕即左側道路出城，右側道路進城，此漢成帝爲太子時蒙元帝召見，由桂宮龍樓門沿直城門大街左道（北道）西行至直城門回轉再沿直城門大街右道（南道）東行至未央宮作室門朝見元帝，兜了一大圈子。即可看出其左右分道之嚴格。

三、九陌之位置

其一香室街，《三輔故事》：「太上皇廟在香街南」〔註184〕，今本《三輔黃圖》：「太上皇廟在長安西北長安故城中，香室南，馮翊府北，《關輔記》曰：在酒池北。」〔註185〕何清谷云：「太上皇廟在清明門內大街之南，長樂宮東北。」〔註186〕則香室街應在清明門大街之南，且與其平行，其南有太上皇廟，可能東起安門大街東緣，西至長安東城牆爲止。

其二夕陰街，依《漢書‧地理志》：「右扶風……太初元年，更名主爵都尉爲右扶風。」〔註187〕王先謙《漢書補注》引《三輔黃圖》：「扶風治所在夕陰街北。」〔註188〕以方位而言，夕陰街應在西，且是東西向，推測位在安門大街之西。

〔註181〕《三輔黃圖校注卷之一‧都城十二門》頁124。
〔註182〕《中國古代建築史》頁46。
〔註183〕《水經注‧渭水》頁241。
〔註184〕《三輔故事》頁13。
〔註185〕《三輔黃圖校注之五‧宗廟》，頁357，358。
〔註186〕《水經注‧渭水》頁241。
〔註187〕《漢書補注‧地理志上》，頁675。
〔註188〕《漢書補注‧地理志上》，頁675。

　　其三尙冠前街，王先謙《漢書補注》引《三輔黃圖》：「京兆尹治所在尙冠里。」〔註 189〕《長安志·八街九陌》：「尙冠街在夕陰街之後。」〔註 190〕以夕陰街如係東西向，則尙冠街在其後應是南北向，尙冠前街在前（東），尙冠後街在後（西），其中間夾著尙冠里。

　　其四爲華陽街，依《漢書·劉屈氂傳》：「有詔：載屈氂廚車以徇，腰斬東市；妻子梟首華陽街。」〔註 191〕而據何清谷引考古資料：「長安城中的東西市在長安城西北的橫門大街兩側。」〔註 192〕則華陽街應在東市之旁。

　　其五章臺街，章臺始建於秦，《史記·廉頗藺相如列傳》載：「藺相如奉璧西入秦，秦王坐章臺見相如。」〔註 193〕《中國地名大辭典》云：「在今陝西長安縣故城西南隅。……程大昌曰：『漢章臺，即秦章臺，在咸陽渭南，漢有章臺街，街蓋在臺下。』」〔註 194〕推測章臺城應在未央宮南宮牆與長安南城牆之間。

　　其六藁街，《漢書·陳湯傳》：「（湯）陷陣克敵，斬郅支首及名王以下，宜縣頭藁街蠻夷邸間。」〔註 195〕漢代長安接待少數民族的蠻夷邸文獻不載，以北魏洛陽城南面宣陽門外有蠻夷館，唐長安接待少數民族的鴻臚客館在長安城北皇城內朱雀門之左面〔註 196〕，推測蠻夷邸在城北洛城門大街之東，藁街則在蠻夷邸之北側〔註 197〕。

〔註 189〕《漢書補注·地理志上》，頁 670。

〔註 190〕《四庫全書·史部十一·地理類七·長安志卷五》宋·宋敏求撰，清·李荃校，台灣商務印書館景印本，臺北，1986 年 7 月，頁 587～109。

〔註 191〕《漢書補注卷六十六·劉屈氂傳》，頁 1307，1308。

〔註 192〕《三輔黃圖校注卷之二·長安九市》注三，頁 111，何清谷校注，三秦出版社，西安北，2006 年 1 月。

〔註 193〕《史記會注考證卷八十一》，司馬遷撰，瀧川龜太郎考證，宏業書局，臺北，1972 年 3 月，頁 991。

〔註 194〕《中國古今地名大辭典》，臺灣商務印書館，臺北，1993 年 3 月，頁 842。

〔註 195〕《漢書補注卷七十》，班固撰，王先謙補注，藝文出版社，台北，1975，頁 1349。

〔註 196〕〈唐兩京城坊考圖·西京皇城〉徐松撰，世界書局，台北，1963 年 11 月，附圖。

〔註 197〕蠻夷邸在都城北隅，以便利管理。

圖 2-8　西漢長安街陌圖

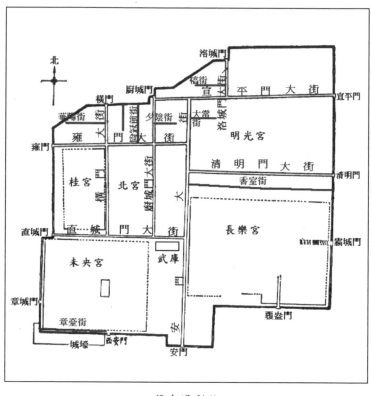

筆者填彩註

　　其七太常街，《三輔故事》云：「高廟在長安城門街東、太常街南。」〔註 198〕
何清谷稱：「《類編長安志卷五‧廟條》云：『高廟在長安安門裡大道東。』由此
可見城門街可能就是安門大街。」〔註 199〕安門大街東面清明門大街有明光宮，
推測太常街位在明光宮之北面。

第四節　西漢長安都城市井之規劃

　　長安城內市井情況如〈西都賦〉所云：「九市開場，貨別隧分，人不得顧，
車不得旋，闐城溢郭，旁流百廛，紅塵四合，煙雲相連。」〔註 200〕以及〈西
京賦〉所云：「爾乃廓開九市，通闤帶闠，旗亭五重，俯察有隧，周制大胥，

〔註 198〕《三輔故事》世界書局，台北，1963 年 11 月，頁 13。
〔註 199〕《三輔黃圖校注之二‧長安八街九陌》注八，頁 123。
〔註 200〕《增補六臣注文選卷一‧西都賦》頁 24。

今也惟尉；王裹貨方至，鳥集麟萃，**鬻者兼贏，求者不匱**。」〔註201〕

可知市井交易之熱絡，其中長安九市之制，值得深究。

一、長安九市之名

依今本《三輔黃圖》引《廟記》云：「長安市有九，各方二百六十六步，六市在道西，三市在道東，凡四里一市。」〔註202〕今本《三輔黃圖》載有柳市、東市、西市、直市等四市〔註203〕，另《長安志·八街九陌》另增四市即交門市、孝里市、交通亭市、四市等四市〔註204〕，四市依《長安志》云：「武帝戾太子起兵，驅四市，人凡數萬眾，至西闕下。」〔註205〕另《三輔黃圖校注》引陳直曰：「漢城九市，今可考者，有柳市……交通亭市七市之名，此外尚有高市，漢城曾出土有高市陶瓶。」〔註206〕，則共有九市之名。

二、九市之面積

各市大小方二百六十六步，後漢尺一尺為二十三點零四公分〔註207〕計，一步為一點三八二四公尺，方二百六十六步即邊長三百六十七點七二公尺的正方形，其面積十三萬五千二百一十八平方公尺，即約十三點五二公頃。據考古調查，東、西市面積皆遠大於文獻所記載尺寸。

三、九市之配置

凡四里一市，漢里一里計四百十四點七二公尺，市與市之距離四里合計一千六百五十九公尺，這只是大約數字。

四、九市之位置

其一柳市，何清谷稱：「《漢書卷九十二·游俠傳·萬章》云：

〔註201〕《增補六臣注文選卷二·西京賦》頁49～50。

〔註202〕《三輔黃圖校注卷之二·長安九市》頁110。

〔註203〕《三輔黃圖校注卷之二·長安九市》頁113，114。

〔註204〕《四庫全書·史部十一·地理類七·長安志卷五》頁587～110。

〔註205〕《四庫全書·史部十一·地理類七·長安志卷五》頁587～109。

〔註206〕《三輔黃圖校注卷之二·長安九市》注一，頁110。

〔註207〕《中國度量衡史》第十五表，吳洛著，臺灣商務印書館，臺北，1966年3月，頁65。

（萬）章在城西柳市，號曰柳子夏。顏師古注：『細柳倉有柳市。』
細柳倉在今陝西咸陽市西南渭水岸上，在漢武帝所築便橋之西，地
當通茂陵與平陵大道，漢於其地設柳市。〔註208〕

其二東市，何清谷稱：

> 劉慶柱曰：「東市是長安城中規模最大的市，位於長安西北，橫門大
> 街之東，據鑽探得知其東西七百八十米，南北六百五十～七百米，
> 佔地零點五二六五平方公里，平面呈井字形，可能有市樓。〈漢長安
> 城布局結構分析〉」，清谷按：由於東市最繁華，故殺人棄世都在東
> 市。〔註209〕

以面積而言，東市實際面積五十二點六五公頃，約爲《廟記》所載各市面積
的四倍，《廟記》所稱的面積應指其中一市的面積。

其三西市，其位置依何清谷引劉慶柱〈漢長安城布局結構分析〉：

> 漢西市在長安城西北角，橫門大街之西，與東市僅隔一條大道，據
> 鑽探：東西五百五十米，南北四百二十～四百八十米，佔地零點二
> 四平方公里。〔註210〕

據《漢書·惠帝紀》：「惠帝六年起長安西市。」〔註211〕長安城係惠帝五年九
月完成，次年即建西市，其面積二十四公頃，仍較《廟記》所載各市面積爲
大。

東西市之形制及市內街道狀況，何歲利稱：

> 東、西市的形制規整，平面方形，四周築有圍牆，牆寬五、六米，
> 市內各有二條東西和南北方向的主要道路，形成井字形布局，將市
> 內劃分成九個區域，市內主要道路皆通向市外，道路與市牆相交處
> 闢有市門，每面市牆各有二門，每市各有八座市門。〔註212〕

道路與市牆相交處之市門，即〈西京賦〉所云通闤帶闠的闤，其市場內街道
十字路口亦應有市內門即闉，如山西平遙古城之制。

〔註208〕《三輔黃圖校注卷之二·長安九市》注五，，何清谷校注，三秦出版社，西
安，2006年1月，頁116。
〔註209〕《三輔黃圖校注卷之二·長安九市》注六，頁117。
〔註210〕《三輔黃圖校注卷之二·長安九市》注六，頁117。
〔註211〕《漢書補注一卷二·惠帝紀》頁62。
〔註212〕何歲利〈漢唐長安城市場探折〉收錄於《漢長安城考古與漢文化》論文集，
頁235。

其四是直市，其位置及建造時代及得名依《今本三輔黃圖》稱：直市在富平津西南二十五里，即秦文公（前 765～前 762 在位）造，物無二價，故以直市為名。」〔註 213〕何清谷稱：「《長安志》云『直市在渭橋北。』，……渭橋當指通向陽陵的東渭橋，在富平津西南二十五里……依此推定直市似在今高陵縣境。」〔註 214〕

又唐寰澄稱：「1980 至 1981 年對（東渭）橋址進行調查……得知橋北距今渭河南岸二點五公里，距高陵縣城十一公里，橋長約四百米。」〔註 215〕則知在東渭橋北之直市距今高陵縣城十一公里，且渭河已北移了二點九公里。

其五交門市，何清谷稱：「《太平御覽卷八二七・資產部七・市》引『漢宮殿疏』交門市，在渭橋北頭也。此渭橋似為中渭橋，即橫橋，其北頭當在今咸陽市東窯店鎮一帶，其地是長安通往西北的要道。」〔註 216〕《今本三輔黃圖》云：「致九州之人在突門，夾橫橋大道，市樓皆重屋。」〔註 217〕橫橋大道由橫門通往橫橋長約三里〔註 218〕，橫橋南大道市廛重屋，橋北頭又有交門市，因橫橋長達三百八十步（約五百二十五公尺），寬達六丈（約十四公尺），橋上推想應與〈清明上河圖〉北宋開封汴京虹橋上的攤舖及熙來攘往的行人同樣景觀。

其六孝里市，何清谷稱：

> 《文選・西征賦》，『案杜郵其焉在，云孝里之前號。』漢孝里也就是秦杜郵，杜郵據考在今咸陽市東擺旗寨一帶，此地當漢安陵之南，平陵邑之東，也在通往西北的大道旁，漢在此置孝里市也是為適應陵邑一帶商品交換的需要。〔註 219〕

孝里市在長安城外西北面，管制較少，顯然適應不需進城的陵邑及鄉間居民互市之需。

其七交道亭市，何清谷稱：「交道廄在便橋東北，此地是長安通西北的東

〔註 213〕《三輔黃圖校注卷之二・長安九市》注六，頁 114。
〔註 214〕《三輔黃圖校注卷之二・長安九市》注一，頁 114。
〔註 215〕《中國科學技術史・橋梁卷，梁橋・東渭橋》第一章，頁 38，唐寰澄著，科學出版社，北京，2000 年 1 月。
〔註 216〕《三輔黃圖校注卷之二・長安九市》注七，，頁 118。
〔註 217〕《三輔黃圖校注卷之二・長安九市》，頁 110。
〔註 218〕《三輔黃圖校注卷之二・長安九市》，頁 112。
〔註 219〕《三輔黃圖校注卷之二・長安九市》，注七，橫橋大道長 1,252 米，何清谷校注，三秦出版社，西安，2006 年 1 月，頁 118。

西大道和由南山的褒斜道、子午道通池陽的南北大道交叉處⋯⋯漢在此設交道亭市以利貿易。」〔註220〕交道就是通往西北西域大道與通住南山、巴蜀大道交會路口，商旅雲集自不待言，該市推測設有旗亭市樓，故稱交道亭。

其八會市，古本《三輔黃圖》云：

> 元始四年，起明堂辟雍、爲博士舍三十區、爲會市、列槐樹數百行，諸生朔望會此市，各持其郡所出物及經書相與買賣，雍雍揖攘論議槐下。⋯⋯王莽爲宰衡，起國學於國之西南，⋯⋯爲博士舍三十區，周環之北，之東爲常滿倉，常滿倉之北爲槐市，列槐樹數百行，爲隊無牆屋，諸生朔望會此市。〔註221〕

則會市又稱槐市，在長安南郊太學博士區之東北，每月僅朔望會集此市買賣，則非永久性的市場可知。

其九長陵小市，依《漢書・孝景王皇后傳》：「乃車駕自往迎之，其家在長陵小市。」〔註222〕則爲長陵邑之市，長陵位置依《古本三輔黃圖》：「高祖長陵在渭水北，去長安城三十五里。⋯⋯長陵城周七里百八十步⋯⋯」〔註223〕長陵小市應在長陵城邑附近。

五、市場的管理

〈西京賦〉所云：「旗亭五重，俯察百隧，周制大胥，今也惟尉。」〔註224〕，即是描述市場之管理單位及管理官員。

另《史記・三代世表》云：「臣爲郎時，與方士考功會旗亭下。」裴駰《集解》引薛綜曰：「旗亭，市樓也；立旗於上，故取名焉。」〔註225〕旗亭在周代稱思次，其管理操作方式如《周禮・地官・司市》

> 凡市入則胥執鞭度，守門市之群吏平肆，展成奠賈，上旌於思次以令市，市師涖焉，而聽大治大訟，胥師、賈師，涖於介次，而聽小治小訟。〔註226〕

〔註220〕《三輔黃圖校注卷之二・長安九市》頁119。
〔註221〕古本《三輔黃圖》頁65。
〔註222〕古本《三輔黃圖》頁64。
〔註223〕古本《三輔黃圖》頁54。
〔註224〕《增補六臣注文選卷二・西京賦》頁49。
〔註225〕《史記會注考證》頁233。
〔註226〕《周禮鄭注卷十四》，中華書局，臺北，1968年4月，頁9。

上旄令市，守門群吏以旄旗號令市場啓閉，胥師執鞭巡市，市師、胥師、市師平斷市場交易糾紛。

漢承周制，惟市場管理官吏胥師已改名，〈西京賦〉稱尉，《三輔黃圖》亦云：「當市龍樓有令署，以察商賈貨財、買賣、貿易之事，三輔都尉掌之。」〔註227〕惟《漢書‧百官公卿表》稱令丞、長丞。〔註228〕

第五節　西漢長安都城閭里之規制

〈西都賦〉云：「街衢洞達，閭閻且千。」〔註229〕以及〈西京賦〉所云：「廛里端直，甍宇齊平。」〔註230〕就是描寫長安閭里整齊平直狀況。

閭里，《周禮‧天官‧小宰》；「三曰：聽閭里以版圖。」〔註231〕，賈公彥疏曰：「在六鄉，則二十五家爲閭；在六遂，則二十五家爲里」〔註232〕，《史記‧袁盎列傳》；「袁盎病免、居家，與閭里浮沈。」〔註233〕及《漢書‧景帝紀》；「亡度者或不吏般服，出入閭里，與民亡異。」〔註234〕則知漢代閭里爲百姓居住的里巷，在唐代稱爲里坊，現稱街廓，日人則稱爲町。

西漢長安閭里狀況載於今本《三輔黃圖》：「長安閭里一百六十，室居櫛比，門巷修直。有宣明、建陽、昌陰、尙冠、修城、黃棘、北煥、南平、大昌、戚里。」〔註235〕長安閭里一百六十，文獻留名只有今本《三輔黃圖》的十里，不到總數十分之一，離西漢時代尙近的潘岳也只提八里名而不知其位置，如〈西征賦〉云：「所謂尙冠、修成，黃棘、宣明，建陽、昌陰，北煥、南平，皆夷漫滌蕩，亡其處而有其名。」〔註236〕但由其名亦可推測其大致位置，宣明應在宣平門附近，尚冠里應在尙冠前後街之間，戚里當有皇

〔註227〕《三輔黃圖校注卷之二》，三秦出版社，西安，2006 年 1 月，頁 113。
〔註228〕《漢書補注一卷十九上‧百官公卿表》，京兆尹屬官有長安市、廚兩令丞，左馮翊屬官有長安四市四長丞。藝文印書館，1975 年，臺北，頁 308。
〔註229〕《增補六臣注文選卷一‧西都賦》頁 24。
〔註230〕《增補六臣注文選卷二‧西京賦》頁 49。
〔註231〕《周禮注疏卷二‧天官‧小宰》，新文豐出版公司，臺北，1977 年 1 月，頁 44。
〔註232〕《周禮注疏卷二‧天官‧小宰》，頁 44。。
〔註233〕《史記會注考證卷 101‧袁盎列傳》，頁 1124。
〔註234〕《漢書補注卷五‧景帝紀》，藝文出版社，臺北，1975 年，頁 82。
〔註235〕《三輔黃圖校注卷之二‧長安城中閭里》，三秦出版社，西安，2006 年 1 月，頁 125。
〔註236〕《增補六臣注文選卷十‧西征賦》頁 195，196。

親國戚聚居，如《漢書·石奮傳》：「徙其家長安中戚里，以姊爲美人故也。」〔註237〕**修城**〈西征賦〉作修成，或係城池營繕工人所居，黃棘如以生荊棘地而言當位在城邊緣居人較少處。由方位而知**建陽、昌陰**應位在城之東、西方，**北煥、南平**應在城的南、北方。西漢長安城面積周迴六十三里而閭里達一百六十，雖無〈西都賦〉所云的閭閻且千的數目，但與唐代周迴六十七里長安城僅一百零八坊里相較〔註238〕，西漢閭里面積應較唐代長安里坊面積爲小。

第六節　東漢洛陽都城之選擇要素

光武帝定都洛陽載於《後漢書·光武帝紀》：「建武元年（25）……冬十月，車駕入洛陽，幸南宮卻非殿，遂定都焉。……建武二年春正月，……起高廟、建社稷於洛陽，立郊兆於城南。」〔註239〕光武帝定都洛陽非如劉邦定都長安經過群臣辯論後再決定，顯然胸有成竹，不假思索而決定，其因素有下列各點：

一、長安遭喪亂殘破不堪

其情依《漢書·王莽傳》載：

更始元年……更始將軍史諶將渡渭橋，皆散走，諶空還。眾兵發掘莽妻、子、父、子冢，燒其棺槨及九廟、明堂辟雍，火照城中。……更始二年，更始到長安……居長樂宮，府藏完具、獨未央宮燒……明年夏（25），赤眉樊崇等數十萬人入關……，更始降之。赤眉遂燒長安宮室、市里，害更始，民饑餓相食，死者數十萬，長安爲虛，城中無人行，宗廟園陵皆發掘，唯霸陵、杜陵完。〔註240〕

赤眉火燒長安宮室時間，《漢書·光武紀》記載發生於建武二年（26）：「春正月……是月，赤眉焚西京宮室，發掘園陵，寇掠關中。」〔註241〕

〔註237〕《漢書補注卷四十六·萬石衛直周張傳》頁1053。
〔註238〕徐松《唐兩京城坊考卷二·西京》長安城以朱雀街爲界，東西各五十四坊，里坊大者爲南北350步，東西650步，小者350步見方，世界書局，1963年11月，頁2。
〔註239〕《後漢書集解一卷一·光武帝紀》頁45。
〔註240〕《漢書補注二·王莽傳》藝文印書館，臺北，頁1757～1759。
〔註241〕《後漢書集解一卷一·光武帝紀》。藝文印書館，臺北，1975年，頁46。

　　班固（26～92）在六年後出生，童年時耳濡目染當時長安之慘狀，故在
《文選·東都賦》所云最爲詳實：

> 　　往者王莽作逆，漢祚中缺，天人至誅，六合相滅。于時之亂，生民
> 幾亡，鬼神泯絕，壑無完柩，郭罔遺室，原野猒人之肉，川谷流人
> 之血，秦項之災，猶不克半，書契以來，未亡或絕。〔註242〕

光武帝轉戰南北，親歷喪亂生民之痛，不可能再浪費民脂民膏於長安廢墟上
大規模重建宮室，只有因陋就簡在洛陽南宮即位立都。

二、洛陽地位適中

　　洛陽在西周時周公營洛邑爲陪都，以其位於天下之中，四方諸侯朝貢道
路里程較爲平均，顧祖禹讀史方輿紀要云：「河南者，四通五達之郊，兵法所
謂衢地是也。」〔註243〕顧氏所稱河南者係指洛陽、開封、鄭州一帶，以位在
黃河之南而名。張其昀認爲西周之洛邑「北至安陽、西至咸陽、南至南陽、
東至淮陽，洛陽之地位，宛如車輪之中心。」〔註244〕在西漢末年版圖，洛陽
東至朝鮮樂浪，西極西域疏勒，北達朔方雲中，南盡交趾日南，亦約略在適
中地位；以現代華夏六大古都中，北有北京、南爲南京、西方西安、東南杭
州、稍東開封在內，洛陽也是居中位置。

三、洛陽有現成宮室可用

　　洛陽建都始於西周，由召公相宅，並由周公營建二城：

　　其一爲王城，亦即《尚書·周書·洛誥》所云：「我乃卜澗水東、瀍水西，
惟洛食。」〔註245〕澗、瀍兩水間之地。其二爲成周城，亦即《尚書·周書·
洛誥》所云：「我又卜瀍水東，亦惟洛食。」〔註246〕瀍水東岸之地，兩城址在
地圖上丈量相距約十三公里。

　　此二城位置依張其昀云：

> 　　王城，在澗水東、瀍水西，今洛陽西郊金谷園村之地，東距縣城三

〔註242〕《增補六臣注文選》，頁33。漢京文化事業公司，臺北，1983年9月。
〔註243〕《讀史方輿紀要卷四十六·河南一·河南方輿要序》，頁2083。
〔註244〕《中華五千年史第二冊·西周史·陪都洛陽的肇造》，張其昀著，中國文化研
　　　　究所，臺北，1961年9月，頁63。
〔註245〕《尚書·周書·洛誥》新文豐出版公司，臺北，1977年1月，頁225。
〔註246〕同註235。

公里。成周城，即下都，在王城之東，用以處殷之頑民，西距今洛
陽縣城十五公里。〔註247〕

王恢亦云：

周公因于洛水北岸、瀍水東西營二洛邑。平王東遷，居王城，下都
則安養大臣居以治事……秦封呂不韋為文信侯，食河南洛陽十萬
戶，廣建宮闕，引洛水貫城中，河陽為北宮，河陰為南宮，中有複
道三，相去七里。漢初以為離宮。高帝五年，置酒南宮。〔註248〕

呂不韋營南北宮，諸書不載，惟《漢書‧高帝本紀》載：「五年……帝置酒洛
陽南宮。……六年……上居南宮，從複道上見諸將往往耦語。」〔註249〕，王
先謙《補注》引《中興輿地志》云：「秦時已有南北宮。」〔註250〕又引沈欽韓
云：「更始自洛陽而西，馬奔、觸北宮鐵柱門；光武幸南宮卻非殿。蓋秦雖都
關中，猶放周東都之制。」〔註251〕

若此，秦時洛陽有南北二宮，到西漢時文獻已不提北宮，北宮若在也應破
舊或傾圮不堪使用，文獻記載南北二宮相距七里，應指秦時隔洛水之南北宮而
言，若東漢的南北二宮俱在洛水之北，考古發掘資料相距僅一里。到西漢末年
南宮應大致可用，故光武帝便宜行事就在卻非殿即位，由於南宮前殿直到建武
十四年（38）才興建〔註252〕。推測南宮在光武帝即位時並非完整的宮室。

第七節　東漢洛陽都城之總體規制

東漢洛陽城係利用原成周城之舊城，原有南宮、北宮在秦時已存在〔註
253〕，位於洛陽城中東門大道以南偏東。

南、北宮尺度據考古調查資料：

平面呈長方形，南北約一千三百公尺，東西約一千公尺〔註254〕，

〔註247〕《中華五千年史第二冊‧西周史》頁64。
〔註248〕《中國歷史地理上冊》頁34，35。
〔註249〕《漢書補注一‧高祖紀》頁49。
〔註250〕《漢書補注一‧高祖紀》頁49。
〔註251〕《漢書補注一‧高祖紀》頁49。
〔註252〕《後漢書集解一‧光武帝紀》：「（建武）十四年，春正月，起南宮前殿」，頁55。
〔註253〕《史記會注考證卷八‧高祖本紀》「高祖五年……高祖置酒雒陽南宮。」張守
　　　　節正義引《輿地志》云：「秦時已有南、北宮。」頁66。
〔註254〕《大百科全書‧考古學‧漢魏洛陽城遺址》頁182。

長寬比爲一比零點七七,其面積約一百三十公頃;另明帝三年(60)
所建北宮較大,其南北長一千六百公尺,東西寬約一千四百公尺
〔註255〕,長寬比爲一比零點八八,其面積約二百二十四公頃。
北宮東北之小宮爲永安宮〔註256〕,亦即〈東京賦〉所謂:「永安離宮,修竹冬
青,陰池幽流,玄泉洌清。」〔註257〕故知永安宮爲具有園林之離宮,其周迴
六百九十八丈〔註258〕,長寬比假設同北宮,則其南北長約一百八十五點六丈
(四百四十一公尺),東西寬約一百六十三點四丈(三百八十八公尺),其面
積約十七公頃,三座宮室合計面積三百七十一公頃,超過洛陽城內面積(如
下節所述六百零九公頃)的一半以上,南北兩宮相距一里,並有複道相連,
如《元河南志》引蔡質《漢官典職》曰:「南宮至北宮,中央作大屋,複道三
行,天子案行中道,從官夾左右,十步一衛,兩宮相距七里。」〔註259〕但是
兩宮相距依考古實際探查資料僅一里〔註260〕,而複道僅供皇室通行使用。另
由〈古詩十九首〉所云:「兩宮遙相望,雙闕百餘尺。」兩宮雖遙遙相望,但
南宮偏東一里,不相對齊,高達百餘尺雙闕推測在複道中央之大屋兩側,位
置可能在中東門大道之衢路丘口,大屋應是供警蹕並監視宮前廣場之用。

另東漢洛陽的街道系統,據《元河南志》引《漢官典職》曰:「雒陽二十
四街,街一亭,十二城門,門一亭,今所見惟九亭。」〔註261〕街亭猶如市樓
可以察視人行交通及火災監視作用。又引陸機《洛陽記》載洛陽街道行走之
限制如:「(洛陽)城內大道三,中央御道,兩邊築上牆,高四尺,公卿、尚
書、章服從中道,凡人行左右道,左入右出,不得相逢,夾道種槐、柳樹。」
〔註262〕

依據《元河南志》載:後漢洛陽里閭留名者僅有上東門內的步廣里以及
有董卓宅的永和里等二里〔註263〕。但晉代的洛陽城有卻有四十七里、二十二

〔註255〕《中國古代建築史第一卷‧兩漢之建築》頁414。
〔註256〕《後漢書集解卷二十六‧百官志一》云:「永安丞各一人,三百石,本注曰宦
　　　　者。永安,北宮東北別小宮名。」頁1348。
〔註257〕《增補六臣注文選‧東京賦》頁65。
〔註258〕《元河南志卷二‧後漢城闕宮殿古蹟》頁12。
〔註259〕《元河南志卷二‧後漢城闕宮殿古蹟》頁8。
〔註260〕《大百科全書‧考古學‧漢魏洛陽城遺址》頁182。
〔註261〕《元河南志卷二‧後漢城闕宮殿古跡》頁14。
〔註262〕《元河南志卷二‧晉城闕宮殿古跡》頁22。
〔註263〕《元河南志卷二‧後漢城闕宮殿古蹟》頁11。

坊。〔註264〕推測東漢都城洛陽里坊數應與晉代相埒。

　　東漢洛陽之市場較西漢長安少，據《元河南志》引華延儁《洛陽記》載：「大市名金市，在城中；南市，在城之南；馬市，在大城之東。」〔註265〕等三市，其位置，依《元河南志》云：

> 陸機《洛陽記》曰：「洛陽凡三市，大市名金市，在臨商觀之西；馬市，在大城之東；洛陽縣市，在城之南。」一說：「三市，平樂市、金市、馬市也。金市在凌雲臺西，北對洛陽壘；馬市在大城東，前有石橋。」〔註266〕

《水經注》亦云「穀水自樂道里屈而東出陽渠，水南即馬市也」。〔註267〕

　　故知三市之中，只有金市在城中，馬市在東城外石橋前，南市在城南郊，洛陽縣市可能即爲南市。

　　至於洛陽禮制三宮建築立於城南郊偏東，位置依《元河南志》引《漢官儀》曰：「明堂去平城門二里……辟雍去明堂三百步」又引陸機《洛陽記》曰：「大學在開陽門外，去宮八里。」〔註268〕又由〈東京賦〉所謂：「乃營三宮，布政頒常，複廟重屋……左制辟雍，右立靈臺。」而知辟雍在明堂之東，靈臺在明堂之西。

　　洛陽除宮室之外，尙有皇家園林即濯龍園，《元河南志》引司馬彪《續漢書》曰：「在洛陽西北角。」〔註269〕由〈東京賦〉所謂：「濯龍芳林，九谷八溪，芙蓉覆水，秋蘭被涯。」〔註270〕薛綜引《洛陽圖經》注曰：「濯龍，池名。」〔註271〕其園因池而得名。

第八節　東漢洛陽都城之城牆規制

　　東漢洛陽城仍因成周城之舊城牆，即〈西都賦〉所云：「建都河洛……即土之中，有周隆平之制焉。……然後增周舊，修洛邑。」〔註272〕

〔註264〕《元河南志卷二・晉城闕宮殿古跡》頁 29。
〔註265〕《元河南志卷二・後漢城闕宮殿古跡》頁 11。
〔註266〕《元河南志卷二・晉城闕宮殿古跡》頁 27。
〔註267〕《水經注卷十六・穀水》，世界書局，臺北，1969 年 5 月，頁 214。
〔註268〕《元河南志卷二・後漢城闕宮殿古跡》，頁 6。
〔註269〕《元河南志卷二・後漢城闕宮殿古跡》，頁 6。
〔註270〕《增補六臣注文選卷三・東京賦》頁 65。
〔註271〕《增補六臣注文選卷三・東京賦》頁 65。
〔註272〕《增補六臣注文選卷一・東都賦》，頁 35。

　　成周城的大小依《元河南志》引《逸周書‧作雒解》云：「周公作大邑成周於土中，城方千六百二十丈，郭方七十二里，南繫於洛水，北因於郟山，以為天下之大制。」〔註273〕

　　東漢都城洛陽原即周代的成周城〔註274〕，以《逸周書》所載成周城之尺度，城方 1,620 丈，以周里為 180 丈計，即方九里，與《周禮‧考工記》所謂「匠人營國，方九里。」〔註275〕相吻合，惟周尺＝0.1991 公尺〔註276〕，周城應是邊長 3,225 公尺〔註277〕的方城。成周城之郭即外郭城，方七十二里，亦即邊長十八里即約 6.5 公里，大約是郟山（即北邙山）到洛水濱的距離，考古探查之結果，尚未發現外郭城遺址〔註278〕。

　　東漢都城城牆之尺度，依《漢書‧郡國志一‧雒陽》引《帝王世紀》曰：「城東西六里十一步，南北九里一百步，地三百頃十二畝有三十六步。」〔註279〕東漢洛陽城因南北與東西約長九里及六里故又號「九六城」。現將此尺度比對考古資料如次：因後漢尺 1 尺＝0.2375 公尺〔註280〕，每里 1800 尺，每步＝6 尺＝1.425 公尺計；

　　洛陽南北城牆長＝（1,800×9＋100×6）×0.2375＝3,990 公尺。
　　洛城東西城牆長＝（1,800×6＋11×6）×0.2375＝2,581 公尺。

　　再依據考古調查資料，漢魏洛陽故城垣實際調查里數，東城垣全長三千八百六十二點七公尺，西城垣全長三千八百十一公尺，北城垣全長二千六百公尺〔註281〕，由上可見北城牆大致與《帝王世紀》資料相符，東西城牆少了一百多公尺，就是因洛河北岸沖刷流失的城牆。此資料與《逸周書》之成周城比較，東漢城南北較成周城長 765 公尺，東西較成周城窄 644 公尺，但東

〔註273〕《元河南志卷二‧成周城闕宮殿古蹟》，世界書局，臺北，1963 年 11 月，頁 2。《汲冢周書卷四十八‧作雒解》謂「郭方七百里」，恐有錯簡，臺灣商務印書館，1979 年 1 月，頁 31。
〔註274〕《後漢書集解卷十九‧郡國志一‧司隸》云：「雒陽，周時號成周。」頁 1220。
〔註275〕《周禮注疏‧考工記‧匠人》，頁 642。
〔註276〕《中國度量衡史第》十五表，頁 65。
〔註277〕1620 丈×10 尺／丈×0.1991 公尺＝3,225.42 公尺。
〔註278〕《河南古代建築史‧洛陽王城與成周城址》，鄔學德、劉炎主編，中州古籍出版社，鄭州，2001 年 12 月，頁 50。
〔註279〕《後漢書集解卷十九》頁 1220。
〔註280〕《中國度量衡史第》十五表，頁 65。
〔註281〕《漢魏洛陽故城研究‧洛陽漢魏隋唐城址勘查記》閻文儒撰，頁 3。

漢城南北如扣除秦代的增建南半部則爲 3,260 公尺〔註282〕，則與《逸周書》
之記載相符。東漢城東西向少了將近二里，考東漢城係沿用周秦之舊城，不
可能縮小，推測《逸周書》的幅寬資料應將東城牆外住宅區計算在內，茲將
周秦漢時代洛陽城的沿革標示如圖 2-9，2-10。

圖 2-9　周秦漢三代洛陽建城沿革圖

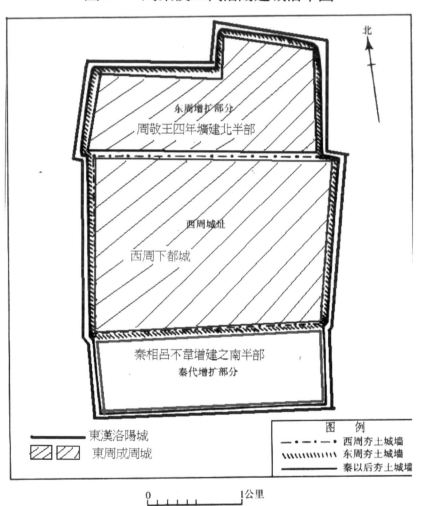

依《漢魏洛陽故城研究・漢魏洛陽故城城垣試掘》圖十六〈漢魏
洛陽故城早期城址沿革圖〉編彩註。

〔註282〕《漢魏洛陽故城研究・漢魏洛陽故城試掘》圖 16 漢魏洛陽故城早期城址沿革
　　　　圖丈量之尺寸，頁 16。

圖 2-10　洛陽歷代都城沿革圖

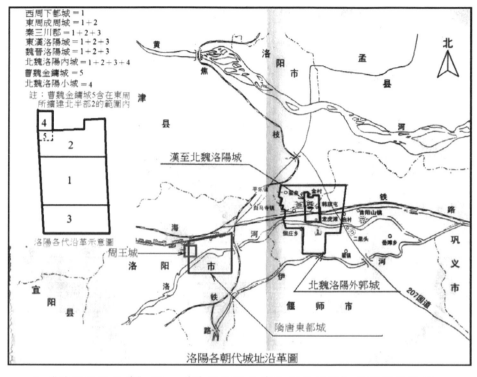

由《漢魏洛陽故城》圖一〈漢魏洛陽故城地理位置圖〉底圖填彩編繪。

　　其次，東漢洛陽城內面積，文獻所載的面積三百頃十二畝有三十六步，化算今制：

　　此處之步為地積，1 步＝6 尺×6 尺＝（6×0.2375）^{2}＝2.03 平方公尺；1 畝＝240 步＝487.2 平方公尺，1 頃＝100 畝＝48,720 平方公尺；

　　故洛陽城面積＝300×48,720＋12×487.2＋36×2.03＝14,621,918 平方公尺＝1,462 公頃＝14.62 平方公里。

　　洛陽城因南面城牆已湮沒入洛河，故無實測資料可比對，但知其面積不及長安城之半。

　　洛陽城牆厚度及高度，文獻不載，東城牆殘址寬十六點二公尺，頂寬九公尺，高五點九公尺，西城牆殘址寬十七點八公尺，高六點三公尺，北城牆殘址有高近十公尺，高度較長安城為低。〔註283〕

　　城櫓及城池依《元河南志》引陸機《洛陽記》云：「城上百步有一樓櫓，

〔註283〕同註272。

外有溝渠。」〔註284〕再依考古資料：

> 在城牆上還發現有墩臺即馬面，已發現的馬面，在西城牆北段有四
> 個，北城牆東段有三個，馬面的間距約一百一十米～一百一十二米
> 左右。……城牆之外皆有護城河，……護城河寬十八到二十八米，
> 深三到四米。〔註285〕

馬面即陸機所稱的樓櫓，間距百步即一百四十二公尺，與實際間距誤差三十
公尺，此爲古人概數測量之誤差。

第九節　東漢洛陽都城之城門規制

　　東漢洛陽城城門稍改成周城「匠人營國，旁三門」之制，東西面各三門，
南面四門，北面二門，四面共十二門，其門名依據《元河南志》記載：「南
面四門，正南曰：平門；東曰：開陽門；西曰：宣陽門；次西曰：津門。東
面三門，南曰：旄門；中曰：中東門；北曰：上東門。西面三門，南曰：廣
陽門；中曰：雍門；北曰：上西門。北面二門，東曰：穀門；西曰：夏門。」
〔註286〕其各門之制敘述如下：

　　其一平門，其建制依據《元河南志》載：「一作平城門，《古今注》曰：
建武十三年開。蔡邕曰：平城門正陽之門也，與宮連，郊祀法駕所從出、門
之最尊者。」〔註287〕〈東京賦〉所謂「啓南端之特闈，立應門之將將。」
〔註288〕即指建武十三年（37）開此門以對南宮正門朱雀門，此門與其它南
城垣三門因城垣淪入洛水已無遺跡。

　　其二開陽門，其名稱來源依《水經注》云：

> 穀水又東經開陽門南……《漢官（儀）》曰：「開陽門始成，未有名
> 宿，昔有一柱，來在樓上，琅琊開陽縣上言：縣南城門一柱飛去，
> 光武皇帝使來，識視良是，遂堅縛之，因刻記年月日以名焉。〔註289〕

《水經注》所言因開陽縣南城門一柱飛了六百公里到洛陽開陽門上而得名有點

〔註284〕《元河南志卷二・成周城闕宮殿古跡》頁3。
〔註285〕同註272。
〔註286〕《元河南志卷二・後漢城闕宮殿古跡》頁4，5。
〔註287〕《元河南志卷二・後漢城闕宮殿古跡》頁4。
〔註288〕《增補六臣注文選卷三・東京賦》頁65。
〔註289〕《水經注卷十六・穀水》頁218。

玄妙，筆者推測係因冬至日，洛陽日出時間約早上七點，太陽方位角係東偏南約二十九度〔註290〕，故日出陽光最早照到南面偏東的是開陽門，因而得名。

其三宣陽門，亦名諺門，如〈東京賦〉云：「諺門曲榭，邪阻城洫。」〔註291〕薛綜注曰：「諺門，冰室門也。臺有木曰榭。阻，依也。洫，城下池。冰室門及榭皆屈邪行，依城池爲道也。」〔註292〕，再依《水經注》載：「諺門，即宣陽門，門內有宣陽冰室，……門既擁塞，冰室又罷。』」〔註293〕此門在北魏時正對宮城，並未塞此門，門外且有「交易貴重門通四方和外國商人聚居之區城。」〔註294〕又稱小苑門，如《元河南志》載：「〈董卓傳〉：『孫堅軍太谷，進宣陽城門。』」〔註295〕注曰：「《洛陽記》南面四門，從東第三門也。是則小苑亦名宣陽。」〔註296〕

其四津門，門當洛水，故《元河南志》載：「津門當洛水浮橋下，一作津城門，又作津陽門。」〔註297〕此門外洛水架浮橋，三國時，司馬懿曾屯兵於此〔註298〕，此橋亦近宣陽門，故《洛陽伽藍記》亦稱：「宣陽門外四里至洛水，上作浮橋，所謂永橋也。」〔註299〕則此橋到北魏時仍然存在，爲洛陽南面進出重要交通戰略樞紐，門名起源推測係未建洛水浮橋時有設洛水津渡而得名。

其五旄門，即北魏時的青陽門，依《水經注》載：「穀水於城東南隅枝分北注，逕青陽門東，故清明門也。亦曰稅門，亦曰芒門。』」〔註300〕依《元河南志》載：「旄門一作宣平門，又曰望門。」〔註301〕其門據考古探查資料：

〔註290〕 與洛陽大致相同緯度的鄭州冬至日出時間爲 7 時 10 分，太陽方位角　28 度 58 分。依據卜毅《建築日照設計附錄一‧鄭州太陽位置數據表》，科技圖書公司，臺北，1990 年 5 月，頁 242。
〔註291〕 《增補六臣注文選卷三‧東京賦》，頁 66。
〔註292〕 《增補六臣注文選卷三‧東京賦》，頁 66。
〔註293〕 《水經注卷十六‧穀水》頁 218，世界書局，臺北，1969 年 5 月。
〔註294〕 《中國古代建築史》洛陽，劉敦楨撰，明文書局，臺北，1982 年 6 月，頁 82。
〔註295〕 《元河南志卷二‧後漢城闕宮殿古跡》頁 4。
〔註296〕 《元河南志卷二‧後漢城闕宮殿古跡》頁 4。
〔註297〕 《元河南志卷二‧後漢城闕宮殿古跡》頁 4。
〔註298〕 《三國志集解卷九‧曹爽傳》，藝文印書館，臺北，1975 年，頁 307。
〔註299〕 《洛陽伽藍記校箋‧宣陽門》北魏‧楊衒之撰，楊勇校箋，中華書局，北京，2006 年 2 月，頁 144。
〔註300〕 《水經注卷十六‧穀水》頁 219。
〔註301〕 《元河南志卷二‧後漢城闕宮殿古跡》頁 4。

> 南距洛河約二百米,北距 IX 號城門(中東門)一千三有五十米⋯⋯
> 門洞闕口寬約八點八米,進深十四米,係一門洞。此門正與西垣
> 的 I 號城門(即西明門)相對,它應該是漢的旄門,或曰望京門。
> 〔註302〕

門洞闕口代表門的毛寬,扣除兩側柱位,則旄門寬約八公尺。其六中東門,以洛陽東垣三門中央之門而得名,其門據考古探查資料:

> 東垣北起第二門,位于韓旗村東⋯⋯門洞闕口寬約十二點五米,門
> 外有夯築土闕,長寬約十米見方,門道長約二十一米,係一門洞。
> 此門正與西垣的 III 號城門(即西陽門)相對,它應該是漢中東門,
> 北魏改名東陽門。〔註303〕

扣除柱位,門寬約十一點七公尺,門對夯築土闕就是城闕。

其七上東門,此即〈古詩十九首・第十三首〉:「趨車上東門」之城門,《水經注》載:「穀水又東屈逕建春門石橋下,即上東門也。阮嗣宗〈詠懷詩〉曰:『步出上東門也。』一曰上升門,晉曰建陽門。』」〔註304〕此門在東漢立都前已存在,依《元河南志》載:「按賈誼疏曰:『擇良日立諸子雒陽上東門之外。』是則西漢時已有上東門也。」〔註305〕此門據考古探查資料;

> 東垣北起第一門,位于韓旗村北⋯⋯門洞闕口寬約十八點五米,門
> 道長約二十四米,⋯⋯係一門洞。此門正與西垣的 IV 號城門相對,
> 依此推測此門應是漢的上東門,就是北魏的建春門。〔註306〕

此門扣除柱位,門寬十七點七公尺,爲東垣最寬的門。門外有運河應是《水經注》所稱:「城下漕渠,東通河濟,南引江淮,方貢委輸,所由而至。」〔註307〕皆匯集石橋之水陸交通樞紐所致。

其八廣陽門,《水經注》載:「穀水又南逕西明門,即廣陽門也。門左,支渠東派入城。』」〔註308〕此門據考古探查資料:

> 西垣南頭第一門,它距今洛河北岸一百五十米⋯⋯門洞闕口寬約 7.1

〔註302〕《漢魏洛陽故城研究・漢魏洛陽初步勘查》頁 10。
〔註303〕同註 293。
〔註304〕《水經注校證卷十六・穀水》,頁 396。
〔註305〕《元河南志卷二・後漢城闕宮殿古跡》頁 5。
〔註306〕同註 293。
〔註307〕《水經注卷十六・穀水》頁 214。
〔註308〕《水經注卷十六・穀水》頁 217。

米，長 17 米，係一門洞。此門正與西垣的 IV 號城門相對，此門應
是東漢的廣陽門，北魏的西明門。〔註309〕

依現門洞扣除柱位僅六點三公尺，屬於交通量較小的城門。

　　其九爲雍門，《水經注》載：「穀水南出逕西陽門，舊漢氏之西明門也。
舊門在南，以故門邪出，故徙是門東對東陽門。』」〔註310〕也就是東漢時此門
位置偏南，北魏時稍北移，以便道路整齊。此門據考古探查資料：

　　西垣南頭第二門，南距 I 號城門（廣陽門）八百八十米……因多次
　　修築公路受了損毀，關口現況呈喇叭狀，窄的八米，寬的十五米，
　　長約二十米，是一個門洞。此門正與西垣的 IV 號城門相對，從此門
　　位置看，應是漢的雍門。〔註311〕

以現有門洞寬推測此門寬應與廣陽門相同，此門取名同長安城。

　　其十上西門，其建制依據《元河南志》載：「應劭《漢官儀》曰：『上西
所以不純白者，漢家厄於戌，故以丹飾之，門上有銅璇璣玉衡。』」〔註312〕
《水經注》載此門在北魏仍然沿用：「陽渠水南部暨閶闔門，漢之上西門也……
太和遷都，徙門南側。」〔註313〕

　　此門據考古探查資料：

　　西垣南起第三門，南距 III 號城門（雍門）八百二十米……門洞關口
　　寬約四十七米，門外兩側有夯築土關，門道長約五十八米，在關口
　　中開有一堵夯土隔牆，是一門二洞，北門洞寬二十一米……南門洞
　　寬僅十三米，……在此門洞下有一道磚築遺存。……南門洞或是「徙
　　門南側」的北魏閶闔門之地。〔註314〕

故此門在東漢應是一門一洞，寬約二十公尺。

　　其十一穀門，《元河南志》稱一名穀城門，門得名推測與門外之穀水有關。
此門據考古探查資料：「北垣的第二門，位于金村東北，東距大城東北角約七
百米……門洞已被破壞，關口很大……它可能是東漢的穀門，北魏的廣莫門。」

〔註309〕《漢魏洛陽故城研究・漢魏洛陽初步勘查》頁 9。
〔註310〕《水經注卷十六・穀水》頁 216。
〔註311〕同註 293。
〔註312〕《元河南志卷二・後漢城闕宮殿古跡》，頁 5。
〔註313〕《水經注卷十六・穀水》頁 214，世界書局，臺北，1969 年 5 月。
〔註314〕《漢魏洛陽故城研究・漢魏洛陽初步勘查》頁 9。

〔註315〕劉琨〈扶風歌〉:「朝發廣莫門,暮宿舟水山。」〔註316〕

其十二夏門,《元河南志》稱一名夏城門,《水經注》載:「穀水又東歷大夏門,故夏門也……陸機〈與弟書〉云:『門有三層,高百尺,魏明帝造。』」〔註317〕則知此門在曹魏時曾改建城樓。

此門據考古探查資料:

> 北垣西起第二門,位于今金村西寨牆內……門洞闕口寬約三十一米,兩側有夯築土堆,東西對稱,寬約十二點五米,長約十五米,門道長約三十三米,在闕口中發現二堵夯土隔牆,當是一門三洞……。從此垣的部位及形制來看,應是漢的夏門與南側的北魏大夏門遺存。〔註318〕

洛陽城門有城闕之制,《元河南志》陸機《洛陽記》載:

> 洛陽十二門,皆有雙闕、有橋,橋跨陽渠水。按《輿地志》曰:「洛陽城四面有陽渠水,即周公所製也。水源出幽谷,東流注城西北角,分流繞城至建春門(即上東門)外合,又折而東流注於洛。」〔註319〕

由此可知陽渠水就是洛陽城的護城河,上有橋,亦載於《水經注》:「穀水又東趨南,迳建春門(即上東門)石橋下……徙(上西)門南側,(陽渠水)北乘高渠,枝分上下歷故石橋東入城……渠水正司空府前,迳太倉南,出東陽門(即中東門)石橋下……。」〔註320〕

故知護城河陽渠水上橋係石橋,石橋之結構文獻未載,推測係石梁橋,因石拱橋之技術要到隋代建趙州橋才成熟。

洛陽城門之管理,設城門校尉及城門侯,依據《後漢書‧百官志四》云:「城門校尉一人,比二千石,本注曰:掌洛雒陽十二所。……城門,每門;侯一人,六百石。」〔註321〕,另據《水經注》云:

> 《百官志》曰:洛陽十二門,每門,侯一人,六百石。《東觀漢記》曰:郅惲為上東門侯,光武嘗出,夜還,詔開門欲入,惲不入內,

〔註315〕同註 305,頁 10。
〔註316〕《增補六臣注文選卷二十八‧劉琨扶風歌》頁 534。
〔註317〕《水經注卷十六‧穀水》頁 212。
〔註318〕《漢魏洛陽故城研究‧漢魏洛陽初步勘查》頁 10。
〔註319〕《元河南志卷二‧晉城闕宮殿古跡》頁 22。
〔註320〕《水經注卷十六‧穀水》頁 214〜216。
〔註321〕《後漢書集解卷二十七》頁 1356。

上令從門間識面，憚曰：火明遼遠，遂拒不開，由上益重之。〔註322〕
則知城門校尉總管洛陽十二門，其下每門設門侯一人，門侯嚴守紀律，遇見城門校尉需執板下拜〔註323〕，但管制城門滴水不漏，雖皇帝違規亦不通融，可見城門之管理嚴謹。

第十節　東漢洛陽都城街亭之規制

東漢洛陽的街道系統，《元河南志》所載洛陽二十四街，街一亭，十二城門，門一亭，《元河南志》並列舉長壽街、萬壽街、土馬街、銅駝街，香街等五街名。洛陽城內大道分三道與西漢長安城內大道相似，惟中央御道兩旁築牆分隔左右道，御道且不只供皇帝乘輦行馳，且供公卿、尚書、章服使用等，與長安有別。行道樹為槐樹與柳樹，一面供行人乘蔭涼，他方面又可美化街道景觀，如《元河南志》引〈朱超石與兄書〉曰：「洛下道路本好行，種青槐，蔭映可愛。」〔註324〕銅駝街之得名據《元河南志》引華延雋《洛陽記》曰：「漢有兩銅駝，在宮之南街四會道頭，夾路東西相對，高九尺，漢之所謂銅駝街。」〔註325〕亦載於《水經注》：「（陽）渠水又枝分，逕太尉司徒兩坊間，謂之銅駝街，舊魏置銅駝諸獸於閶闔南街。」〔註326〕可知閶闔門為曹魏宮城正門，並將銅駝街改為閶闔南街。由考古探查結果如下：

> 洛陽城內街道計有八條主幹道，即東西向橫道四條與南北向縱道四條，其中橫一道由西垣的廣陽門至東垣的旄門，寬約二十九至三十六公尺，全長約二千四百六十公尺；橫二道由西垣的雍門至東垣的中東門，寬約四十一公尺，全長約二千六百三十公尺；橫三道由西垣的上西門至東垣的上東門，寬約三十五至五十一公尺，全長約二千五百一十公尺；橫四道由西垣的承明門（北魏時開）至直通曹魏金鏞城南側，寬約十七至二十二公尺，全長約一千四百一十公尺。而南北方向縱一道，由上東門內之橫一道南行，直達洛河北岸，寬約十二至十五公尺；縱二道，由穀門內之橫一道南行四百三十公尺，

〔註322〕《水經注校證卷十六·穀水》，頁396。
〔註323〕《後漢書集解卷二十七》李賢注引蔡質《漢儀》所云，頁1356。
〔註324〕《元河南志卷二·晉城闕宮殿古跡》頁22。
〔註325〕《元河南志卷二·後漢城闕宮殿古跡》頁11。
〔註326〕《水經注卷十六·穀水》頁216，世界書局，臺北，1969年5月。

再折東行二百四十五公尺，又折南行直抵洛河北岸，寬約十四至二
十九公尺，此道推測應通至平門：縱三道，由宮城南門起直抵洛河
北岸，寬約四十至四十二公尺，此道推測應通至宣陽門：縱四道，
由北垣夏門起南行三千三百二十公尺，北段寬約三十六至四十公
尺，南段寬僅十公尺，此道推測應通至津門。〔註327〕

由考古與文獻資料對照，銅駝街應是北宮以南的縱三道，即銅駝則置於
縱三道與橫二道之十字路口之縱三道兩側。文獻所載洛陽二十四街，考古探
查結果只有通向城門的八大街，王仲殊認爲：「大街互相交叉，分隔成二十四
段。」〔註328〕劉敘杰認爲：「現計算各交叉丘之間的諸段街道總數，大致與前
述二十四街數字相符。」〔註329〕，此觀點大致正確，惟現有城門大街分隔成
二十四段，每段稱一街，以便取名分辨其位置。

〔註327〕《漢魏洛陽故城研究·漢魏洛陽初步勘查》，頁12～13。
〔註328〕《大百科全書·考古學·漢魏洛陽遺址》頁182。
〔註329〕《中國古代建築史第一卷·兩漢之建築》頁399。

第三章 由兩都二京賦探討漢代宮室建築

　　漢代的宮室在歷代宮室中屬於佼佼者，文藝上常有漢宮之名，詞牌有〈漢宮春〉〔註1〕，元雜劇有〈漢宮秋〉〔註2〕，國畫常有漢宮畫題〔註3〕，此外花亦有名漢宮秋者〔註4〕……對於漢代宮室，班固與張衡在兩都二京賦中有如身歷其境〔註5〕的描寫，可供探討其佈局及風格。

　　西漢雖然有長樂、未央與建章三大宮室，但在長安城內的只有長樂、未央兩宮，而且東西比鄰，基本是兩宮格局（建章宮僅是城外的離宮，屬於上林苑離宮別館建築群）。而東漢洛陽南、北兩宮呈對峙的布局，此一都兩宮制度是我國宮室建築史上的特例，尤其洛陽南、北兩宮是洛陽城內最顯著的建築物，佔據洛陽城的天際線，「兩宮遙相望，雙闕百餘尺。」不只是千古流傳名句，更是當時視線焦點的寫眞。但是爲何漢代長安、洛陽有此宮室制度？其源流值得探討。此蓋長安是沿用秦代的興樂宮改建爲長樂宮，但顯然其規

〔註1〕 辛棄疾有〈漢宮春‧會稽秋風亭觀雨〉詞，參見〈稼軒詞臆說〉常國武撰，收錄於《辛棄疾研究論文集中》，中國文聯出版公司，北京，1993年2月，頁294。

〔註2〕 馬致遠有〈破幽夢孤雁漢宮秋〉詞，參見《中國文學史初稿》，萬卷樓，臺北，2002年10月，頁837。

〔註3〕 如宋‧趙伯駒〈漢宮圖〉、元‧李容瑾〈漢苑圖〉，參見《故宮藏畫精選》，讀者文摘亞洲公司，香港，1981年，頁73，155。

〔註4〕 《廣群芳譜卷四十六》：「翦秋羅一名漢宮秋。」臺灣商務印書館，臺北，1968年6月，頁1105。

〔註5〕 班固與張衡的時代距長安被赤眉賊焚毀年代不久，但遺跡尚在，其都城規制與風土習俗、民情世故當耳熟能詳，猶如親歷。

模和格局不足相應大漢帝國的聲威，此蓋由蕭何營建未央宮極其壯麗時，高祖甚怒且反彈，蕭何所答覆：「天子以四海爲家，非壯麗無以重威。」〔註6〕可想而知，高祖無話以對，遂奠定了長安兩宮之制。而洛陽據《史記正義》引《輿地志》載秦代已有南北兩宮〔註7〕，但史載高祖五年（前202）置酒于洛陽南宮〔註8〕，光武帝在建武元年（25）冬十月車駕入洛陽、幸南宮却非殿〔註9〕，均未提到北宮。可見遲至西漢初，秦時的洛陽北宮若非毀於秦火，即是已經坏毀到不勘使用，光武帝一直在南宮辦公，直到明帝永平三年（60）不顧鍾離意反對，耗費了五年的時間再修竣北宮〔註10〕，可見當時北宮之修建並非單純的修復而是重建，自此直到東漢覆亡皆是一都兩宮之制。等到曹魏文帝黃初元年（220）時廢棄南宮，並改建北宮爲宮城〔註11〕，才再行單一宮闕制度。由此觀之，兩漢所行一都兩宮之制實因於兩漢開國皇帝崇尚簡樸盡量利用舊宮的性格使然。

第一節　西漢長安未央宮室之規制

一、未央宮創建年代

依《史記·高祖本紀》載：「八年（前199），蕭丞相營作未央宮，立東闕、北闕、前殿、武庫、太倉。」〔註12〕惟《漢書》記載，此事提早一年，據《漢書·高祖紀》載：「七年二月至長安，蕭何治未央宮，立東闕、北闕、前殿、武庫、太倉。」〔註13〕《西京雜記》亦稱未央宮建於漢高帝七年〔註14〕（前200），未央宮建竣時間，《史記》載爲漢高祖九年〔註15〕（前198），以未央宮規模之宏大，從規劃、設計、備材、鳩工、施工、驗收等營建過程，兩年營

〔註6〕　《史記會注考證卷八·高祖本紀》頁179。
〔註7〕　《史記一卷八·高祖本紀》頁175。
〔註8〕　同註7
〔註9〕　《後漢書集解卷一上·光武帝紀》頁45。
〔註10〕　《後漢書集解卷一上·明帝紀》頁68，69。
〔註11〕　《資治通鑑卷六十九·魏紀一·世祖文皇帝上》頁460。
〔註12〕　《史記會注考證卷八·高祖本紀》頁179。
〔註13〕　《漢書補注卷一下·高祖紀》頁52。
〔註14〕　《西京雜記卷一·蕭何營未央宮》頁1。
〔註15〕　《史記·高祖本紀》云：「九年……未央宮成，高祖大朝諸侯、群臣，置酒未央前殿。」頁177。

建期間較爲合理，推測《漢書》所載時間應是未央宮規劃、設計、備材之起始時間，《史記》所記載的時間爲正式施工之時間。

二、未央宮之風水佈局

未央宮其風水佈局即「其宮室也，體象乎天地，經緯乎陰陽，據坤靈之正位，倣太紫之圓方……徇以離宮別寢，承以崇臺閒館，煥若列宿，紫宮是環。」〔註16〕李善注引《漢書》曰：「中宮天極星，環之匡衛十二星藩臣，皆曰紫宮。」〔註17〕，體象乎大地亦即「正紫宮〔註18〕於未央。」〔註19〕據陳遵嬀云：「紫微垣爲三垣之中垣，或稱紫微宮垣，簡稱紫垣：又稱紫微宮，簡稱紫宮。」〔註20〕又《三秦記》云：「未央宮，一名紫微宮；然未央爲總稱，紫宮其中別名。」〔註21〕正指未央宮象天上紫微垣。而未央宮在長安西南，正是八卦中之坤位，據坤靈之正位，故稱體象乎地。呂向稱宮室之東西、南北皆合陰陽之法。〔註22〕也是指宮室之長寬尺度合乎風水原則。而圓方指宮室之平面，其布局則仿太微與紫微兩垣之排列方式〔註23〕。于希賢云：

> 劉邦先主長樂宮，後主未央宮，兩個主要宮殿位於北斗七星上，在於『齊七政』，象徵政通人和，體制完備。同時，斗爲帝車，運行中央。未央宮作爲都城行政中心，位置不在中央，偏居西南，似有悖常理，但考慮八卦方位，頓時釋然。乾卦對應西北，坤卦對應西南，帝星位於西北，取意『天行健，君子自強不息。』皇宮地處西南，取意『地勢坤，君子厚德載物。』在天干地支的方位中，未在西南，故未央宮實爲地之中央，並感通於天之中央的宮廷建築。此外，『后

〔註16〕《增補六臣注文選卷一・西都賦》，頁 26。

〔註17〕同註 16。

〔註18〕《增補六臣注文選卷一・西都賦》李善注：「《漢書》：『中宮天極星，環之匡衛十二藩臣，皆曰紫宮。』」頁 26。

〔註19〕《增補六臣注文選》卷二〈西京賦〉，頁 44。

〔註20〕《中國天文學史》第二冊〈星象編〉，明文書局，臺北，1985 年 5 月，頁 34。

〔註21〕《三秦記・漢長安城・未央宮》，三秦出版社，西安，2006 年 1 月，頁 24。

〔註22〕《增補六臣注文選》卷一〈西都賦〉呂尚注，頁 26。

〔註23〕《中國天文學史・星象編》稱「紫微宮……主要由十五顆星組成，分東西兩區，以北極爲中樞，成屏藩形狀，好像兩弓相合，環抱成垣，東藩八星，西藩七星，……其間好像關閉的形狀，叫做閶闔門。……太微垣，包含二十個星座，正星七十八顆，增星一百顆，主要由十星組成，以五帝座爲中樞，成屏藩形狀，太微是政府的意思，所以星名都用官名……」，頁 37。

宮』對應桂宮、北宮,『少尉星』對應武庫,銀河對應渭水……均反映了星象與長安城市布局密切相關。〔註24〕

　　于氏以漢長安城內宮室包括未央宮、長樂宮、桂宮、北宮、武庫等宮室皆合紫微垣之眾星布局,但此與《漢書》所謂中宮爲天極星,四周有藩臣星十二顆環衛佈局不同,此其一,其次,渭水貫都象銀河指的是秦都咸陽,漢都在渭南並未跨過渭水,故銀河對應渭水之說對漢長安城似難成立,此其二,張衡在〈西京賦〉中云:「正紫宮於未央。」〔註25〕李善注云:「辛氏《三秦記》:『未央宮一名紫微宮。』然未央其總稱,紫宮其中別名。」〔註26〕兩文獻皆明確記錄紫宮即紫微垣,專指未央宮,則未央宮中的宮殿布局正象紫微垣之眾星布局。

三、未央宮之廣袤

　　未央宮之周長,今本《三輔黃圖》云:「周回二十八里」〔註27〕而《關中記》謂:「周旋三十一里。」〔註28〕另《西京雜記》則云:「周回二十里九十五步五尺。」〔註29〕但依今日考古資料:「東牆與西牆各爲二千一百五十米,南牆與北牆各二千二百五十米,周長八千八百米。」〔註30〕而言,則以《西京雜記》記載的尺度化成今尺周長合八千八百二十二公尺較正確〔註31〕,且其文獻尺度單位計到步、尺,推測應係實測尺寸。則可計算出未央宮面積達四點八三平方公里〔註32〕,即四百八十三公頃,此面積約爲北京紫禁城的七

〔註24〕　《風水與開發》引于希賢主編《中國傳統地理學》書中對長安城市規劃受星象布局影響之見解。張覺民著,瑞成書局,臺中,2004年9月,頁58。
〔註25〕　《增補六臣注文選卷二・西京賦》頁44。
〔註26〕　同註25。
〔註27〕　《三輔黃圖校注卷之二・漢宮》頁135,另《古本三輔黃圖》頁19所載相同,孫星衍以《三輔黃圖》爲後漢末年作品,見〈三輔黃圖新校正序〉,周因二十八里,以後漢尺爲23.75公分計合11,970公尺。
〔註28〕　《關中記輯注・漢長安城・未央宮》頁26,《關中記》是西晉作品,三十一里以晉尺爲24.12公分計合13,459公尺。
〔註29〕　《西京雜記卷一・蕭何營未央宮》頁1。
〔註30〕　《三輔黃圖校注卷之二・漢宮》頁136。
〔註31〕　以《西京雜記》成書時代爲晉代,據吳洛《中國度量衡史》表十五,晉尺爲24.12公分計,20里95步5尺爲36,575尺,化算今尺爲8,822公尺,與考古數據相近。劉慶柱亦云:「惟《西京雜記》所記未央宮周回二十里九十五步五尺與實測相近。」
〔註32〕　未央宮面積=2.15公里×2.25公里=4.83平方公里

倍，清代臺北城的四倍，亦約爲臺北中正紀念堂園區的二十倍〔註33〕。

四、未央宮宮城之門闕

　　未央宮的坐向，據《雍錄》云：「師古曰：『未央殿雖南嚮，而上書、奏事、謁見之徒，皆詣北闕，公車司馬亦在此焉。』是似以北闕爲正門矣。」〔註34〕則北闕未央宮北宮牆之宮門外之雙闕，北宮門即閶闔門，其內止車門，即《關中記》所云：「未央宮北有元武闕，所謂北闕也，闕中有閶闔門、止車門。」〔註35〕即諸臣進入未央宮，在此門停車受檢，止車門內即宮之正門，亦即端門，即《雍錄》所云：「文帝初入未央宮，有謁者持戟端門。師古曰：『殿之正門也。』」〔註36〕端門兩旁有掖門，《漢書・惠帝紀》云：「北軍入未央宮欲爲亂……殿門弗內……（劉）章從勃請卒千人，入未央宮掖門。」〔註37〕顏師古注曰：「非正門而在兩旁，若人之臂掖也。」〔註38〕所謂殿門即端門，左右掖門在其兩旁，端門又稱端闈。其門外置放秦始皇咸陽宮之金人，即〈西都賦〉所云：「立金人於端闈。」〔註39〕以及〈西京賦〉所謂：「高門有閌，列坐金狄。」〔註40〕之高門。端門之內即司馬門，爲公車令所轄，故又稱公車司馬門，依《漢書・惠帝紀》云：「拜釋之爲公車令，頃之，太子與梁王共車入朝，不下司馬門，於是釋之追止毋入殿門，遂劾不下公門。」〔註41〕如淳注曰：「宮衛令，諸出入殿門、公車司馬門皆下，不如令罰金四兩。」〔註42〕但古本《三輔黃圖》載：「漢未央、長樂、甘泉四面皆有公車司馬門。」〔註43〕則知三大宮四面皆有此門。司馬內有金馬門，如〈西京賦〉所謂：「外有蘭臺、金馬，遞宿迭居。」〔註44〕李善注引《史

〔註33〕紫禁城面積爲六十五公頃，清代臺北城南北長約 1.25 公里，東西寬爲 0.96 公里，面積約 1.2 平方公里，中正紀念堂面積爲二十五公頃即 0.25 平方公里。
〔註34〕《雍錄卷二・東闕北闕》頁 27。
〔註35〕《關中記輯注・漢長安城・未央宮》所載，劉慶柱輯注，三秦出版社，西安，2006 年 1 月，頁 26。
〔註36〕《雍錄卷二・東闕北闕》頁 27。
〔註37〕《漢書補注卷三・惠帝紀》頁 67。
〔註38〕同註 37。
〔註39〕《增補六臣注文選卷一・西都賦》頁 26。
〔註40〕《增補六臣注文選卷二・西京賦》頁 45。
〔註41〕《漢書補注卷五十・張釋之傳》頁 1095。
〔註42〕同註 41。
〔註43〕《古本三輔黃圖》頁 25。
〔註44〕《增補六臣注文選卷二・西京賦》頁 45。

記》曰：「金馬門者，官者署門，旁有銅馬，故謂之金馬門。」〔註45〕依據今本《三輔黃圖》：「金馬門者宦者署，武帝得大宛馬，以銅鑄像，立於署門，因以爲名。東方朔、主父偃、嚴安、徐樂，皆待詔金馬門，即此。」〔註46〕金馬門即未央宮之最內門，金馬門內即前殿中庭，前殿大門即青瑣門，其制亦即〈西京賦〉所謂：「正殿路寢……九戶開闢。」〔註47〕一門九戶之制，今本《三輔黃圖》引《漢宮閣疏》：「未央宮……有金馬門、青瑣門，玄武、蒼龍二闕。」〔註48〕青瑣依李善注云：「《漢書音義》：『以青畫戶邊，鏤中。』《楚辭注》曰：『文如連瑣。』」〔註49〕則青瑣門之邊梃畫以青色，中央鑲上鏤空之連瑣紋雕板，亦即清式營造之格子門。故未央宮自北闕之閶闔門而南，依次爲止車門、端門、司馬門、金馬門等五門而到達未央前殿，即是仿周代天子宮門皋、庫、雉、應、路等五門之制。

玄武、蒼龍二闕即蕭何所建的北闕、東闕，北闕、東闕即未央宮最初之北、東宮外門，而偌大的未央宮雖僅有北、東二闕，但宮門不應僅有二處，因西安門及章城門應是方便未央宮進出都城而開，考古資料證實：「未央宮四面各有一座宮門，分別與宮城之中道路相連，通至前殿，四座宮門門道一般寬八米。」〔註50〕此西、南兩宮門名稱文獻不載，北宮牆西部另開一門，據《漢長安城》云：「石渠閣西部的未央宮北宮牆上闢有作室門，此門是爲方便少府各作室工徒出入之門，由作室門有南北（向道）路通入未央宮內。」〔註51〕此門在王莽末年之亂焚毀，載於《漢書‧王莽傳》云：「城中少年朱弟、張魚等恐見鹵掠，趨讙並和，燒作室門，斧敬法闥。」〔註52〕至於北、東兩闕之建築，考古證實爲東宮門外發現相對峙的南北夯土臺遺址〔註53〕，應該就是蕭何所建的東闕。宮牆角隅上有角樓，西南角樓經 1988 年的考古

〔註45〕同註44。

〔註46〕《三輔黃圖校注卷三‧未央宮》，何清谷校注，西安，2003 年 3 月，頁 207。

〔註47〕《增補六臣注文選卷二‧西京賦》頁 45。

〔註48〕《三輔黃圖校注卷二‧漢宮》頁 140。

〔註49〕《增補六臣注文選卷二‧西京賦》頁 45。。

〔註50〕《三秦記輯注‧未央宮》注四，頁 32。

〔註51〕《漢長安城‧宮城‧少府遺址》，劉慶柱，李毓芳著，文物出版社，北京，2005年 7 月，頁 80。

〔註52〕《漢書補注卷九十九‧王莽傳下》頁 1757。

〔註53〕《三秦記輯注‧未央宮》注四稱：「在東宮門外，發現南北對稱分佈的兩個夯土基址，二者相距一百五十米，基址東西長三十二米，南北寬十四至十八米，這可能是東宮門闕址。」頁 32。

發掘，其報告略稱：

> 平面呈曲尺形，東西寬達六十七點四公尺，平均厚約十二點二公尺，
> 南北深三十一點五公尺，厚十點五公尺，角樓基址北壁及東壁分別
> 保存有五個及三個柱礎遺跡。角樓北壁西部有斜坡慢道，坡長二點
> 七公尺，寬一點七公尺，坡度約十度，以供跑馬及徒步，其曲尺角
> 樓內側轉角有曲尺型散水臺，鋪面磚，靠牆基面以豎立瓦片護牆防
> 水，角樓出土劍、矛、鏃、弩機、彈丸、鎧甲片、冑片等兵器、武
> 備遺物，以及陶盆、灯等日常生常用品，證明這裡厚駐有衛戍角樓
> 的士兵。〔註54〕

由調查報告資料尺寸知角樓面積超過一千平方公尺，報告之北壁應為南壁，坡度十度約一比六（直比橫），坡度略同今日建築法規之坡道斜度〔註55〕。

蕭何營未央宮為何只建北闕與東闕而不建南闕與西闕？顏師古認為：「……西、南兩處無門闕矣，蓋蕭何初立未央宮，以厭勝之術，理宜然乎。」〔註56〕但筆著推測應係漢初立時，百廢待興，未央宮東面及北面有大量秦故宮舊苑可資修繕利用，開東、北兩闕取其交通方便，惠帝築長安城，其西南隅城牆只好緊依著未央宮之東、南兩宮牆築城。

五、未央宮之宮殿建築

未央宮之殿閣數目，依今本《三輔黃圖》云：「未央宮有宣室……等殿，又有殿閣三十二。」〔註57〕然《西京雜記》稱：

> 漢高帝七年，蕭相國營未央宮，因龍首山制前殿，建北闕……街道
> 周回七十里。臺殿四十三：其三十二在外，其十一在後宮。池十三，
> 山六：池一，山一，亦在後宮。門闥凡九十五。〔註58〕

但《關中記》載；「未央宮殿及臺，皆疏龍首山土以作之……街道十七里，有臺三十二，池十二，土山四，宮殿門八十一，掖門十四。」〔註59〕依《長

〔註54〕《漢長安城・宮城・角樓的發掘》頁51，52。
〔註55〕《建築技術規則・施工篇》第39條人行坡道1此8，第61條車行坡道1比6，內政部，臺北，2004年4月，頁52-2-25～37。
〔註56〕《漢書補注卷一下・高祖紀》顏師古注，頁52。
〔註57〕《三輔黃圖校注卷之二・漢宮》頁138。
〔註58〕《西京雜記卷一・蕭何營未央宮》頁1。
〔註59〕《三輔黃圖校注卷二・漢宮》頁138。

安志》所載統計，未央宮有殿四十六處，閣四處，臺五處，舍三處，室二處，觀一處，廬一處。〔註60〕

　　由上述四種文獻研判，有些殿、臺、閣重疊，如《西京雜記》所稱的在外之臺殿及《關中記》臺應即是《今本三輔黃圖》所稱的三十二座殿閣，《西京雜記》門闥凡九十五亦即《關中記》所稱宮殿門八十一，掖門十四的總和。結合四種文獻，未央宮應有殿閣臺五十五座，宮殿門闥九十五處，池沼十三處，人工土山六處。

　　其中前殿爲未央宮最重要的宮殿〔註61〕，據今本《三輔黃圖》稱：「前殿東西五十丈，深十五丈，高三十五丈。」〔註62〕化成今尺爲東西一百二十一公尺，南北深三十六公尺（面積四千三百七十五平方公尺，即約一千三百十八坪），高八十四公尺。與考古勘察資料比較，前殿臺基南北長四百公尺，東西寬二百公尺的長方形基址，基址呈北高南低之勢〔註63〕，由南而北配置三個宮殿基址如調查資料〔註64〕：

> 南部宮殿基址位於基址南端之北約五十公尺，基址東西七十九公尺，南北四十四公尺，宮殿面積三千四百七十六平方公尺（即約一千零五十一坪）。距南部宮殿基址北方九十四公尺即中部宮殿基址，基址東西寬一百二十一公尺，南北深七十二公尺，宮殿面積八千二百八十平方公尺（即約二千五百坪，劉慶柱推測爲前殿的主體建築〔註65〕），推測爲宣室故址〔註66〕。距中部宮殿基址北方三十二公尺即北部宮殿基址，基址東西寬一百一十八公尺，南北深四十七公尺，宮殿面積四千二百三十平方公尺（即約一千二百八十坪）。前殿基址南邊居中位置有一門址，東西寬達四十六公尺，南北進深約二

〔註60〕　《四庫全書·史部十一·地理類·長安志卷三·未央宮》，宋·宋敏求撰，清·王燕緒校，《長安志》臺灣商務印書館，頁 587-93～95。

〔註61〕　宮殿與宮室不同，宮室之內含宮殿群及苑囿，如阿房宮、未央宮、南宮、北宮、大明宮、紫禁城，宮殿爲宮室中之建築物，如阿房前殿、椒房殿、却非殿、含元殿、太和殿等，故宮室包含宮殿，宮殿只是宮室組成的元素。

〔註62〕　《三輔黃圖校注卷之二·漢宮》何清谷校注，三秦出版社，西安，2006 年 1 月，頁 135。

〔註63〕　《關中記輯注·未央宮》注一，頁 27。

〔註64〕　《漢長安城·宮城·大朝正殿——前殿》頁 60。

〔註65〕　《三輔黃圖校注卷之二·漢宮》注一引王仲殊《漢代考古學概說》所載，頁 136。

〔註66〕　《漢長安城·宮城·大朝正殿——前殿》，劉慶柱，李毓芳著，文物出版社，北京，2005 年 7 月，頁 66。

十六公尺。前殿基址的三座宮殿分別在基址三個臺面上，中部宮殿
基址比南部宮殿基址高三點三公尺，北部宮殿基址比中部宮殿基址
高八點一公尺。

圖 3-1　未央宮遺址平面圖　　圖 3-2　前殿十二藩殿推測圖

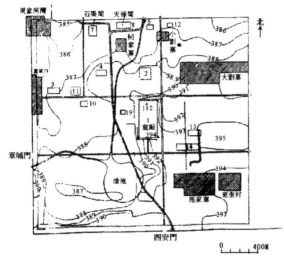 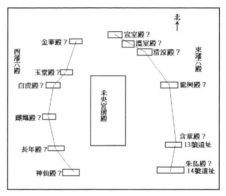

引自《關中記輯注》頁 25。

其中部宮殿即宣室殿之面積為隋代東都宮乾陽殿一點八倍〔註 67〕或唐
代大明宮含元殿四點四倍〔註 68〕，亦為明清北京最大宮殿太和殿的三點七倍
〔註 69〕，其面積之大在歷史上僅次於阿房宮前殿〔註 70〕。

前殿基址呈南低北高，顏師古認為未央宮雖是南向，但北闕為上書、奏
事、謁見的出入門戶，故為正門，但劉慶柱認為經考古勘察，此說不確〔註 71〕。

〔註 67〕《中國古代建築史第二卷·隋唐五代建築·隋東都宮》載乾陽殿基址東西 102.5
　　　　米，南北 47 米，即面積 4,818 平方公尺，即約 1,457 坪。頁 371。
〔註 68〕《中國古代建築史第二卷·隋唐五代建築·唐長安大明宮》載含元殿東西 67.3
　　　　米，南北 29 米，面積近二千平米，即約六百坪。頁 376。
〔註 69〕《中國名勝詞典·北京市·太和殿》載太和殿面積 2,377 平方公尺，即約七百
　　　　十九坪。文化部文物局主編，上海辭書出版社，上海，1989 年 1 月，頁 9。
〔註 70〕阿房宮前殿依《史記·秦始皇本紀》載「東西五百步，南北五十丈。」而言，
　　　　《中國度量衡史》表十五以秦尺為 27.65 公分計，則其面積＝（500×6×0.2765）
　　　　×（50×10×0.2765）＝118,825 平方公尺約 36,000 坪，可能包涵殿前廣庭之
　　　　面積。
〔註 71〕《三秦記輯注·未央宮》注四，劉慶柱輯注，西安，2003 年 3 月，頁 32。

但因未央宮位在龍首原上，原呈南低北高之勢〔註72〕，未央宮前殿基址必須在最高處興建大堂殿，即〈西都賦〉所謂「豐冠山之朱堂。」也就是在龍首山亦即基址最高處的北面興建前殿，故基址北部宮殿之尺度與今本《三輔黃圖》所載尺度相若。此殿後被王莽改名爲王路堂〔註73〕，且其丹墀赤柱之外觀，這應是〈西都賦〉所稱朱堂的原因。群臣奏事時，需登上最高的堂殿謁見皇帝，可震懾當時自以爲功高震主的功臣，也就是蕭何所說非壯麗無以重威。故顏師古謂未央宮正門在北闕，應屬正確，而文帝夜半虛前席，召見賈誼問鬼神的宣室殿則應如劉慶柱氏所稱的中部主殿。南部宮殿推測爲朱雀殿，是因位於大朝三殿之最南方且屋頂上有朱雀而得名。考古所稱未央宮前殿基一址宜稱大朝基址，因前殿只是大朝三殿之一。而未央宮大朝三大殿前殿、宣室殿、朱雀殿之制正是明清紫禁城外朝三大殿的濫觴；其殿基整地如〈西京賦〉所謂：「疏龍首以抗殿。」〔註74〕也即《關中記》所云的開挖龍首山的土做爲殿基，開挖方式是由南而北分三層次開挖基址，北部基址較中部基址高三丈，中部基址較南部基址高一丈二尺，基址平面爲了成爲方整的基地，部份仍需版築填築，臺基四周也需用版築擋土牆以使基址不致滑坡，這種開挖方法稱爲「疏」〔註75〕，再於臺基上興建殿堂。朱雀殿南之門址，劉慶柱認爲可能係《漢書‧王莽傳》所載：「王路朱鳥門鳴。」之朱鳥門〔註76〕。蕭何營未央宮可能只完成前殿與宣室殿，朱雀殿與朱雀門恐到惠帝時築長安城才興建，史載惠帝時移居未央宮，空出長樂宮供太后居住〔註77〕，惠帝增建未雀殿乃是理所當然，且因長安築城將未央、長樂兩宮包涵在城內，開闢南殿門及南宮門以通城南牆西安門通行有其必要。

前殿不僅規模宏大，其裝修亦非常奢華，如《西都賦》所載：「豐冠山之朱堂……雕玉磌以居楹，裁金璧以飾璫……左城右平，重軒三階，閨房周通，

〔註72〕 《讀史方輿紀要‧陝西二‧龍首山》云：「首入渭水，北入樊川，頭高二十丈，尾漸下高五、六丈……亦曰龍首原。」頁 2518。

〔註73〕 《三輔黃圖校注卷二‧漢宮‧未央宮》頁 143。

〔註74〕 《增補六臣注文選卷一‧西京賦》頁 44。

〔註75〕 《三輔黃圖校注卷二‧漢宮‧未央宮》注三稱：「將龍山的最高峰，削成由北而南三個大臺級，四周略加修整，再用夯土包築三個臺基的四周與表面。」頁 137。

〔註76〕 《漢長安城‧宮城‧大朝正殿——前殿》頁 60。

〔註77〕 《資治通鑑‧孝惠皇帝紀》云：「四年朝太后於長樂宮，七年秋八月戊寅，帝崩于未央宮。」是知惠帝最遲在四年（前153）已遷入未央宮，頁 84～85。

門闥洞開，列鐘虡於中庭，立金人於端闈。」〔註78〕〈西京賦〉所謂：「正殿路寢，用朝群辟；大夏耽耽，嘉木樹庭，芳草如積，高門有閌，列坐金狄。」〔註79〕共有九門，其門鑲以玉石，並用金質懸環鋪首；其柱楯以雕玉做成，柱面雕花，柱材用花紋的杏木，用木蘭木來做屋架上之列椽；以銅及玉做成椽頭套及瓦當；臺階三層，左邊用梯級、右邊用坡道以利人車上下，坡道已經過考古證實〔註80〕；屋頂重簷，走廊欄杆雕花，以青塗連瑣綺窗，以丹塗殿前露臺，宮門四通八達，並植嘉木芳草以點綴中庭園景，並佈列秦代的鐘虡，前殿正門前列坐秦代金人。前殿既如此宏偉華麗，難怪高祖嫌其壯麗太甚。前殿的開門狀況，除北面有五門外，南面有朱鳥門，西面就是王莽在地皇四年（23）由宣室倉皇逃命到漸臺所經過的白虎門〔註81〕，東面的門文獻未載，可以推測爲青龍門。

前殿外左右之殿之排列，〈西京賦〉所謂：「若夫長年、神仙、宣室、玉堂、麒麟、朱鳥、龍興、含章、譬眾星之拱北極。」〔註82〕，〈西都賦〉所謂：「徇以離宮別寢，承以崇臺閒館；煥若列宿，紫宮是環；清涼宣溫，神仙長年，金華玉堂、白虎麒麟、區宇若茲，不可殫論。」〔註83〕未央前殿另外兩處建築基址應即是〈西都賦〉所謂的離宮別寢；則拱衛未央宮前殿計有〈西京賦〉的八殿加上〈西都賦〉提及的清涼殿、宣溫殿、金華殿、白虎殿共十二殿，應即是〈西都賦〉所謂的崇臺閒館，猶如拱衛北極的紫宮（紫微垣）的十二星，由十二星的排列狀況可以推論環衛未央前殿十二殿之配置。其中宣室、溫室、清涼、龍興、含章、朱鳥等六殿應在左掖爲東藩，金華、玉堂、白虎、麒麟、長年、神仙等六殿應在右掖爲西藩，東西藩殿宇配置推測非直線而係拱手形〔註84〕。其中麒麟應是閣而非殿，亦即《漢書·蘇武傳》所云：

〔註78〕《增補六臣注文選卷一·西京賦》頁 26。

〔註79〕《增補六臣注文選卷一·西京賦》頁 45。

〔註80〕《漢長安城·宮城·大朝正殿——前殿》云：「前殿遺址東北部以南北向慢道爲中心，慢道東西寬五米，已清理部份南北長十六米，呈南高北低坡形，地面置條形磚。」劉慶柱，李毓芳著，文物出版社，北京，2005 年 7 月，頁 64。

〔註81〕《漢書·王莽傳下》宏業書局，臺北，1972 年 6 月，頁 4191。

〔註82〕《增補六臣注文選》卷一〈西京賦〉，漢京文化事業公司，臺北，1983 年 9 月，頁 45。

〔註83〕《增補六臣注文選卷一·西都賦》頁 26。

〔註84〕《漢書·天文志》：「中宮天極星，其一明者，泰一之常居也，旁三星三宮，或曰子屬；後句四星，末大星正妃，餘三星後宮之屬也；環之匡衛十二星，

「甘露三年（前51），單于入朝，上思股肱之美，廼圖畫其人於麒麟閣，法其形貌，署其官爵姓名。」〔註85〕，閣建於臺上，故李白〈司馬將軍歌〉詩云：「丹青畫像麒麟臺」〔註86〕。

今本《三輔黃圖》稱宣室殿爲前殿正室，與溫室、清涼兩殿俱在未央宮前殿北方，玉堂殿在前殿之西〔註87〕。未央宮除以上前殿及十二藩殿外，依《今本三輔黃圖》載有承明、武臺、鈎弋、壽成、萬歲、廣明、椒寄、永延、壽安、平就、宣德、東明、飛羽、鳳凰、通光、曲臺等十六殿〔註88〕，今本《三輔黃圖》引《廟記》的有增城、昭陽二殿〔註89〕，引《三輔決錄》的有延年、合歡、回車三殿〔註90〕，引《漢宮閣記》的有宣明、昆德二殿〔註91〕，引《漢武故事》的有神明殿〔註92〕，另《關中記》載有鴛鸞、鳳凰二殿及漸臺〔註93〕，《三秦記》載有柏梁臺〔註94〕，《長安記》載有敬法、宴昵、惠、西山臺、鈎弋臺、通靈臺、望鵠臺、眺蟾臺、桂臺、商臺、避風臺等八臺；並稱武帝後宮有八區，即昭陽、飛翔、增成、合歡、蘭林、披香、鳳皇、鴛高明、九華、雲光、鳴鸞等殿〔註95〕，《古本三輔黃圖》載有高門殿及果臺、東鴦等殿，並增修安處、常寧、茝若、椒風、發越、蕙草共十四殿〔註96〕，其中昭陽、增成兩殿已載於《廟記》，鳳皇、鴛鴦兩殿即《關中記》所載的鴛鸞、鳳凰二殿，《今本三輔黃圖》

藩臣；皆曰紫宮。」陳遵媯認爲在司馬遷時代，以帝爲極星，旁三星是太子、庶子、后，后句四星指勾陳四明星，十二星藩臣是西藩的右樞、少尉、上輔、少輔、少衛、上丞和東藩的左樞、上宰、上弼、少弼、少衛，引自氏著《中國天文史・星象篇》頁8。另業師莊雅州謂秦漢之北極星（天極星）爲小熊座β星，帝星之正妃爲小熊座α星，即今之北極星，詳氏著〈史記天官書今探〉頁3，中正大學《中文學術年刊》第六期，頁125～160，2004年12月。

〔註85〕《漢書補注二・蘇武傳》頁1152。
〔註86〕《唐詩一萬首・司馬將軍歌》，頁101。
〔註87〕《三輔黃圖校注卷之三・未央宮》，河清谷校注，三秦出版社，西安，2006年1月，頁180，181。
〔註88〕《三輔黃圖校注卷之二・漢宮》頁138。
〔註89〕《三輔黃圖校注卷之二・漢宮》頁140。
〔註90〕《三輔黃圖校注卷之二・漢宮》頁142。
〔註91〕《三輔黃圖校注卷之二・漢宮》頁142。
〔註92〕《三輔黃圖校注卷之二・漢宮》頁142，143。
〔註93〕《關中記輯注・未央宮》頁26，27。
〔註94〕《三秦記輯注・未央宮》頁26。
〔註95〕《長安志卷三・未央宮》，宋・宋敏求撰，清・王燕緒校，《文淵閣四庫全書・史部十一・地理類・長安志》臺灣商務印書館影印本，587-94，95頁。
〔註96〕《古本三輔黃圖》頁26。

另載後宮有掖庭殿〔註97〕等,〈西都賦〉另有椒房殿,亦即〈西都賦〉所云:「後宮則有掖庭、椒房,后妃之室。」〔註98〕總計文獻記載未央宮共有五十七殿十一臺,超過《西京雜記》所載臺殿四十三處。

圖 3-3　未央宮前殿遺址平面圖　　　圖 3-4　椒房遺址平面圖

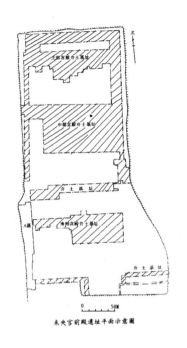

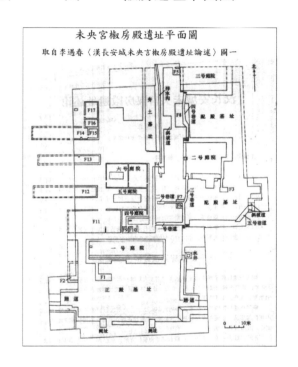

引自《關中記輯注》頁 23。

其中清涼殿及溫室殿,爲人工冷暖空調之殿,以玉晶盤貯冰,以錦文畫石爲床,以紫色琉璃爲帳,中夏含霜,夏居清涼,故又稱延清室〔註99〕;而溫室殿以椒泥塗壁,以文繡裝潢,香桂木爲柱,以鴻雁羽毛爲帳,以罽賓氍毹鋪地坪,並以火齊屏風控制室溫,以冬處之溫暖而得名〔註100〕。

未央宮的後宮椒房殿,其殿名之來源,《古本三輔黃圖》稱:「以椒和泥塗,取其溫而芳香也。」〔註101〕其遺址在未央前殿之北三百三十公尺〔註102〕,

---

〔註97〕《三輔黃圖校注卷之三‧未央宮》頁 192。
〔註98〕《增補六臣注文選卷一‧西都賦》頁 27。
〔註99〕《三輔黃圖校注卷之三‧未央宮》頁 185。
〔註100〕《三輔黃圖校注卷之三‧未央宮》頁 183。
〔註101〕《古本三輔黃圖》頁 26。

依據未央宮第二號建築（即椒房殿）遺址的考古報告云：

> 該建築遺址計有四個夯土基址，最南面夯土臺東西寬五十四點七公
> 尺，南北深二十七點八到三十一點二公尺，約高出當時地面三點二
> 公尺，南壁柱洞十二洞，北壁十一洞，東壁六洞，可知此殿東西十
> 一間，南北五間總面積約一千七百平方公尺（約五百十五坪）的大
> 殿，應爲椒房的正殿——昭陽殿〔註103〕，二號夯土基址東西四十二
> 到四十八公尺，南北長七十九到九十一點五公尺，中央有庭院約二
> 十五公尺見方夯土臺，另有三、四號夯土基址較小，應是單獨的殿。
> 〔註104〕

依《漢長安城‧椒房殿》稱南面夯土臺爲正殿遺址，二號夯土基址爲配殿遺址如下：

> 配殿由南北二殿組成，北殿屬於南殿之後殿，二殿之間與北殿北部
> 各有一座庭院，二殿間庭院平面近方形，邊長約二十二到二十八公
> 尺左右。配殿之內分布有五條巷道，南殿臺基東西長五十公尺，南
> 北寬三十二點五公尺，北殿臺基東西長四十三點五公尺，南北寬二
> 十三點二公尺。正殿西北部有一地下室，東西八點七公尺，南北三
> 點六公尺，南殿北部偏東亦有較小的地下室。〔註105〕

筆者認爲以上的未央宮二號遺址或椒房殿遺址應是〈西京賦〉之後宮昭陽、
飛翔、增成、合驩、蘭林、披香、鳳皇、鴛鸞〔註106〕等八區以及與〈西都賦〉
所云增加的安處、常寧、茝若、椒風、發越、蕙草〔註107〕等六殿合計即今本
《三輔黃圖》所云的椒房十四位或十四殿〔註108〕，而遺址之正殿，劉敘杰推
測係爲昭陽殿，那麼，配殿之南殿亦可推論爲飛翔殿，北殿爲增成殿，其餘
各殿應在各號的夯土遺址中推斷，各巷道聯絡正配殿及庭院之間曲折複雜，
正殿之地下室，《漢長安城‧椒房殿》云：「正殿西北部有一地下室……此屋
或作秘室使用，作爲皇帝后妃的宮殿之中設置地下之秘室。」〔註109〕

〔註102〕《漢長安城‧宮城‧皇后正殿——椒房殿》頁68。
〔註103〕《中國古代建築史第一卷‧漢代建築》頁404。
〔註104〕《中國古代建築史第一卷‧漢代建築》頁405。
〔註105〕《漢長安城‧宮城‧皇后正殿——椒房殿》頁71～78。
〔註106〕《增補六臣注文選卷二‧西京賦》頁46。
〔註107〕《增補六臣注文選卷一‧西都賦》頁27。
〔註108〕《三輔黃圖校注卷之三‧未央宮》頁194。
〔註109〕《漢長安城‧宮城‧皇后正殿——椒房殿》頁71。

　　後宮裝修之華麗，〈西都賦〉稱：「昭陽特盛，隆於孝成。」〔註110〕，即以昭陽殿為最，如牆壁裝飾「襃以藻繡，絡以綸連。」〔註111〕室內擺飾：「隋侯明月，錯落其間」〔註112〕；室內直接及間接照明則為「金釭銜璧，是為列錢；翡翠火齊，流耀含英；懸黎垂棘，夜光在焉。」〔註113〕使室內裝修達到：「屋不呈材，牆不露形。」〔註114〕的地步，結構全被裝修遮蔽。〈西京賦〉亦有類似的描述：「後宮則昭陽、飛翔、增成……故其館室、次舍，采飾纖縟，襃以藻繡，文以朱綠……」〔註115〕今本《三輔黃圖》亦稱：「昭陽舍蘭房椒壁，其中庭彤朱，而庭上髹漆，切皆銅沓，黃金塗、白玉階，壁帶往往為黃金釭，函藍田璧，明珠翠羽飾之。」〔註116〕等奇石珍玉立於中庭，可謂美侖美奐矣。

　　唐代王昌齡〈長信秋詞詩〉：「玉顏不及寒鴉色，猶帶昭陽日影來。」〔註117〕長信宮為漢太后所居，因趙飛燕姐妹爭寵於昭陽殿，班婕妤懼禍自請服侍太后於長信宮，其玉容顏色怎及得挾帶昭陽日影的寒鴉？白居易〈長恨歌詩〉：「昭陽殿裡恩愛絕，蓬萊宮中日月長。」〔註118〕蓬萊宮即是唐代大明宮，但宮內並無昭陽殿，白居易隱以漢代昭陽殿為明皇與貴妃恩愛的殿宇，由唐代詩人念念不忘讚嘆昭陽殿，可知其來有自。

　　另〈西都賦〉所稱：「後宮則有掖庭、椒房。」〔註119〕兩殿並稱，掖庭位置應該與椒房殿相距不遠，其規模推測亦不輸椒房殿。雖然掖庭殿遺址尚未被考古發現，其位置據今本《三輔黃圖》稱：「掖庭殿，在天子左右，如肘膝。」〔註120〕，但《漢書·王莽傳》云：「城中少年朱弟、張魚等恐見鹵掠，趨讙並和，燒作室門……火及掖庭、承明。」〔註121〕判斷掖庭殿應在未央宮西北面。掖庭殿因係妃嬪、宮女所居，在西漢宮殿中非常重要，《漢書》的〈百官公卿表〉、〈霍光傳〉、〈丙吉傳〉、〈元后傳〉、〈哀帝紀〉、〈劉輔

〔註110〕同註107。
〔註111〕同註107。
〔註112〕同註107。
〔註113〕同註107。
〔註114〕同註107。
〔註115〕《增補六臣注文選卷二·西京賦》頁46。
〔註116〕《三輔黃圖校注卷之三·未央宮》頁196。
〔註117〕《唐詩一萬首·長信秋詞五首其二》頁58。
〔註118〕《唐詩一萬首·長恨歌》頁471。
〔註119〕《增補六臣注文選卷一·西都賦》頁27。。
〔註120〕《三輔黃圖校注卷之三·未央宮》頁192。
〔註121〕《漢書補注卷九十九·王莽傳下》頁1757。

傳〉、〈外戚傳〉、〈王莽傳〉等諸篇皆提到掖庭〔註122〕。掖庭殿中之殿臺載於《西京雜記》:「漢掖庭有月影臺、雲光殿、九華殿、鳴鸞殿、開襟閣、臨池觀,不在簿籍,皆繁華窈窕之所棲宿焉。」〔註123〕掖庭殿有臨池觀表示殿庭中有池沼及臨水臺榭,殿庭廣大,故昌邑王能「使官奴乘騎遊戲掖庭中。」〔註124〕今本《三輔黃圖》云:「掖庭殿,在天子左右,如肘膝。」〔註125〕掖庭內並設有幽閉宮人及特殊犯人之秘密監獄,如《漢書·劉輔傳》云:「使侍御史收縛輔繫掖庭秘獄。」〔註126〕掖庭原名永巷,如今本《三輔黃圖》云:「永巷,永,長也,宮中之長巷,幽閉宮女之有罪者,武帝時改爲掖庭,置獄焉。」〔註127〕亦即武帝在「太初四年(前104)更名永巷爲掖庭。」〔註128〕之事。

六、未央宮之宮內圖書館

西漢承秦喪亂之後,圖籍典章散佚湮沒十分嚴重,漢興後,大收篇籍,廣開獻書之路。〔註129〕武帝一聲令下,於是建藏書之策,置寫書之官,下及諸子傳說,皆充秘府。〔註130〕在未央宮中廣建圖書館,如〈西都賦〉云;「又有天祿、石渠典籍之府,命乎惇誨故老,名儒師傳,講論乎六藝;又有承明、金馬著作之庭,入雅宏達,於茲爲群……啓發篇章,校理秘文。」〔註131〕且〈西京賦〉亦云;「次有天祿、石渠校文之處。」〔註132〕另古本《三輔黃圖》云:「未央宮有承明殿、著述之所也。」〔註133〕等可見一般。

天祿閣爲藏典籍之所及校文之處。其遺址據考古發掘資料:

在前殿以北七百三十米,北宮牆南六十米,殘存天祿閣遺址,夯土臺基高約十米,東西長五十五米,南北寬四十五米,曾有出土『天

〔註122〕《三輔黃圖校注卷之三·未央宮·掖庭》注三,頁193。
〔註123〕《西京雜記·掖庭》頁34。
〔註124〕《漢書補注卷六十八·霍光傳》頁1326。
〔註125〕《三輔黃圖校注卷之三·未央宮》頁192。
〔註126〕《漢書補注卷七十七·劉輔傳》頁1430。
〔註127〕《三輔黃圖校注卷之六·雜錄·永巷》頁457。
〔註128〕《漢書補注卷十九·百官公卿表上·少府》頁305。
〔註129〕《漢書卷三十·藝文志》頁433。
〔註130〕《漢書卷三十·藝文志》頁433。
〔註131〕《增補六臣注文選卷一·西都賦》頁28。
〔註132〕《增補六臣注文選卷二·西京賦》頁45。
〔註133〕《古本三輔黃圖》頁27。

祿閣』文字瓦當。〔註134〕

　　則其佔地二千四百七十五平方公尺，假定閣屋與庭院各佔一半，則其面積約一千二百四十平方公尺即約三百七十五臺坪，其高度文獻未載，然既稱閣名推測，因其臺基遺址高十公尺，其閣高至少二十公尺，其樓層約三層，則天祿閣總樓地板面積約三千七百平方公尺即約合一千一百臺坪左右。

　　未央宮有石渠閣，依今本《三輔黃圖》云：「石渠閣，蕭何造，其下礱石爲渠以導水，若今御溝，因爲閣名，所藏入關所得秦之圖籍，至於成帝，又於此藏秘書焉。」〔註135〕石渠閣面積甚大，平面可能是正方形，石渠閣因典藏易燃竹簡與帛書，環周砌石渠，通以流水，當然是建築物防火上的考慮。其遺址據考古發掘資料：

　　　　在天祿閣遺址以西五百二十米，北宮牆南六十米殘存石渠閣遺址，
　　　　其夯土臺基高八點四米，東西長八十米，南北寬七十一點二米，曾
　　　　出土『石渠千秋』文字瓦當。〔註136〕

　　可知其規模大於天祿閣，其佔地面積爲五千六百九十六平方公尺，如建築物佔一半，即達二千八百五十平方公尺，約合八百六十二臺坪，假定仍爲三層，則石渠閣總樓地板面積約八千六百平方公尺即約合二千六百臺坪左右，由此古代木造樓閣面積之鉅大，可知漢帝國圖書館之氣魄。

　　此外尚有麒麟殿，如《三輔故事》稱未央宮有麒麟殿，藏秘書，即揚雄校書處〔註137〕，又有麒麟閣，爲藏功臣股肱圖像之處〔註138〕，《雍錄》亦云；「張晏曰：『武帝獲麒麟，作此閣。』……宣帝圖功臣等於麒麟閣，則以藏書之地，清貴可尚，而章顯功臣於此也。」〔註139〕說明麒麟閣壁畫功臣圖像之用意。

　　另有蘭臺，〈西京賦〉云：「外有蘭臺、金馬，遞世迭居。」〔註140〕由此

〔註134〕《史記都城考十八・漢都長安・諸宮分布》曲英杰著，商務印書館，北京，
　　　　　2007年12月，頁150。
〔註135〕《三輔黃圖校注卷之六・閣》頁398。
〔註136〕《史記都城考十八・漢都長安・諸宮分布》曲英杰著，商務印書館，北京，
　　　　　2007年12月，頁150。
〔註137〕《三輔故事》頁4。
〔註138〕《三輔黃圖校注卷之六・閣》頁401。
〔註139〕《雍錄卷二・麒麟閣》宋・程大昌撰，黃永年點校，中華書局，北京，2005
　　　　　年4月，頁34。
〔註140〕《增補六臣注文選卷二・西京賦》頁45。

知蘭臺位置在宮內之金馬門附近,《雍錄》亦云;「若夫著書之所,則不乎其地矣!即學事而占寄委之輕重,則蘭臺之比諸閣又爲親近也,蓋蘭臺正在殿中,而諸閣皆在殿外也。」〔註141〕。蘭臺之作用如《漢書》云;「御史大夫……一曰中丞,在殿中蘭臺,掌圖籍秘書。」〔註142〕蘭臺由御史中丞掌理。

又金馬門,〈西都賦〉稱其與承明殿皆爲著作之庭,又近蘭臺,有地利之便。至於承明殿,《雍錄》云:「孝成時客有薦揚雄文似相如者,召雄待詔承明之庭。」〔註143〕則承明殿庭爲皇帝典試文章之處,該殿有廬舍可供行宿,故又稱承明廬,如《漢書・嚴助傳》云:「制詔會稽太守:君厭承明之廬。」〔註144〕其位置據《雍錄》引張晏云:「承明廬在石渠閣外,直宿所止曰廬。」〔註145〕據《漢書・王莽傳》云:「城中少年朱弟、張魚等恐見鹵掠,趨讙竝和,燒作室門……火及掖庭、承明。」〔註146〕則承明殿亦與掖庭殿相鄰近且同時焚毀,考古調查石渠閣在未央宮西北面,靠近作室門〔註147〕,推測承明廬亦當在其附近。

七、未央宮之臺榭

《西京雜記》稱未央宮臺殿四十三,《關中記》稱未央宮有臺三十二,文獻上未央宮有得名的臺僅十一處,其中最著名的是柏梁臺與漸臺。

柏梁臺的建造是在元鼎二年（前115）春〔註148〕,焚毀時間依《漢書・武帝紀》云:「（太初元年十一月,前104）乙酉柏梁臺災……二月起建章宮。」〔註149〕其歷時僅十一年。

《文選・東都賦》云:「柏梁既災,越巫陳方,建章是經,用厭火祥。」〔註150〕可見建章宮的興建與柏梁臺遭火災有關,也就是柏梁臺火災後三個月內就營造建章宮,兩者應有因果關係,《漢書・郊祀志下》云:「（太初元年十

〔註141〕《雍錄卷二・說御史》頁36。
〔註142〕《漢書・百官公卿表上》頁725。
〔註143〕《雍錄卷二・說金馬門》頁35。
〔註144〕《漢書補注卷六十四・嚴助傳上》,頁1275。
〔註145〕《雍錄卷二・說金馬門》頁35。
〔註146〕《漢書補注卷九十九・王莽傳下》頁1757。
〔註147〕《漢長安城・宮城》頁48。
〔註148〕《漢書補注一卷六・武帝紀》頁92。
〔註149〕《漢書補注一卷六・武帝紀》頁99。
〔註150〕《增補六臣注文選卷二・西京賦》頁47。

二月），上還，以柏梁災故，受計甘泉……勇之乃曰：粵俗：有火災，復起屋
必以大，用勝厭之，於是作建章宮。」〔註151〕所載越巫勇之建議，武帝當然
採納。

　　柏梁臺之位置，今本《三輔黃圖》云：「此臺在長安城中北闕內。」〔註152〕，
北闕爲未央宮之北宮門，則柏梁臺在未央宮，但《水經注》云：「未央宮北，即
桂宮也，內有明光殿、走狗臺、柏梁臺。」〔註153〕但稱柏梁臺在桂宮。但依《漢
書・五行志上》云：「太初元年十一月乙酉，未央宮柏梁臺，先是大風發其屋，
夏侯始昌先言其災日，後有江充巫蠱衛太子事。」〔註154〕柏梁臺應在未央宮內，
今本《三輔黃圖》之記載正確。

　　柏梁臺之高度《漢書・食貨志下》云：「迺作柏梁臺，高數十丈，宮室之
體修繇此日麗。」〔註155〕未載明正確高度，但《三輔舊事》云：「柏梁臺高二
十丈。」〔註156〕柏梁臺之遺址據何清谷云：「劉運學在今未央宮前殿遺址西北，
盧家口村東有一高約七米夯土堆，可能是柏梁臺的故跡。」〔註157〕若依此七
公尺即三丈的夯土臺而言，用遺址臺基來推測高度約十倍以內，則柏梁臺高
二十丈（合今尺約四十七公尺）是合理高度。而柏梁臺之結構是自地面以上
全部木構或是夯土高臺上的臺榭，由柏梁臺遺址現況而觀，應屬後者。其結
構文獻未載，推測應是下爲夯土臺基、上爲井幹構架；其建材很特殊，依《三
輔舊事》云：「柏梁臺，用香柏爲殿梁，香聞十里。」〔註158〕其柱的材料依《雍
錄》引《郊祀志》曰；「鑄銅爲柱。」〔註159〕柏梁、銅柱之建材既特殊又奢華，
柏梁臺也因此而得名。

　　柏梁臺據《三輔舊事》云：「柏梁臺……武帝嘗置酒其上，詔群臣和詩，
能七言詩者乃得上。」〔註160〕《三秦記》曾記載武帝與二十五文武臣七言
詩句，文學史上有眞僞之辯〔註161〕《三秦記》曾載武帝「日月星辰和四時」

〔註151〕《漢書補注一卷二十五・郊祀志下》頁 557。
〔註152〕《三輔黃圖校注卷之五・臺榭・柏梁臺》頁 332。
〔註153〕《水經注校證卷十六・渭水》頁 455。
〔註154〕《漢書補注一卷二十七・五行志上》頁 606。
〔註155〕《漢書補注一卷二十四・食貨志下》，頁 529。
〔註156〕《三輔舊事》頁 25。
〔註157〕《三輔黃圖校注卷之五・臺榭・柏梁臺》注二，頁 332。
〔註158〕《三輔舊事》頁 25。
〔註159〕《雍錄卷二・柏梁臺》，頁 46。
〔註160〕《三輔舊事》頁 25。
〔註161〕《三秦記輯注・未央宮》註十七，頁 26～29。

〔註162〕、梁王有「驂駕駟馬從梁來」及衛青有「和撫四夷不易哉」〔註163〕
等所謂柏梁七言聯句，經明人馮舒、黃汝成，近人張長弓論證，均證其爲僞
作〔註164〕。然研究其中大匠之聯句：「柱枅欂櫨相扶持。」〔註165〕枅，依
《說文》：「枅，屋欂櫨也。」〔註166〕皆指柱上斗栱，斗栱賴柱扶持，斗栱
又扶持著梁架上的桁，枅字改桁字較妥切。《三秦記》稱柏梁臺上屋頂亦裝
有銅鳳〔註167〕，如同鳳闕、圓闕一樣，銅鳳凰可能是武帝所興建較高樓臺
屋頂上普遍的標幟。

漸臺，《文選・西京賦》云：「顧臨太液、滄池漭沆；漸臺立於中央，赫
昈昈以弘敞。」〔註168〕今本《三輔黃圖》載：「漸臺，在未央宮太液池中，高
十丈；漸，浸也。言爲池所漸；又一說：漸臺，星名，法星以爲臺名。未央
宮有滄池，池中有漸臺，王莽死於此。」〔註169〕《今本三輔黃圖》之說不正
確，因未央宮並無太液池，《水經注》另載建章宮太液池尚有一處高三十丈的
漸臺〔註170〕〈西京賦〉文義即泛指此二宮中二池的漸臺。另依《漢書》載：

> （地皇四年十月）三日戊晨旦明，群臣扶掖莽自前殿南下椒除，西
> 出白虎門……莽就車，之漸臺，欲阻池水……眾兵追之，圍數百重，
> 臺上亦弓弩相射，稍稍落去，矢盡無以復射……莽入室，下餔時，
> 眾兵上臺……商人杜吳殺莽。〔註171〕

顯然指未央宮滄池之漸臺，滄池據考古資料：「池址平面呈不規則圓形，
東西四百公尺，南北五百一十公尺，深二點五到三公尺，滄池東北距前殿基
址二百七十公尺。」〔註172〕漸臺推測係配置於滄池中央，漸臺之幅員以建章
宮太液池漸臺基址四十至六十公尺計算〔註173〕，漸臺至池畔距離至少一百四

〔註162〕《三秦記輯注・未央宮》頁26～29。
〔註163〕《三秦記輯注・未央宮》頁26，28，29。
〔註164〕《三秦記輯注・未央宮》頁38，39。
〔註165〕《三秦記輯注・未央宮》，26～29。
〔註166〕《段氏說文解字注第六篇上》頁181。
〔註167〕《三秦記輯注・未央宮》頁26。
〔註168〕《增補六臣注文選・西京賦》頁48。
〔註169〕《依《三輔黃圖校注卷五，臺榭》，頁335。
〔註170〕《水經注・渭水》引《漢武故事》曰：「建章宮北有太液池，池中有漸臺三十
　　　　丈。」頁239。
〔註171〕《漢書・王莽傳下》頁4191。
〔註172〕《漢長安城・基礎設施・都城的給排水工程》頁37。
〔註173〕《史記都城考十八・漢都長安・諸宮分布》頁157。

十公尺，超過弓矢射程〔註174〕，以至無法使亂兵重創，滄池畔空地廣大，達二百七十公尺，足容數百圍池兵士，漸臺至池畔勢需舟渡，故鏖戰至下午始能登臺殺莽。可見滄池漸臺應是舟遊式的園林建築的布局〔註175〕。

第二節　西漢長安長樂宮之規制

長樂宮在長安城東南隅，原爲秦之興樂宮，在渭河之南，秦昭王時代爲聯絡長樂宮與渭北咸陽宮之交通，建有長達三百八十步的橫橋〔註176〕，即所謂「渭水貫都，以象天漢，橫橋南渡，以法牽牛。」〔註177〕此宮在漢高祖時加以修建〔註178〕，惠帝遷居未央宮，此宮遂專爲太后所居。

一、長樂宮規模

依今本《三輔黃圖》稱長樂宮周回二十里〔註179〕，約合今里八點六公里〔註180〕，《關中記》稱周廻二十餘里，有殿十四〔註181〕，約合今里八點七公里〔註182〕，考古資料其周長十點七六公里，約二十五晉里，大於文獻記載。其面積約七平方公里〔註183〕，比未央宮大三分之一，約佔漢長安城面積的五分之一，大於秦咸陽宮及阿房宮，爲古代最大宮室。〔註184〕

〔註174〕士兵最大射程以百步穿楊計算，王莽時代尺度依吳洛的《中國度量衡史》表十五載爲 23.04 公分，則每步爲 138.24 公分，百步約一百三十八公尺。

〔註175〕園林建築依園林池沼行船，分爲舟遊式及廻遊式兩種，詳筆者碩士論文《日本鎌倉與室町時代建築之初探》，北京清華大學，2004 年 11 月，頁 85。

〔註176〕《三輔黃圖校注卷一·秦宮·興樂宮》注一陳直引《史記正義》引《三輔舊事》，頁 52。

〔註177〕《古本三輔黃圖》頁 8。

〔註178〕《三輔黃圖校注卷二·漢宮·長樂宮》頁 127。

〔註179〕《三輔黃圖校注卷二·漢宮·長樂宮》頁 127。

〔註180〕東漢尺一尺合 23.75 公分，一里合約 0.4275 公里，二十里即 8.55 公里。

〔註181〕《關中記輯注·長樂宮》，劉慶柱輯注，三秦出版社，西安，2006 年 1 月，頁 37。

〔註182〕《關中記》爲西晉潘岳所撰，西晉尺一尺合 24.12 公分，一里合約 0.4342 公里，二十里即 8.68 公里。

〔註183〕《關中記輯注·長樂宮》注二謂長樂宮東宮牆長 2,280 米，西宮牆長 2,150 米，南宮牆長 3,280 米，北宮牆長 3,050 米，合計 10,760 公尺，以晉尺每里 434 公尺計算，合 24.79 里。長樂宮面積＝（2280＋2160）×（3280＋3050）＝7.02 平方公里，頁 39。

〔註184〕與秦宮室相較，由《三輔黃圖校注之一·咸陽故城·咸陽宮》注一考古資料：

二、長樂宮之宮殿

《關中記》稱長樂宮有信宮、長秋、永壽、永寧四殿及秦始皇時興建的魚池臺、酒池臺〔註185〕，今本《三輔黃圖》稱長樂宮另有臨華殿、溫室殿、前殿、長定殿、長信宮〔註186〕，《水經注》另有永昌殿〔註187〕。《三輔舊事》另有大廈殿〔註188〕，《長安志》另有建始殿、廣陽殿、中室殿、月室殿、神仙殿、椒房殿、宣德殿、高明殿、通光殿、鴻臺〔註189〕，其中《關中記》的信宮疑即今本《三輔黃圖》所稱之長信宮，椒房殿爲未央宮最大的後宮，神仙殿亦在未央宮，如二殿除外，長樂宮共計十六殿一宮三臺。其中最大的殿爲前殿，其規模依今本《三輔黃圖》稱：「前殿四十九丈七尺，兩序中三十五丈，深十二丈。」〔註190〕兩序中即前殿大堂長三十五丈（合今尺八十三公尺），東西序各長七丈三尺五寸（合今尺十七點五公尺），深十二丈（合今尺二十八點五公尺），前殿總長四十九丈七尺合今一百十八公尺，但由考古發掘資料略云：

> 東邊建築夯土基址東西寬一百十六米，南北長一百九十七米，基址南邊並列三階，基址之上南北並列三組宮殿址，南殿址東西長一百米，南北寬五十六米，中殿址東西長四十三米，南北寬三十五米，北殿址東西長九十七米，南北寬五十八米……結合其規模、形制推測，可能爲長樂宮前殿遺址。〔註191〕

今本《三輔黃圖》所載前殿之寬度與遺址夯土基址之東西寬度相當，其餘記載不全，無法比對。單以前殿最大的北殿而言，其面積爲五千六百二十

渭北咸陽宮遺址爲 27 個宮殿群組成，其宮牆周圍 2,747 米，則其面積不超過 0.5 平方公里。阿房宮僅完成前殿，其宮城據《長安志卷十二‧長安縣》載：「秦阿房宮一名阿城……西、北、（東）三面有牆，周五里一百四十步，崇八尺……今悉爲民田。」五里一百四十步即 2,721 米，則面積也不足 0.5 平方公里，而阿房前殿面積，註 70 算出爲 118,825 平方公尺即約 0.12 平方公里，佔阿房宮面積的四分之一。

〔註185〕《關中記輯注‧長樂宮》頁 37。
〔註186〕《三輔黃圖校注卷二，三‧長樂宮》頁 130，177，178。
〔註187〕《水經注‧渭水》頁 342。
〔註188〕《三輔舊事》，張澍輯，世界書局，臺北，1969 年 5 月，頁 10。
〔註189〕《長安志卷三‧宮室一‧長樂宮》宋‧宋敏求撰，清‧王燕緒等三人校，臺灣商務印書館，臺北，文淵閣四庫全書影印本，頁 587～597。
〔註190〕《三輔黃圖校注卷二‧漢宮》，何清谷校注，三秦出版社，西安，2006 年 1 月，頁 128。
〔註191〕《漢長安城‧太后之宮——長樂宮》，劉慶柱，李毓芳著，文物出版社，北京，2005 年 7 月，頁 110。

六平方公尺，約爲北京太和殿面積（約二千三百七十三平方公尺〔註192〕）的二點四倍。其中長信宮爲太后所居，長秋殿爲皇后所居，據《三輔黃圖》引《通靈記》：「後宮在西，秋之象也，秋主信，故殿皆以長信、長秋爲名」〔註193〕，推測爲長信宮之西部宮殿遺址，據考古資料云：

> 院落東西寬四百二十米，南北長五百五十米，院落南端中央外凸似爲南門遺跡。宮殿建築於院落之中，宮殿基址東西長七十六點二米，南北寬二十九點五米，周施迴廊，廊道方磚鋪地，廊外置卵石散水。
>
> 〔註194〕

則長信宮主殿面積亦達到二千二百四十八平方公尺，規模亦不小，故爲高祖與呂后所常居。

長樂宮最高建築物爲鴻臺，古本《三輔黃圖》云：「長樂宮有鴻臺，秦始皇二十七年築（前220），高四十丈，上起觀宇，帝嘗射鴻于臺上，故號鴻臺，惠四年三月，長樂宮鴻臺災。」〔註195〕今本《三輔黃圖》僅云：「《漢書》惠帝四年（前191），長樂宮鴻臺災。」〔註196〕可知《古本三輔黃圖》記載鴻臺火災月份更詳。鴻臺高達四十丈（約合今尺九十五公尺），推測其結構爲夯土臺基上的木構臺榭，鴻臺自興建至焚毀其歷程僅二十九年。

酒池臺，其位置據何清谷云：「《漢書·西域傳贊·補注》引徐松曰：『酒池在長樂宮中東司馬門外，其水來自未央宮，未央北墉出經壽宮，南入長樂宮北墉，經長秋觀大夏殿之北滙爲池』。」〔註197〕此池畔可供三千人飲酒作樂，今本《三輔黃圖》：

> 《廟記》曰：「長樂宮有魚池、酒池，池上有肉炙樹，秦始皇造，漢武帝行舟於池中，酒池北起臺，天子於上觀牛飲者三千人。」又曰：「武帝作，以夸羌胡，飲以鐵杯，重不能舉，皆抵牛飲。」〔註198〕

〔註192〕《中國建築史第二章·宮殿》，潘谷西著，六合出版社，臺北，1994年8月，頁96載：「太和殿通面闊63.93米，通進深37.17米，高26.92米。」則其面積2376.28平方公尺。」

〔註193〕《三輔黃圖校注卷二·漢宮》，何清谷校注，三秦出版社，西安，2006年1月，頁178。

〔註194〕《漢長安城·太后之宮——長樂宮》，劉慶柱，李毓芳著，文物出版社，北京，2005年7月，頁110。

〔註195〕《古本三輔黃圖》頁10。

〔註196〕《三輔黃圖校注卷三·長樂宮》頁176。。

〔註197〕《三輔黃圖校注卷四·池沼·秦酒池》頁322。

〔註198〕《三輔黃圖校注卷四·池沼·秦酒池》，頁322。。

可知池北畔有臺榭即酒池臺，其池可供行舟，可見池域不小，其池畔可飲酒行樂，即成爲舟遊式之池庭，該池亦可供長樂宮給水使用〔註199〕，有如給水系統之終端蓄水池。潘岳罵武帝：「酒池鑒於商辛，追覆車而不覆。」〔註200〕但武帝肉林之目的是用：「行賞賜酒池肉林，令外國客偏觀各倉庫府藏之積，欲以見漢廣大傾駭之。」〔註201〕以震懾外國四夷之作用，武帝以大鐵杯爲酒池而非商紂以酒爲池〔註202〕，使用酒量亦較少。

三、長樂宮之宮殿之配置

秦代始建之興樂宮與渭北咸陽宮相對，咸陽宮以則紫宮，以象帝居，興樂宮亦當則之，則以中宮天極星即前殿也，環之匡衛十二星即十二殿如藩臣；此即紫宮配殿之制。漢惠帝以後諸帝因長樂宮常爲太后所居而改居未央宮〔註203〕，長樂宮遂退出政治中樞平臺。

第三節　西漢長安建章宮之規制

建章宮在長安城西城牆外，爲西漢最大的離宮，亦屬於「上囿禁苑……離宮別館三十六所」〔註204〕建築群之一，其興建之因由即《文選·西京賦》云：「柏梁既災，越巫陳方：建章是經，用厭火祥。營宇之制，事兼未央。」〔註205〕而《文選·西都賦》所云：「陵墱道而超西墉，掍建章而外屬。」〔註206〕之墱道與未央宮交通聯繫。考柏梁臺火災係太初元年（104）十一月〔註207〕，同年二月，起建章宮〔註208〕，僅隔三個月。越巫陳方之事及建章宮之布局載於《史記》：

　　勇之乃曰：「越俗有火災，復起屋必以大。」於是作建章宮，度爲千

〔註199〕《漢長安城·亞宮城》云「酒池實際是一處池苑，並作爲長樂宮的小水庫，調節宮城供水」，劉慶柱，李毓芳著，文物出版社，北京，2005年7月，頁110。
〔註200〕《增補六臣注文選·西征賦》頁197。
〔註201〕《漢書補注二卷六十一·張騫傳》頁1241。
〔註202〕《史記卷三·殷本紀》頁64。
〔註203〕《三輔黃圖校注卷二·漢宮》頁130。
〔註204〕《增補六臣注文選·西都賦》頁25。
〔註205〕《增補六臣注文選·西京賦》頁47。
〔註206〕《增補六臣注文選·西都賦》頁28。
〔註207〕《漢書·武帝紀》頁57。
〔註208〕《漢書·武帝紀》頁57。

門萬戶，前殿度高未央，其東則鳳闕，高二十餘丈；其西則唐中數
十里、虎圈；其北治大池、漸臺高二十餘丈、名曰泰液，池中有蓬
萊、方丈、瀛洲象海中神山、龜魚之屬；其南有玉堂、璧門、大鳥
之屬，乃立神明臺、井幹樓，度高五十餘丈，輦道相屬焉。〔註209〕
司馬遷爲當時人，故對建章宮建築狀況記載明確而詳盡。

一、建章宮之廣袤

《水經注》引《三輔黃圖》載建章宮周二十餘里〔註210〕，《關中記》亦
稱建章宮周廻二十餘里〔註211〕，惟根據現代遺址考古資料，宮城東西約二千
一百三十公尺，南北約一千二百四十公尺〔註212〕，其周長約六千七百四十公
尺，約漢里十六里，面積二點六四平方公里，僅逾未央宮幅員二分之一。

二、建章宮宮闕之特色

依建章宮南有正門爲閶闔門，又稱璧門〔註213〕，其制依《水經注》云：「《漢
武故事》曰：『（建章宮）南有璧門三十餘丈，中殿十二門，階陛咸以玉爲之，
鑄銅鳳五丈，飾以黃金，樓屋上橑首薄以玉璧，因曰璧玉門也。』」〔註214〕亦
即〈西都賦〉所云：「設璧門之鳳闕，上觚稜而棲金爵。」〔註215〕今本《三輔
黃圖》引《漢書》稱璧門曰：「鑄銅鳳高五尺，飾黃金樓屋上，下有轉樞，向風
若翔。」〔註216〕有轉樞迎風飛翔的銅鳳可當風向計，其高依《水經注》所稱五
丈約十二公尺高較不可能，今本《三輔黃圖》的五尺較宜。閶闔門內東亦有別
風闕，高五十丈，亦名鳳凰闕〔註217〕。北門稱北闕門，高二十五丈〔註218〕，
旁有圓闕，高亦爲二十五丈，門闕上有銅鳳凰〔註219〕，亦即西京賦所云：「圓

〔註209〕《史記・孝武本紀》頁218。
〔註210〕《水經注・渭水》頁239。
〔註211〕《關中記輯注・建章宮》，頁50。
〔註212〕《關中記輯注・建章宮》注一，頁54。
〔註213〕《三輔舊事》頁16。
〔註214〕《水經注・渭水》頁239。
〔註215〕《增補六臣注文選・西都賦》頁28。。
〔註216〕《三輔黃圖校注卷二・漢宮》頁155。
〔註217〕《三輔黃圖校注卷二・漢宮》頁147，另《三輔舊事》載別風闕在建章宮東，高二十五丈。
〔註218〕《三輔黃圖校注卷二・漢宮》頁151。
〔註219〕《三輔黃圖校注卷二・漢宮》頁150。

闕聳以造天，若雙碣之相望，鳳騫翥於甍標，咸朔風而欲翔。」〔註220〕圓闕內二百步有嶕嶢闕〔註221〕。〈西都賦〉云：「內則別風之嶕嶢，眇麗巧而聳擢。」〔註222〕建章宮東亦有鳳闕，高二十丈，闕上有金鳳，高丈餘〔註223〕，此即東鳳闕，亦即東漢繁欽（？～218）〈建章鳳闕賦〔註224〕〉所稱鳳闕也，該賦云：

> 築雙鳳之崇闕，表大路以迥通：上規圓以穹窿，下矩折而繩直：長楹森以駢停，修栴揭以舒翼；象玄甫之層樓，肖華蓋之麗天……抗神鳳以甄甍，……櫨六翮以撫蒔。華鐘金獸，列在南庭……台榭臨池……周欄輦道。

推測其建築概況，可知鳳闕為雙闕，上平面為圓形的木構闕樓，下為矩形的台基，圓樓上有象華蓋形的大圓屋頂，屋頂雙銅鳳展六翼（雙跂翼及尾翼）欲飛之形，南庭置放金馬銅鐘，鳳闕面臨水池，周遭有輦道縈繞。

統計建章宮門闕屋頂上有銅鳳者計有璧門、北闕門、圓闕、鳳闕雙闕、別風闕等六闕，朱雀即鳳凰，為南方神鳥，帝王南面而坐，宮闕屋頂上立銅鳳為甍標，適得其宜，日本京都金閣寺上之銅鳳正是其流風餘韻。

三、建章宮之宮殿組合

今本《三輔黃圖》載建章宮計有二十六殿，列名的有馬台蕩、駃娑、枍詣、天梁、奇寶、鼓簧等六宮，又有玉堂、神明堂二堂，以及疏圃、鳴鑾、奇華、銅柱、函德、唐中等六殿，和太液、唐中兩池〔註225〕，《史記》載有大鳥殿及神門臺、井幹樓、漸臺〔註226〕，《關中記》將今本《三輔黃圖》所云駘蕩、駃娑、枍詣的三宮名為殿，另增承光殿〔註227〕，《長安志》另有鼓簧宮、涼風臺及承樹池〔註228〕等計九殿、四宮、三臺、二堂、一樓、三池，其餘十五殿名不傳。

〔註220〕《增補六臣注文選·西京賦》頁47。
〔註221〕《三輔黃圖校注卷二·漢宮》頁151。
〔註222〕《增補六臣注文選·西都賦》頁29。
〔註223〕《水經注·渭水》頁239。
〔註224〕《三輔黃圖校注卷二·漢宮》注二，頁153。
〔註225〕《三輔黃圖校注卷二·漢宮》頁148，156。
〔註226〕《史記·孝武本紀》頁218。
〔註227〕《關中記輯注·建章宮》頁51。
〔註228〕《長安志卷三·宮室一·建章宮》宋·宋敏求撰，清·王燕緒等三人校，臺灣商務印書館，臺北，文淵閣四庫全書影印本，頁587-97。

圖 3-5　《關中勝蹟圖志・建章宮圖》

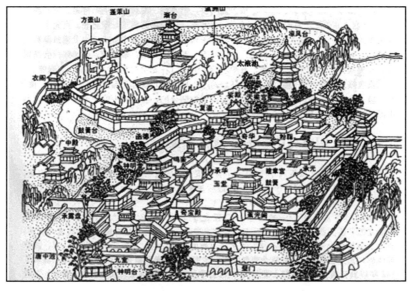

取自《陝西古代景園建築》頁 61。

　　建章宮前殿高度《史記》稱度高未央，而未央宮前殿《今本三輔黃圖》
稱高三十五丈，《西都賦》所稱建章宮「正殿崔巍，層構厥高，臨乎未央。」
〔註229〕似指建章宮前殿更高，前殿基址尺度據《漢長安城・建章宮》云：「前
殿位于建章宮中部偏西部，前殿基址南北長三百二十米，東西二百米，基地
地形南低北高，北部高出現地面十餘米。」〔註230〕可能因其位置較高，故可
臨視未央前殿，前殿基址總面積六萬四千平方公尺，比未央宮前殿基址八萬
平方公尺稍小。

　　另太液池即《史記》所稱泰液池，《史記》云：「於是作建章宮，……其
北治大池、漸臺，高二十餘丈，名曰：泰液，池中有蓬萊、壺、梁，象海中
神山，龜魚之屬。」海中神山亦即《西都賦》所云之「揚波濤於碣石，激神
岳之嶈嶈，濫瀛洲與方壺，蓬萊起乎中央。」〔註231〕魚之屬也如《關中記》
所云之：「建章宮北有池，以象海，北刻石爲鯨魚，長三丈。」〔註232〕龜魚之

〔註229〕《增補六臣注文選・西都賦》頁 29。
〔註230〕《漢長安城・離宮和苑囿──建章宮》頁 186。
〔註231〕《增補六臣注文選・西都賦》頁 29。
〔註232〕《關中記輯注・建章宮》，劉慶柱輯注，三秦出版社，西安，2006 年 1 月，
　　　　頁 51。該鯨魚已經考古發掘出土，身長 4.6 米，徑 1 米，長合漢尺二丈，如
　　　　同文註八，頁 59。

屬即司馬貞《索隱》：「《三輔故事》：『殿北海池，北岸有石鯨長二丈，廣五尺；西岸有石龜二枚，各長六尺。』」〔註233〕該鯨魚已經考古發掘出士，〔註234〕身長四點六公尺，直徑一公尺〔註235〕，長合漢尺二丈。

圖3-6　模倣太液池之日本藤原時代寢殿造庭園古圖

取自大建築學，頁248。

依據《考工典·池沼部》稱：

《關輔記》云：「建章宮北治太液池以象北海，刻石爲鯨魚，長三丈。」

《漢書》云：「太液池中起三山以象瀛洲、蓬萊、方丈，刻金石爲魚龍，奇禽、異獸之屬。」《廟記》曰：「太液池周回十頃，有採蓮女鶴鳴之舟。」〔註236〕

再按今本《三輔黃圖》云：「成帝常於秋日與趙飛燕戲於太液池，以沙棠木爲舟，以雲母飾于鷁首，一名雲舟，以紫桂爲柁枻，今池畔尚有避風臺，成帝與趙飛燕結裾之處。」〔註237〕池中所建象三神山之假山，代表武帝對神

〔註233〕《史記·孝武本紀》《索隱》頁218。。

〔註234〕同註233

〔註235〕《關中記輯注·建章宮》註十，劉慶柱輯注，三秦出版社，西安，2006年1月，頁59。

〔註236〕古今圖書集成考工典第124卷，池沼部彙考。鼎文書局，臺北，頁1151。

〔註237〕《三輔黃圖校注卷四·池沼》頁312。

仙的嚮往，太液池可以乘舟遊池，這種園林日人稱爲舟遊式庭園，爲日本平安後期藤原時代寢殿造庭園濫觴〔註238〕。

《史記》所謂建章宮「北治大池、漸臺高二十餘丈，名曰泰液。」太液池中的漸臺現經考古發掘其遺址東西六十公尺，南北四十公尺，高約八公尺，其結構應是高臺基上的木構臺榭〔註239〕。太液池面積文獻不載，考古發掘資料面積約二公頃，平面呈曲尺形〔註240〕。

四、建章宮之武帝求仙建築

《西京賦》所稱「神明崛其特起。」〔註241〕即指高達五十丈的建章宮神明臺，與《西都賦》所稱：「抗仙掌以承露，擢雙立之金莖。」〔註242〕之建章宮仙人承露盤。另加上《西京賦》所稱「通天訬以竦峙。」〔註243〕之甘泉宮之通天臺，號稱武帝三大求仙建築物。

神明臺之高聳如《西都賦》所稱「神明鬱其特起，遂偃蹇而上儇，軼雲雨於大半，虹霓迴帶於棼楣，雖輕迅與僄狡，猶愕眙而不能階。」〔註244〕神明臺除高度有記載外，其建築據《漢書‧郊祀志下》「立神明臺」〔註245〕，顏師古注：「《漢宮閣疏》云：『神明臺高五十丈，上有九室，恆置九天道士百人。』」〔註246〕由此文獻推斷神門臺上之九室，每室容十一、二人作法，每人活動範圍以三公尺見方計，其每層平面約一百平方公尺。《史記》與《漢宮閣疏》皆稱神明臺高五十丈即一百三十八公尺，假設臺基高十丈（二十三點七公尺），木構臺榭九層，則每層高約四點四丈（十點四公尺），今遺址底邊約六十公尺見方，高約十餘公尺之夯土臺基〔註247〕，與假設數值大致相符，神明臺之結構依照《西京賦》所稱「神明崛其特起，井幹疊而百增，峙遊極於浮

〔註238〕 筆者碩士論文《日本鎌倉與室町時代建築之初探》，清華大學建築學院，北京，2004 年 11 月，頁 86，87。
〔註239〕 《關中記輯注‧建章宮》註十，頁 59，臺基高 8 公尺約三丈，高二十餘丈，其臺基與高度比例約一比七至一比九左右。
〔註240〕 《關中記輯注‧建章宮》註十，頁 59。
〔註241〕 《增補六臣注文選‧西京賦》頁 47。
〔註242〕 《增補六臣注文選‧西都賦》頁 29。
〔註243〕 《增補六臣注文選‧西京賦》頁 47。
〔註244〕 《增補六臣注文選‧西都賦》頁 29。
〔註245〕 《漢書‧郊祀志下》頁 1245。
〔註246〕 《漢書‧郊祀志下》頁 1245。
〔註247〕 《三輔黃圖校注卷三‧建章宮‧神明臺》注一，頁 216。

柱，結重欒以相承，累層構而遂隮。」〔註248〕則知與井幹臺相同，即用百層的井幹構架爲框架，將各架梁用蜀柱承托並置放在之重層出跳之斗栱上，斗栱再由井幹構架承托。

仙人承露玉盤依今本《輔黃圖》引《廟記》稱「神明臺，武帝造，祭仙人處，上有承露盤，有銅仙人，舒掌捧銅盤玉杯，以承雲表之露，以露和玉屑服之，以求仙道。」〔註249〕則指承露盤置於神明臺上，但依《史記‧武帝本紀》：「其後又作柏梁、銅柱承露僊人掌之屬。」〔註250〕司馬貞《索隱》引《三輔故事》云：「建章宮承露盤高三十丈，丈七圍，以銅爲之，有仙人掌承露，和玉屑飲之。」〔註251〕未指承露盤置於神明臺上。推測承露玉盤係置於神明臺同一處臺基上，用銅柱承托與木構臺榭的神明臺並立，《三輔故事》稱其「高二十丈，大七圍。」〔註252〕承露盤從地面起算，高三十丈，從臺基頂面起算，則高二十丈（約四十七公尺），承露盤圓形，其周長一丈七尺，則直徑五尺四寸（合一點二八公尺），高爲直徑的三十七倍，外形修長，稱修莖名符其實，《三輔故事》稱大七圍，常人圍長一點七公尺，周七圍計十一點九公尺（合直徑三點七九公尺），高二十丈僅爲直徑的十二倍，直徑太大，非爲《西京賦》所稱修莖之仙掌，而是碩實的仙掌。故《三輔故事》之「大七圍」有誤，《索隱》所引《三輔故事》之「丈七圍」爲是。承露盤構造應分爲三部份，其下爲銅柱，即《西都賦》所稱之金莖〔註253〕，柱上之舉雙掌之銅仙人，以及置於掌上之銅盤玉杯等三部份，至於玉杯上清露的摘提及空杯之置放，推測可以較高之木構臺榭上以長竿爲之，無需於銅柱上建造上下梯；至於銅柱是否爲實心？因高二十丈之承露盤，以銅仙人及銅盤高一丈計，十九丈（約四十五公尺）長，直徑一點二八公尺的實心銅柱重達五百十五公噸〔註254〕，姑不論其費用不貲，單論其按裝豎立也是一大技術問題，銅柱非實心可知，再據《三輔故事》引《長安記》謂「魏文帝徙

〔註248〕《增補六臣注文選‧西京賦》頁 47。
〔註249〕《增補六臣注文選‧西都賦》頁 29
〔註250〕《史記‧孝武本紀》《索隱》頁 209。
〔註251〕《史記‧孝武本紀》《索隱》頁 209。
〔註252〕《三輔故事》頁 6。
〔註253〕《增補六臣注文選‧西都賦》頁 28。
〔註254〕因銅的比重爲 8.9，故實心銅柱重量＝45M×（1／4×3.14×1.28M×1.28M）×8.9 公噸／M3＝515 公噸。

銅盤，盤折，聲聞數十里。」〔註 255〕盤折斷，應為撞擊到銅柱，而令撞擊之聲音，傳到數十里外，亦可做為銅柱是空心之旁證。

五、建章宮之架空交通

《西都賦》所稱「輦路經營，脩除飛閣，自未央而連桂宮，北彌明光而亙長樂，陵墱道而超西墉，掍建章而外屬。」〔註 256〕可知輦路有兩條路線，東線由未央宮北闕沿橫門大道北行，連繫了桂宮，再右轉雍門大道東行直達明光宮，右轉安門大道南行至長樂宮西宮門，即《西京賦》所描寫之「閣道穹窿，屬長樂與未央，徑北通于桂宮。」〔註 257〕輦道係用閣道之木架結構，如用甬道，則是「兩牆對起，所謂築垣牆如街巷，如《史記》：『作甘泉前殿，築甬道自咸陽屬之。』」〔註 258〕此處輦路是閣道。閣道為架空廊道，上有頂蓋，旁有側欄；西線由未央宮北闕沿直城大道西行，不經直城門而以墱道跨越長安西城而直達建章宮，墱道即有飛閣之勢，亦即閣道隨著起勢起伏斜坡上下，在閣道斜坡上行時有如飛翔之況，故稱「飛閣」，亦即今本《三輔黃圖》所云：「帝於未央宮營造日廣，以城中為小，乃於宮西跨城池依飛閣，通建章宮。」〔註 259〕

六、建章宮之最後結局

依據《漢書‧王莽傳》：「（地皇元年，20）壞徹西苑中建章、承光、包陽、大臺、儲元宮及平樂、當路、陽祿館，凡十餘所，取其材瓦，以起九廟。」〔註 260〕又依《水經注‧渭水》：「王莽地皇元年，博徵天下工匠，壞徹西苑建章諸宮館十餘所，取材瓦以起九廟……廟殿皆重屋，太初祖廟，東西南北各四十丈，高十七丈，餘廟半之。」〔註 261〕九廟面積大最之太初祖廟合今尺八千五

〔註 255〕《三輔黃圖校注卷三‧建章宮‧神明臺》注一，頁 215。
〔註 256〕《增補六臣注文選‧西都賦》頁 28。
〔註 257〕《增補六臣注文選‧西京賦》頁 46。
〔註 258〕《雍錄卷二‧甬道》頁 39。
〔註 259〕《三輔黃圖校注卷二‧漢宮》，何清谷校注，三秦出版社，西安，2006 年 1月，頁 144。
〔註 260〕《漢書卷九十九‧王莽傳志下》，漢‧班固撰，唐‧顏師古注，宏業書局，臺北，1972 年 6 月，頁 1048，大臺宮《三輔黃圖》作犬臺宮。
〔註 261〕《水經注校證卷十九‧渭水》，北魏‧酈道元撰，陳橋驛校證，中華書局，臺北，2007 年 7 月 6 日，頁 457。

百平方公尺（約二千六百坪），面積稍大於宣室殿，高達四十公尺〔註262〕，且爲層樓，可見用材之龐大，建章宮被徹底拆除是其避免不了的結局。但三年（23）後，九廟被更始亂兵焚毀〔註263〕，歷時一百二十年的建章宮連所有建材遂灰飛煙滅、走入歷史。

第四節　西漢長安甘泉宮及通天臺之規制

《西都賦》稱：「其陰則冠以九嵕，陪以甘泉，乃有靈宮起乎其中，秦漢之所極觀，淵雲之所頌歎，於是乎存焉。」〔註264〕九嵕山在醴泉縣，甘泉山在淳化縣，相距三十五公里，皆在長安城之北；甘泉宮距長安三百里，在今陝西省淳化縣西北，原爲秦之林光宮，今本《三輔黃圖》引《史記》稱建於秦始皇二十七年（前220）云：「作甘泉宮及前殿，築甬道，自咸陽屬之。」〔註265〕故《西京賦》稱：「覛往昔之餘館，獲林光於秦餘。」〔註266〕漢武帝曾予增建〔註267〕，《關中記》稱其規模：「周迴十九里一百二十步，有宮十二，臺十一。」〔註268〕《讀史方輿紀要·陝西二·甘泉山》引《輿地志》云：「甘泉山有宮……秦始皇所作林光宮……漢武帝於林光宮旁更作甘泉宮，自是屢幸焉，宮周十九里，宮殿臺觀略與建章相比，百官皆有邸舍，常以五月避暑，八月始歸。」〔註269〕今依考古資料，甘泉宮宮城周長五千六百六十八公尺〔註270〕，約十三漢里餘。甘泉宮位於海拔近五百公尺的甘泉山上〔註271〕，氣侯涼爽，故《西京賦》稱其：「處甘泉而爽塏，乃隆崇而弘

〔註262〕王莽時代一尺合23.04公分，高十七丈合39.2公尺，四十丈見方約92公尺見方即8,464平方公尺。

〔註263〕《漢書卷九十九·王莽傳志下》云：「（地皇四年，23）更始將軍史諶將渡渭橋……眾兵發掘莽妻、子、父、祖冢，燒其棺槨及九廟、明堂、辟雍，火照城中。」頁1055。

〔註264〕《增補六臣注文選卷一·西都賦》47。

〔註265〕《三輔黃圖校注卷二·漢宮》頁162。但《史記·秦始皇本紀》云：「（二十七年）自極廟道通酈山，作甘泉前殿，築甬道，自咸陽屬之。」頁121。

〔註266〕《增補六臣注文選卷二·西京賦》頁25。

〔註267〕《關中記輯注·甘泉宮》頁60。

〔註268〕《關中記輯注·甘泉宮》頁60。

〔註269〕《讀史方輿紀要卷五十三·陝西二·甘泉山》頁2546。

〔註270〕《關中記輯注·甘泉宮》注二頁64。

〔註271〕《中國古代建築史第一卷·漢代建築·甘泉宮及甘泉苑》，劉敘杰編，中國建築工業出版社，頁416，417。

敷。」〔註 272〕甘泉宮之十二附宮，劉慶柱認為是高光宮、林光宮、長定宮、竹宮、七里宮、增城宮、棠梨宮、洪崖宮、弩郤宮、延壽宮、師德宮、壽宮等，十一臺為通天臺、通靈臺等二臺，其餘名不傳〔註 273〕《史記》另有益壽觀、延壽觀。《長安志》另有旁皇觀、儲胥觀、石闕觀、封巒觀、鳷鵲觀、露寒觀、仙人觀、迎風觀〔註 274〕等合計十觀。

　　甘泉宮最重要的建築為通天臺，為武帝求仙之建築，茲通盤詳加探討，敘述如下：

一、通天臺建築文獻

　　記載甘泉宮之通天臺文獻如下：

　　《西京賦》稱其：「通天眇而竦峙，徑百常而莖擢，上瓣華以交紛，下刻峭若削。」〔註 275〕

　　《史記・孝武本紀》云：「甘泉則作益（《漢書》多一壽字）、延壽觀，使卿持節設具候神人，乃作通天臺。」〔註 276〕《史記索隱》引《漢舊儀》云：「臺高五十丈。」〔註 277〕《史記・封禪書》云：「又作甘泉宮，中為臺，室畫天地、太一諸鬼神而致祭。」〔註 278〕

　　《漢書・武帝紀》云：「元封二年（109B.C.）夏四月，作甘泉通天臺。」《漢書卷・郊祀志下》云：「使卿持節設具而候神人，迺作通天臺。夏四月……還作甘泉通天臺，置祠具其下，將招來神僊之屬。」〔註 279〕王先謙《漢書補注》云：

> 沈欽韓曰：「《隋書・宇文愷傳》明堂表曰：《禮圖》云：『於內室之上起通天之觀八十一尺』又云：『通天臺徑九尺，法象以九覆六，高八十一尺，法黃鐘九九之數』，案彼所云明堂重屋者皆謂之通天臺，特漢武著名耳！《黃圖・漢武故事》：『築通天臺於甘泉，去地百餘

〔註 272〕《增補六臣注文選卷一・西京賦》頁 25。
〔註 273〕《關中記輯注・甘泉宮》注二，頁 64。
〔註 274〕《長安志卷三・宮室一・建章宮》宋・宋敏求撰，清・王燕緒等三人校，臺灣商務印書館，臺北，文淵閣四庫全書影印本，頁 587-97。
〔註 275〕《增補六臣注文選卷二・西京賦》47。
〔註 276〕《史記・孝武本紀》《索隱》頁 217。
〔註 277〕《史記・孝武本紀》《索隱》頁 217。
〔註 278〕《史記卷二十八・封禪書》頁 548。
〔註 279〕《漢書補注一・郊祀志下》頁 556。

丈，望雲雨悉在其下，望見長安城上有承露盤，仙人掌玉杯以承露，元鳳間（前 80～前 75）自毀。』〔註 280〕

揚雄《甘泉賦》云「是時未臻夫甘泉也，迺望通天之繹繹，下陰潛以慘廩兮，上洪紛而相錯，直嶢嶢以造天兮，厥高慶而不可乎彌度。」〔註 281〕

古本《三輔黃圖》云：

通天臺徑九丈，法乾，覆六，高八十一尺，法黃鐘九九之數，二十八柱象二十八宿，堂高三尺，土階三等，法三統，堂四向五色，法四時五行，殿門去殿七十二步，法五行所行，門堂長四丈，取太室三之二，垣高無蔽目之照，牖六尺，其外（《隋書·宇文愷傳》增「倍之」二字），殿垣方在水內，法地陰也，水四周於外象四海，圓法陽也，水闊二十四丈，象二十四氣，水內徑三丈，應覲禮經。〔註 282〕

今本《三輔黃圖·臺榭》云：

《漢舊儀》云：『通天者，言此臺高通于天也。』《漢武故事》：『築通天臺於甘泉，去地百餘丈，望雲雨悉在其下，去地百餘丈，望見長安城。』武帝時祭泰乙，上通天臺，舞八歲童女三百人，祠祀招仙人，祭泰乙，令人升通天臺以候天神，天神既下祭所，若大流星，乃舉烽火而就竹宮望拜；上有承露盤，以承雲表之露，元鳳間自毀，橡栭皆化爲龍鳳，從風雨飛去；……亦曰候神臺，又曰望仙臺，以候神明、望神仙也。〔註 283〕

《讀史方輿紀要·陝西二·甘泉山》引《輿地志》云：「甘泉宮，其地最高，去長安三百里，望見長安城堞，又於宮城築通天臺，去地百餘丈，雲雨悉在其下。〔註 284〕

《中國古代建築史第一卷》；

甘泉宮在今陝西省淳化縣（西漢屬京兆左馮翊雲陽縣）甘泉山……目前甘泉山的地望及氣候條件，証明了在晴和之日，只有從山上高處才能望到遠處的長安城，而山上山下遺址間高差達 460 米。〔註 285〕

〔註 280〕《漢書補注一·郊祀志下》頁 556。

〔註 281〕《增補六臣注文選·甘泉賦》頁 140。

〔註 282〕《古本三輔黃圖》頁 33，63。

〔註 283〕《三輔黃圖校注卷五·臺榭》頁 337。

〔註 284〕《讀史方輿紀要卷五十三·陝西二·甘泉山》清·顧祖禹撰，賀次君、施和金點校，中華書局，北京，頁 2546。

〔註 285〕《中國古代建築史第一卷·漢代建築·甘泉宮及甘泉苑》頁 416，417。

甘泉宮通天臺之文獻條列如上，經綜合整理分析，其規制則如下。

二、通天臺文獻商榷

莖擢之「莖」依薛綜注「莖：特也，擢：獨出貌。」〔註286〕，但莖若依《考工記・桃氏》云；「以其臘廣謂之莖。圍長倍之。」鄭玄注云「莖謂之劍夾，人所握鐔以上也。」似應以建築物立面形狀解，亦即頂層屋頂突出屋簷有繁複華麗的裝飾，由今本《三輔黃圖》稱「臺自毀時，椽桷皆化為龍鳳。」可知通天臺雕刻裝飾之精；頂層以下立面陡峭如切削，表示下層皆無屋簷。

有關「通天臺八十一尺，法黃鐘九九之數」，依《漢書・律歷志上》云：「五聲之木生於黃鐘之律，九寸為宮。」，王先謙《補注》云：

> 《淮南・天文篇》以三參數，三三如九，故黃鐘之律九寸而宮，音調因而九之，九九八十一，故黃鐘之數立焉，律書黃鐘長八寸十分一……朱載堉《律呂精義》云：淮南、太史公所謂黃鐘長九寸者以九分為寸，九寸乃八十一分也，《漢志》以十分為寸，九寸乃九十分也。〔註287〕

按《禮記・月令》：「季夏之月……其音宮，律中黃鐘之宮」，孔穎達疏：「黃鐘宮最長，為聲調之始，十二宮之主。」〔註288〕則黃鐘為樂律十二律中第一律，九寸之宮，重九即八十一也。

「法三統」，依《漢書・劉向傳》：「王者必通三統，明天命所授者博，非獨一姓也。」顏師古注引張晏曰：「一曰天統，為周以十一月建子為正，天始施之端也；二曰地統，為殷以十二月建丑為正，地始化之端也；曰人統，為夏以十三月建寅為正，人始成立之端也。」〔註289〕，故三統即夏、商、周三代之正朔。

「法五行所行」，《中國天文學史第一冊・緒論篇》引《管子・五行篇》

> 日至，睹甲子，木行御……七十二日而畢，睹丙子，火行御……七十二日而畢，睹戊子，土行御……七十二日而畢，睹庚子，金行御……七十二日而畢，睹壬子，水行御……七十二日而畢。〔註290〕

〔註286〕《增補六臣注文選・西京賦》，頁47。

〔註287〕《漢書補注一・律歷志上》頁394。

〔註288〕《禮記注疏・月令》頁617。

〔註289〕《漢書卷二十六・劉向傳》頁495。

〔註290〕《中國天文學史緒論篇、古代天文學史編・五行說》注2，頁71。

這是從冬至到冬至的一年，各五等分爲七十二日，分配木火土金水。從冬至起，七十二日爲木，餘類推。

三、通天臺之平面規制

通天臺之規制依上述古本《三輔黃圖》所載的尺度而言，通天臺的平面爲圓形，如同今之北京天壇祈年殿，其直徑九丈即二十一點三八公尺，乃師法《易經》九爲陽爲乾爲圓之意，六爲陰爲地之意，以九覆六即以天覆地之意，其次，所載高八十一尺（十九點二三公尺）應是由臺基之高度〔註291〕，而所謂「二十八柱，象二十八宿」，以今日天壇祈年殿共二十八支木柱而言，通天臺木柱配置狀況與祈年殿可能相同，亦即通天臺外牆簷柱有十二支，中層金柱十二支，臺心龍井柱四支，共二十八柱，此三組柱皆環狀排列，祈年殿取象四季、十二月、十二時辰之寓意，通天臺可能亦有此意，通天臺推測有如祈年殿連有十二支輻射向及二十四支環向梁枋，共三十六支梁，連結三層柱列，臺外牆直徑九十尺，外簷柱配置在外牆中央，則外簷柱距二十三點五六尺（五點六公尺），假定中層柱列直徑爲六丈、內層龍井柱列直徑爲三丈，則中層金柱距十五點七一尺（三點七三公尺），則內層龍井柱距亦二十三點五六尺（五點六公尺），假定柱直徑三尺（即七十一公分），則環向列柱跨距爲二十點五六尺（四點八八公尺），輻射向柱跨距爲十二尺（二點八五公尺），適合木結構梁枋一般尺寸。

通天臺「堂高三尺，土階三等，法三統」，則知其臺基高三尺（七十一公分），夯土臺階計三級，每級高一尺（二十三點七五公分），臺基四方形，四邊分處在東西南北面，其上用青、白、赤、黑、黃五色土築成，象徵著春夏秋冬四季與金木火土五形，一樓殿外七十二步（即一百零二點六公尺）有外殿門，七十二步象五行之日數，內殿門堂長四丈（九點五公尺），爲明堂太室邊長六丈之三分之二，殿內牆高不遮住視線，則牆高應在六尺（一點四三公尺）左右，內窗高爲六尺，外窗高一丈二尺，殿外圍牆方形，圍牆外存水渠，象徵地爲方爲陰，水渠四周環繞圍牆之外，象徵東、西、南、北四海，水渠圓形，象徵天爲圓爲陽。圓形水渠直徑二十四丈（五十七公尺），象徵二十四

〔註291〕《三輔黃圖校注卷五・臺榭・通天臺》注一引史念海調查：「今淳化梁武帝村旁猶有高十米的高臺，竚立地上，巍峨高聳，雖土質已漸剝落，無復臺閣模樣，然就此遺址而論，氣象實爲非凡，當係通天臺舊跡無疑。」頁337。

節氣，圓形水渠寬度為三丈（七點一公尺），應覲禮經之三禮：《周禮、禮記、儀禮》。

　　通天臺遺址尚未經考古發掘，但是漢平帝元始四年（4），漢長安南郊禮制建築辟雍遺址在 1967 至 1971 由中國科學院考古研究所發掘可供參考：

> 其平面外圓內方，方位平正，正中是中心建築，建於圓形的夯土臺，臺面直徑六十二米，臺上的中心建築四面對稱，每邊長四十二米……中心建築四周有圍牆，呈四方形，四邊各長二百三十五米，距中心建築九十六米……圍牆每邊的正中各有完全相同一座大門，門道寬四點五米，長十二點五米，門道中央有木質門檻和門樞柱，門道兩側有夯土臺，復原後，門道上方應有樓觀式的兩層門樓建築……環繞圍牆外側有圓水溝，直徑三百六十米左右，寬約二米，深一點七米……〔註 292〕

考古資料圍牆上兩層門樓應該是外殿門，由此可知西漢末年辟雍取法通天臺之平面。

四、通天臺高度之商榷

　　通天臺之高度，文獻上有六種數值，《史記索隱》引《漢舊儀》云五十丈〔註 293〕，顏師古《漢書注》引《漢舊儀》云三十丈〔註 294〕，古本《三輔黃圖》云八十一尺〔註 295〕，〈西京賦〉云徑百常〔註 296〕即一百六十丈，今本《三輔黃圖》引《漢武故事》云百餘丈〔註 297〕，《關中記》云高三十餘丈〔註 298〕；大小差距相差五倍，其中《史記索隱》及《漢書注》引《漢舊儀》卻同時出現兩種數值，可見其一必有誤，此其一；而〈西京賦〉徑百常也就是一千六百尺，換成今尺為三百八十公尺，《漢武故事》所稱通天臺之高度為百餘丈，也就是一千尺以上，換成今尺至少為二百三十七點五公尺以上，如此高的樓

〔註 292〕　《西漢禮制建築遺址・大土門遺址》，中國社會科學院考古研究所，文物出版社，北京，2003 年 12 月，頁 197～205，225～226。

〔註 293〕　《史記・孝武本紀》之《索隱》頁 217。

〔註 294〕　《漢書補注一・郊祀志下》云：「廼作通天臺」其注：「師古曰：《漢舊儀》云：『臺高三十丈，望見長安城。』」頁 556。

〔註 295〕　《古本三輔黃圖》頁 33，63。

〔註 296〕　《增補六臣注文選卷二・西京賦》47。

〔註 297〕　《三輔黃圖校注卷五・臺榭》頁 337。

〔註 298〕　《關中記輯注・甘泉宮》，劉慶柱輯注，頁 62。

臺蓋在甘泉山上，在當時的技術水準簡直不可思議，此兩種高度應是從山下地面計量至通天臺頂的高度，此其二；依實測圖，甘泉宮建築臺基遺址地面標高爲一千三百四十七公尺〔註299〕，長安城未央宮遺址地面標高爲三百九十公尺〔註300〕，兩遺址地面高差爲九百五十七公尺，又可以由臺上望三百里外之長安城〔註301〕，而長安城垣高由《今本三輔黃圖卷一·漢長安故城》載爲三丈五尺雉高三板〔註302〕，即今尺八點三公尺，加上雉堞高六尺（一點四公尺）共九點七公尺，如由筆者推測洛陽永寧寺塔的高度所用地球弧面差加上大氣折光差改正的原理計算出眺望者距目標物之高度。

其公式 $H=0.0671D^2$〔註303〕，茲依公式計算通天臺高度如下：

因通天臺距長安城距離 D 等於三百里＝300×1800×0.2375＝128,250 公尺＝128.25 公里

假定在通天臺上眺望者距長安城未央宮地面高度爲 H 公尺

代入以上數值，則 $H=0.0671×128.252^2=1,103.7$ 公尺

再假定眺望者之目與通天臺屋頂距離爲二丈即 4.8 公尺，再將 H 公尺值扣除甘泉宮遺址與未央宮地面的高度差、再加上眺望者與塔頂距離以及長安城牆高度就等於通天臺之高度。

亦即通天臺實際高度等於 1103.7－957＋9.7＋4.8＝161.2 公尺

此高度通約合漢尺六十七丈九尺，若扣除臺基高度八丈一尺，實高五十九丈八尺與《史記索隱》引《漢舊儀》云五十丈，僅有九丈八尺約二十三公尺之誤差，推測可能係因兩地距離記載爲沿著道路步行以及登山里程而非直線距離所致，推論以《史記索隱》所引《漢舊儀》所記載的通天臺高度較爲正確。

五、通天臺立面規制之推測

通天臺的樓層文獻不載，但是可由「武帝時祭泰乙，上通天臺，舞八歲

〔註299〕《關中記輯注·甘泉宮》圖二十四，2006 年 1 月，頁 61。
〔註300〕《關中記輯注·甘泉宮》圖十二頁 25。
〔註301〕《關中佚志輯注·雲陽宮記》引《漢舊儀注》漢·王褒等撰，陳曉捷輯注，三秦出版社，西安，2006 年 1 月，頁 3。。
〔註302〕《三輔黃圖校注卷一·漢長安故城》頁 75。
〔註303〕筆者〈洛陽永寧寺塔高度之商榷〉一文，95 年下學期文獻學專題研究期末報告，玄奘大學中文系，新竹，2006 年 6 月。由大衛與霍德的測量學英制公式 $H=0.57K2$，化成公制公式。其中 H 爲目標物高度，單位公尺，D 爲觀測者與目標物距離，單位公里。

童女三百人，祭泰乙。」此記載推算出來，八歲童女（手執舞具）於臺內起舞引神，其每人活動空間應以方筵（九尺×九尺）爲準，即兒童雙手並舉的五尺加左右各二尺執舞具空間，一方筵八十一方尺即四點五七平方公尺，三百人共需一千三百七十一平方公尺空間，而通天臺每層面積三百五十八點八平方公尺，扣除二十八柱所佔空間（外簷柱僅佔一半空間以二十二柱計）十一點一平方公尺，每層室內淨空間三百四十七點七平方公尺，故童女三百人群舞空間佔四層樓（合計空間爲一千三百九十點一平方公尺），加上一樓內殿之安置祠具及頂樓武帝望仙候神之空間及三層其他瞭望空間，推測通天臺應爲九層，扣除臺基高八丈一尺，每層樓高五點五丈（十三公尺）。

六、通天臺之結構之檢討

通天臺有二十八柱，應用柱梁枋組成空間構架，而非如井幹樓、神明臺用井幹結構而無立柱，應用柱梁枋組成空間構架爲一韌性剛構，抵抗一般風壓力（陝西地區受颱風侵襲機率較少）應無問題，故層高可較高。推測係基礎深度不夠，且木柱與礎石錨定較差，又位於山頂上，其直徑達九丈、高達五十丈，臺身受風面積增大，數十年一見的大風將基礎與木柱颳斷而傾倒，可能係通天臺毀垮之最大原因。

七、通天臺遺制

今北京天壇祈年殿的布局以及祈年殿圓形平面、殿內圈柱環繞及斗笠形圓攢尖屋推測應是漢武帝通天臺的遺制。（圖 3-7）

八、通天臺之滄桑

通天臺建於漢武帝元封二年（109B.C.），僅歷時三十餘年，在漢昭帝元鳳年間（80B.C～75.B.C.）自毀，其情況如今本《三輔黃圖》所云：「元鳳間自毀，橡桷皆化爲龍鳳，從風雨飛去」，由於通天臺位於甘泉山上，海拔一千多公尺，推測在特大風雨中被吹倒，而非自毀，雕龍鳳橡桷木在空中飛起，鄉人在茫茫視線不佳的風雨天只看到「橡桷皆化爲龍鳳，從風雨飛去」，洵非虛構。至於漢成帝永始三年（前18）爲求繼嗣，郊祀甘泉泰時，由揚雄（前53～18）所作〈甘泉賦〉以及後漢張衡（78～139）所作〈西京賦〉對通天臺的描述只是惆懷之抒情。

圖 3-7　漢武帝通天臺之遺意

北京天壇祈年殿外觀　　　　　　壹層內部

引自《中國建築‧天壇》，2003，臺北，封面及頁 20。

第五節　西漢長安明光宮、北宮、桂宮之規制

〈西都賦〉云：「周廬千列，徼道綺間，輦路經營，修除飛閣，自未央而連桂宮，北彌明光而互長樂，陵墱道而超西墉，棍建章而外屬。」〔註304〕〈西京賦〉云：「於是鉤陳之外，閣道穹窿，屬長樂與明光，徑北通于桂宮。」〔註305〕李善注引《漢武故事》云：「上起明光、桂宮、長樂宮皆輦道相屬、懸棟飛閣，北度從宮中上城至神明臺。」兩賦描述桂宮與未央、長樂、明光、建章各宮以徼道、輦路、閣道、墱道等道路交通往來連繫，這些猶如往來各宮間之專用高架道路，既隱密又快速。

一、明光宮之規制

明光宮建造年代，依《漢書‧武帝紀》載：「（太初四年，前 101）秋，起明光宮。」〔註306〕王先謙《補注》引周壽昌曰：「明光宮在長樂宮後，南與長樂宮相屬；武帝求仙，起明光宮，發燕趙美女二千人充之，即此宮也。」〔註307〕

〔註304〕《增補六臣注文選卷一‧西都賦》頁 28。
〔註305〕《增補六臣注文選卷一‧東京賦》頁 46。
〔註306〕《漢書補注一卷六‧武帝紀》頁 100。
〔註307〕《漢書補注一卷六‧武帝紀》頁 100。

則已敘說明光宮之位置及武帝興建明光宮之緣起。明光宮既在長樂宮的北面，兩者以輦道聯絡，其構造方式則爲架空之閣道或複道；明光宮臺階裝修依《三秦記・明光宮》云：「明光宮以金玉珠璣爲箔。明光殿以金爲阤，玉爲階。」〔註308〕此《三秦記》所稱的明光殿應爲明光宮，因明光殿爲桂宮的主殿，明光宮內並無明光殿。阤爲副子，即臺階踏道兩旁之斜石；金阤玉階是用銅片鑲包副子並用玉石砌鋪踏道，僅臺階裝修即可見如此奢侈，其餘可見一般，唐張藉《節婦吟》女子以「良人執戟明光裡」〔註309〕感到光榮可以證明。再由於成帝舅王商曾向成帝借明光宮避暑療疾〔註310〕，明光宮的環境應較涼爽可知。

　　此宮之殿閣位置及尺度文獻不載，惟欲容納二千燕、趙佳麗的住宿與求仙活動稍嫌不足，明光宮面積以每人住宿面積五平方公尺（臥室十平方公尺住二人）計算加上五千平方公尺求仙活動空間（每人二點五平方公尺），明光宮主殿的面積估計約在一萬五千平方公尺（約四千五百坪）。到平帝元始元年（1）六月，王莽主政時，明光宮與三輔馳道罷用〔註311〕，到王莽篡漢後，改名爲安定館，遷定安太后居之〔註312〕，輝煌用途畫下了句點。

二、北宮之規制

　　〈西京賦〉云：「於是鉤陳之外，閣道穹窿，屬長樂與明光，徑北通于桂宮。」，由漢長安城平面圖，可知明光宮由閣道西行，中間需經過北宮才能到達桂宮，其方向是徑西而非徑北，故「屬長樂與明光，徑北通于桂宮。」此句徑北後疑奪宮字，應是「屬長樂與明光，徑北宮通于桂宮。」北宮依今本《三輔黃圖》云：「北宮，在長安城中，近桂宮，俱在未央宮北，周回十里，高帝時制度草創，孝武增修之，中央前殿，廣五十步，珠簾玉戶如桂宮。」〔註313〕前殿只載廣五十步，即漢尺三十丈，約合今尺七十一公尺，沒有記

〔註308〕《三秦記輯注・明光宮》頁 45。
〔註309〕《唐詩一萬首・節婦吟寄東平李司空師道》李景華、李華、廖仲安主編，北京燕山出版社，北京，2007 年 7 月，頁 430。
〔註310〕《三輔黃圖校注之三・明光宮》頁 218。
〔註311〕《漢書補注一卷十二・平帝紀》云：「（元始元年六月）罷明光宮與三輔馳道」頁 142。
〔註312〕《三秦記輯注・明光宮》定安太后即平帝皇后頁 46。
〔註313〕《三輔黃圖校注・北宮》頁 161。

載進深，無從計算面積，但未央宮前殿長寬比爲十比三估計，則進深約九丈（二十一公尺），面積約一千五百平方公尺，約爲未央宮前殿（廣五十丈，深十五丈）面積的三分之一。北宮之宮城已經探明，依據《漢長安城》云：

> 宮牆寬約五至八米，牆體爲夯築，宮城平面爲規整長方形，南北一千七百一十米，東西寬六百二十米，已發現南北宮門，二宮門南北相對，宮門面闊七米，進深十二米，由南宮門向南有道路通至直城門大街，……北宮周長四千六百六十米，與《三輔黃圖》記載北宮周回十里基本一致。〔註314〕

武帝曾以此宮祭祀，見於《漢書・郊祀志上》云：「（武帝）又置壽宮、北宮，張羽旗、設共具，以禮神君。」〔註315〕通常成爲廢后之退居所，如《今本三輔黃圖》引《漢書》云：「呂太后崩，孝惠皇后廢處北宮〔註316〕。哀帝崩，貶皇太后趙氏孝成皇后，退居北宮。」〔註317〕另《漢書》亦載哀帝聽大司空何武之言遷傅太后於北宮，傅太后朝夕由北宮之紫房複道抵達未央宮帝居之所可證〔註318〕。至於《後漢書》云：「二年（24）二月，更始自洛陽而西，初發，李松奉引，馬驚，觸北宮鐵柱門。」〔註319〕時洛陽北宮未建，指長安北宮有鐵柱門，即門扇以鐵柱加固。

三、桂宮之規制

依《今本三輔黃圖》云：「桂宮，漢武帝造，周回十餘里。《漢書》曰：『桂宮有紫房復道通未央宮。』《關輔記》云：『桂宮在未央北，中有明光殿土山，復道從宮西上城，至建章神明臺、蓬萊山。』」〔註320〕另《關中記》云：「桂宮在未央宮之北，周迴十餘里，中有明光殿，殿上復道，從宮西上城，西至建章宮神明臺、蓬萊山。」〔註321〕依據劉慶柱《漢長安城》云：

〔註314〕《漢長安城・后妃之宮──北宮》劉慶柱，文物出版社，西安，2006年1月，頁113。

〔註315〕《漢書補注一卷二十五・郊祀志上》頁548。

〔註316〕《漢書補注二卷九十七・外戚孝惠張皇后傳》頁1680。

〔註317〕《漢書補注二卷九十七・外戚孝成趙皇后傳》云：「貶皇太后爲孝成皇后，徙居北宮。」頁1698。

〔註318〕《漢書補注二卷八十一・孔光傳》頁1463。

〔註319〕《後漢書集解一卷十一・劉玄傳》頁178。

〔註320〕《三輔黃圖校注・桂宮》頁157，158。

〔註321〕《關中記輯注・桂宮》頁45，46。

作者分別左桂宮之中南部和及西北部發掘了建築遺址，……中南部
遺址北部有一大型夯土臺基，高十二米，底部長方形，東西四十五
米，南北五十六米，何清谷認爲就是文獻中的「明光殿土山。」其正
殿由南院、北院、高臺建築，……南院宮殿殿堂臺基東西長五十一
點四米，南北寬二十九米，……北院宮殿臺基東面長七十七點五米，
南北寬二十至三十二米。〔註322〕

　　紫房複道謂皇太后宮室之複道，北宮爲太后所居，北宮至長樂宮及桂宮
之複道稱爲紫房複道，《關中記》又云：「桂宮，一名甘泉，又作迎風觀、寒
露臺以避暑。」〔註323〕桂宮在秦之甘泉宮範圍內，故又有甘泉之名，漢代已
在城內，已不屬甘泉宮。迎風觀爲武帝所建〔註324〕。桂宮內裝潢之華麗如今
本《三輔黃圖》引《三秦記》云：「未央宮漸臺西有桂宮，中有明光殿，皆金
玉珠璣爲簾箔，處處明月珠，金阹玉階，晝夜光明。」〔註325〕其室內傢俱之
精美如《西京雜記·四寶宮》云：「武帝爲七寶床、雜寶案、廁寶屏風、列寶
帳設於桂宮，時人謂爲四寶宮。」〔註326〕桂宮位置及範圍依劉慶柱引考古勘
查資料；

　　　桂宮西鄰長安西城牆，南隔直城門大街與未央宮爲鄰，北隔雍門大
　　　街與西市爲鄰，東鄰橫門大街。已勘察出的桂宮平面爲長方形，南
　　　北長一千八百四十米，東西約九百米，宮城城牆周長五千四百八十
　　　米……面積一點六平方公里，宮城南、北、東三面均置宮門，南宮
　　　門即龍樓門，其門南與未央宮作室門南北相對。〔註327〕

　　則桂宮之宮城城牆周長化成漢制爲十二點八二漢里〔註328〕，與《今本三
輔黃圖》記載周迴十餘里大致相符，其面積約大於清末臺北城面積的三分之
一註〔註329〕。

〔註322〕《漢長安城·后妃之宮——桂宮》頁115～118。
〔註323〕《關中記輯注·桂宮》頁45。
〔註324〕《讀史方輿紀要·陝西二·未央宮》引《關中記》云：「桂宮一名甘泉宮，武
　　　　帝作迎風臺以避暑。」頁2529。
〔註325〕《三輔黃圖校注卷之二·桂宮》頁159。
〔註326〕《西京雜記卷二·四寶宮》頁87。
〔註327〕《關中記輯注·桂宮》注一，頁47。
〔註328〕《中國度量衡史》表十五，東漢尺爲23.75公分，每里爲1,800尺即427.5公
　　　　尺計算，頁65。
〔註329〕清代臺北城南北長約1.25公里，東西寬爲0.96公里，面積約1.2平方公里。

另據〈漢妃起居室，桂宮富麗堂皇〉載：

> 一九九八年二月，大陸和日本考古家對漢長安遺址桂宮進行挖掘，
> 考古家此次開挖的是桂宮最南端的一處宮殿遺址，考古隊長李毓芳
> [註330] 表示，這次開挖的宮殿是否為桂宮主殿源寧殿尚待考證，主
> 殿、配殿及附屬建築在東西長八十四公尺、南北寬約五十六公尺建
> 築遺址上，發現有柱礎、瓦當及方磚等建材。較罕見的是主殿旁有
> 兩座半地穴建築，推測是安檢傳達室及儲物密室。[註331]

發掘遺址面積達四千七百平方公尺（約一千四百二十坪）李毓芳隊長認
為非為明光殿可能是源寧殿遺址。

晚近幾年考古發掘，漢代長安城內之長樂宮、未央宮椒房殿、桂宮都發
現地下通道，劉慶柱稱 [註332]：

> 漢代地下室多發現於後宮，有些還設有門房，以控制進出人員，在
> 以前多古代宮殿遺址內從未發現類似的建築；這可能與當時皇帝把
> 外戚視為一股政治力量，企圖依靠他們來協助自己統治國家有關；
> 宮城內宮殿複雜，各種政治勢力以各自宮殿為空間進行政治活動，
> 密道可以讓他們的行蹤更隱密。[註333]

宮殿地下室文獻雖未載，但權臣邸室之地下室如三國曹爽宅載於《水經注》，
北魏熙平元年（516）興建永寧寺塔時：「其地是曹爽故宅，經始之日，於寺
院西南隅得爽窟室，下入土可丈餘，地壁悉纍方石砌之，石作細密，都無所
毀，其石悉入法用，自出曹爽庸匠，亦難復制此。」[註334] 曹爽窟室之結構
與所發掘桂宮窟室相同，可見其結構傳承的關係。

第六節　西漢長安宮室之結局

依據《漢書・王莽傳》，更始二年（24）九月，更始遣將史諶攻長安，度

〔註330〕 李毓芳，1943 年生，北大歷史系及考古所畢業，1992～2003 任中國社會科學
院考古研究所漢唐長安城考古隊隊長。

〔註331〕〈漢妃起居室，桂宮富麗堂皇〉專題報導，記者徐尚禮，中國時報・兩岸三
地新聞，臺北，1998 年 6 月 6 日，版 14。

〔註332〕 劉慶柱，1943 年生，天津市人，現任中國社會科學院考古研究所研究員。

〔註333〕〈漢皇外戚頻爭鬥，後宮地道多〉大陸新聞中心報導，中國時報・兩岸新聞，
臺北，2006 年 11 月 1 日，版 A13。

〔註334〕《水經注卷十六・穀水》頁 216。

渭橋，縱兵發掘王莽妻、子、父、祖墳墓，並火燒棺槨及王莽宗廟——九廟及明堂、辟雍，火照城中；十月戊申，更始兵由宣平門進入，城中少年朱第、張魚等燒未央宮作室門，並以斧頭砍破敬法殿閣門，大火遂延燒至掖庭宮、承明殿，王莽避火至宣室前殿，大火隨之延燒〔註335〕，造成未央宮全毀，另依《後漢書・劉玄、劉盆子列傳》云：「初，王莽敗，唯未央宮被焚而己，其餘宮館一無所毀，宮女數千備列後庭，帷帳、輿輦、器服、太倉、武庫、官府、市里不改於舊。」〔註336〕故更始入長安即居長樂宮〔註337〕，建武元年（25）六月，赤眉立劉盆子為帝，入長安城，仍居長樂宮〔註338〕，可證大致完好，但好景不常，建武二年（26）春正月，赤眉大燒長安宮室載於《後漢書・劉玄、劉盆子列傳》云：「赤眉貪財物，復出大掠，城中糧食盡，遂收載珍寶，因大縱火燒宮室，引兵而西……自南山轉掠城邑。」〔註339〕

《後漢書・光武帝紀》亦云：「是月（建武二年春正月），赤眉焚西京宮室，發掘園陵，寇掠關中。」〔註340〕長安宮室終於逃不出第二次兵燹而化為灰土。西京被焚後，已成廢墟，三輔地區原有人口二百四十三萬人〔註341〕應所剩無幾，城池已成廢墟。故張衡有：「望先帝之舊墟，慨長思而懷古」〔註342〕之嘆！

東漢期間雖逐漸恢復，但好景不常，長安又遭到第三次浩刼，係因初平三年（192）董卓死後，其涼州遺部李傕、郭汜在西京相攻擄掠，百姓缺糧，在興平元年（194）「是歲，穀一斛五十萬，豆麥一斛二十萬，人相食啖，白骨委積。」〔註343〕造成「（獻）帝初入關，三輔人口尚四十萬，自傕、汜相攻，天子東歸後，長安城空數十餘日，強者四散，嬴者相食，兩三年間（192～195），關中無復人跡。」〔註344〕當時王粲（177～217）尚未弱冠，「整裝辭秦川，秣馬赴楚壤」〔註345〕南投荊州之劉表避難，途經文帝霸陵附近所見情景，如其

〔註335〕《漢書補注二卷九十九・王莽傳下》頁 1757。
〔註336〕《後漢書集解一卷十一・劉玄、劉盆子傳》頁 179。
〔註337〕《後漢書集解一卷十一・劉玄劉盆子傳》頁 179。
〔註338〕《後漢書集解一卷十一・劉玄、劉盆子傳》頁 183。
〔註339〕《後漢書集解一卷十一・劉玄劉盆子傳》頁 183。
〔註340〕《後漢書集解一卷一・光武帝紀》頁 46。
〔註341〕《漢書補注一卷七十二・地理志上》三輔人口合計 2,436,360 人，頁 670～675。
〔註342〕《增補六臣注文選卷三・東京賦》頁 76。
〔註343〕《後漢書集解一卷九・獻帝紀》頁 147。
〔註344〕《後漢書集解二卷七十二・董卓列傳》頁 837。
〔註345〕《增補六臣注文選卷三十・謝靈運擬魏太子鄴中詩八首之二・王粲》頁 577。

〈七哀詩〉：「西京亂無象，豺虎方遘患，……出門無所見，白骨蔽平原，路有飢婦人，抱子棄草間，顧聞號泣聲，揮涕獨不還，……南登灞陵岸，廻首望長安，悟彼泉下人，喟然傷心肝。」〔註346〕，可知其長安再度喪亂後之慘狀，令人不忍卒讀。

一百年後，元康二年（292）孟秋，陸機西入長安，見城內民居、街市、坊里狀況，如〈西征賦〉所述：

> 街里蕭條，邑居散逸，營宇寺署、肆廛管庫，叢芮於城隅者百不處一，所謂尚冠、脩成、黃棘、宣明、建陽、昌陰、北煥、南平皆夷漫滌蕩，亡其處有其名。〔註347〕

則知往日長安的廬舍櫛比、車水馬龍之市井已成渺無人煙，而宮室、官衙更成爲廢墟，淪爲野生禽獸的棲息地：

> 偕長樂、登未央、汎太液、凌建章，縈馺娑而款駘盪，輵枌詣而轢承光，徘徊桂宮，惆悵柏梁，驚雉雊於臺陂，狐兔窟於殿傍，何黍苗之離離，而余思之芒芒，洪鐘頓於毀廟，乘風廢而弗縣，禁省鞠爲茂草，金狄遷於霸川。〔註348〕

長安都城的荒廢寥落竟歷數百年，故陸機有麥秀黍離之感嘆。

第七節　東漢洛陽南、北兩宮之規制

〈古詩十九首〉第四首云：

> 驅車策駑馬，游戲宛與洛；洛中何鬱鬱，冠帶自相索；長衢羅夾巷，王侯多第宅；兩宮遙相望，雙闕百餘尺；極宴娛心意，戚戚何所迫。
>
> 〔註349〕

另曹植〈送應氏詩之一〉有「洛陽何寂寞，宮室盡燒焚；垣牆皆頓擗，荊棘上參天。」〔註350〕之詩句，洛陽南北兩宮常爲詩人吟詠的對象，〈東都賦〉云：「是以皇城之內，宮室光明，闕庭神麗，奢不能踰，儉不能侈。」〔註351〕

〔註346〕《增補六臣注文選卷二十三·七哀詩二首之一》頁426。
〔註347〕《增補六臣注文選卷十·西征賦》頁195。
〔註348〕《增補六臣注文選卷十·西征賦》頁196。
〔註349〕《增補六臣注文選卷二十九·古詩十九首》頁536。
〔註350〕《增補六臣注文選卷二十·送應氏詩二首》頁380。
〔註351〕《增補六臣注文選卷一·東都賦》頁35。

則描寫兩宮的闕庭，另〈東京賦〉云：「睿哲玄覽，都茲洛宮。」〔註352〕，則係指建武元年（25）冬十月癸丑，光武帝「車駕入洛陽，幸南宮卻非殿，遂定都焉。」〔註353〕之事，至於〈東京賦〉所云：

> 逮至顯宗，六合殷昌，乃新崇德，遂位德陽；啟南端之特闈，立應門之將將，昭仁惠於崇賢，抗義聲於金商；飛雲龍於春路，屯神虎於秋方，建象魏之兩觀，旌六典之舊章，其內則含德章臺，天祿宣明，溫飭迎春，壽安永寧：飛閣神行，莫我能形。……於南則則前殿靈臺、騄驪安福；諸門曲榭，邪阻城洫……九龍之內，寔曰嘉德，西南其戶，匪雕匪刻……其西則平樂都場，示遠之觀。〔註354〕

則係指永平三年（60），明帝「十二月戊辰，至自章陵，是歲起北宮及諸官府。」〔註355〕之事，依薛綜注；「崇德、德陽皆（北宮）殿名，崇德在東、德陽在西，相去五十步。端門，南方正門；應門，中門也。崇賢，東門也；金商，西門也。德陽殿東門稱雲龍，西門稱神虎。（含德、章臺、天祿、宣明、溫飭、迎春、壽安、永寧等）八殿皆以休令為名，美時君之德，在應門之內也。」〔註356〕基本上薛綜已述明了北宮各宮殿的配置情況。

一、南宮之建置

南宮在西漢初已經存在，如《史記·高祖本紀》云：「（五年五月，前202）高祖置酒雒陽南宮。」〔註357〕《漢書·高帝紀》又云：「（六年十月）上居南宮，從複道上見諸將往往耦語。」〔註358〕光武帝未即位前，在更始元年（23）曾奉更始帝命令予以整修，如（後漢書）曾載：「更始將北都洛陽，以光武行司隸校尉，使前整修宮府。」〔註359〕光武帝在建武元年（25）九月辛卯日攻下洛陽〔註360〕，二十二天後（十月癸丑）即進駐洛陽南宮卻非殿即位定都，

〔註352〕《增補六臣注文選卷一·東都賦》頁35。
〔註353〕《後漢書集解一·光武帝紀上》頁45。
〔註354〕《增補六臣注文選卷三·東京賦》頁65。
〔註355〕《後漢書集解一·明帝紀》頁68。
〔註356〕《增補六臣注文選卷三·東京賦》頁65。
〔註357〕《史記一·高祖本紀》頁175。
〔註358〕《漢書補注一·高帝紀下》頁51。
〔註359〕《後漢書集解一·光武帝紀》頁40。
〔註360〕《後漢書集解一·光武帝紀上》云：「（建武元年）以東使吳漢率朱祐及廷尉岑彭、揚化將軍堅鐔等十一將圍朱鮪於洛陽……（九月）辛卯朱鮪舉城降。」

可見終西漢之世計二百餘年，南宮仍持續維修得不錯的情況。

二、南宮之規制

南宮的殿署依《後漢書‧郡國志‧雒陽》王先謙〈集解〉引惠棟曰：

> 南宮有玉堂前後殿、卻非殿、宣室殿、嘉德殿、崇德殿、雲臺殿、九龍殿、廣德殿、安福殿、穌歡殿、銅馬殿、敬法殿、清涼殿、鳳凰殿、翔平殿、竹殿、黃龍千秋萬歲殿，又侍中寺、中黃門寺、畫室署、丙署及雲臺、謻臺皆在南宮。東觀在南宮。尚書闥在南宮。
> 〔註361〕

其中崇德殿薛綜認爲在德陽殿之東〔註362〕，且〈東京賦〉提及兩殿係同爲明帝所建，《元河南志》亦列入北宮之殿宇中，該兩殿非在南宮可知。另黃龍千秋萬歲殿應是黃龍與千秋萬歲兩殿。

南宮的宮門依據《元河南志》之〈後漢東都城圖〉〔註363〕南宮門爲朱雀門，朱雀門外即洛陽城之平城門，北宮門爲玄武門，東宮門爲蒼龍門，西宮門爲白虎門，各門均有門闕，門闕以門名而命名，如朱雀門有朱雀闕等；朱雀門內有司馬門，再北進爲南端門，端門內即爲卻非門，共五門，比擬《禮記鄭注》所稱天子五門皋、雉、庫、應、路門也〔註364〕。卻非門內即卻非殿，亦即光武帝在洛陽龍飛稱帝的殿宇。五門與卻非殿後由南而北依次爲中德殿、千秋萬歲殿，其北直達玄武門，爲一系列中軸線建築。東西各兩排殿宇對稱中軸線，東一排由南而北依次爲金馬殿、銅馬殿、敬法殿、章德殿、樂成殿、溫德殿、東宮諸殿宇；東二排由南而北依次爲侍中廬、清涼殿、鳳凰殿、黃龍殿、壽安殿、竹殿、承風殿、東觀諸殿宇；西一排由南而北依次爲明光殿、宣室殿、承福殿、嘉德門、嘉德殿、玉堂殿、宣德殿、建德殿諸殿宇；西二排由南而北依次爲雲臺殿、顯親殿、雲臺、蘭臺、阿閣、長秋宮、西宮諸殿宇；其中光武即位之卻非殿，爲南宮之正殿，《元河南志》稱：「卻非門，九龍門，本周時殿名，門上有三銅柱，柱有三龍相亂繞，故曰九龍。」

頁 45。
〔註361〕《後漢書集解一‧郡國志一》頁 1220。
〔註362〕《元河南志二‧漢魏城闕宮殿古蹟》頁 9。
〔註363〕《元河南志二‧漢魏城闕宮殿古蹟》附圖，頁 6。
〔註364〕《禮記注疏‧明堂位》云：「大廟，天子明堂；庫門，天子皋門；雉門，天子應門。」鄭玄注：「天子五門，皋、雉、庫、應、路。」，頁 579。

〔註365〕推測九龍門即卻非門。

「東觀」在文學史上很著名，爲明帝詔令班固修撰《漢記》之處，依《後漢書・竇章傳》載：「是時學者稱東觀爲老氏臧室、道家蓬萊山，（鄧）康遂薦章入東觀爲校書郎。」〔註366〕，王先謙《集解》引沈約云：「漢東京圖籍在東觀，故使名儒、碩學著作東觀、撰述國史。」〔註367〕安帝亦在永初五年（111）：「詔謁者劉珍及五經博士校定東觀五經、諸子傳記、百家藝術整齊、脫誤是、正文字。」〔註368〕則東觀名符其實成爲國家圖書館兼國史館。

東觀之建築，依據《元河南志》云引陸機《洛陽記》曰：「在南宮，高閣十二間。」〔註369〕，後漢李尤《東觀銘》云：「房闥內布，疏綺外陳，升降三除，貫啓七門，是謂東觀，書籍林林，列侯弘雅，治掌藝文。」。〔註370〕其《東觀賦》云：「上承重閣，下屬周廊，步西蕃以徙倚，好綠樹之成行，歷東崖之敞坐，庇蔽茅之甘棠，……前望雲臺，後匝德陽。」〔註371〕，則東觀平面十二間，開七門，臺階三處通向大門，底層四周有柱廊，上有多層樓閣，其樓層數文獻不載，估計樓高至少爲三層，視線才能眺望西面的雲臺，東觀室內各間有門相通，室外佈置交疏的綺窗，高閣係指樓層較高，以供作書架書櫃使用，庭景方面其西藩籬有綠化的成排綠樹，東面假山崖下有露天坐椅可供休息。其觀名因地處南宮東北角，在樓閣上可遠觀眺望，故名爲東觀。

另有蘭臺亦爲南宮的圖書館，依《元河南志》云；「蘭臺石室，宣名鴻都，皆藏典策之所。」〔註372〕蘭臺由御史中丞掌理，後漢設置蘭臺令史，掌管圖書奏章，故御史府亦稱蘭臺寺，班固曾任蘭臺令史，奉勅撰《漢書》、〈光武本紀〉等傳記，故後世史官亦稱蘭臺，到唐高宗時改秘書省爲蘭臺，故白居易〈秘書省中憶舊山詩〉有「厭從薄宦校青簡，悔別故山思白雲，猶喜蘭臺非傲吏，歸時應免動移文。」〔註373〕之聯，東漢蘭臺在南宮嘉德殿之西北，《元

〔註365〕《元河南志卷二後漢城闕宮殿古蹟》頁 6。
〔註366〕《後漢書集解一卷二十三・竇章傳》頁 306。
〔註367〕《後漢書集解一卷二十三・竇章傳》頁 306。
〔註368〕《後漢書集解一卷八・安帝紀》頁 102。
〔註369〕《元河南志二・後漢城闕宮殿古蹟》頁 8。
〔註370〕《古今圖書集成七十七・考工典卷四十六・宮殿部藝文一》，鼎文書局，臺北，頁 462。
〔註371〕《古今圖書集成七十七・考工典卷四十六・宮殿部藝文一》頁 462。
〔註372〕《元河南志卷二・後漢城闕宮殿古蹟》清・徐松輯，世界書局，臺北，1963年 11 月，頁 8。
〔註373〕《白香山詩集卷十三・律師九十二首其五十九・秘書省中憶舊山》唐・白居

河南志》既稱石室，則可知係一石造之建築，其屋頂可能如漢墓一樣以筒瓦形之穹窿構造，如蘇州無梁殿方式，以便整體防火。另《水經注‧穀水》云：「洛陽諸宮名曰：南宮有謻臺、臨照臺：〈東京賦〉曰：『其南則謻門曲榭、邪阻城洫。』注云：謻門，冰室門也；阻，依也；洫，城下池也；皆屈曲邪池爲道。」〔註374〕據此，則南宮謻臺應爲冰室，沿城曲隅而建，依長安桂宮考古發掘資料例子，推測謻臺應有半地穴之窟室以便夏日藏冰。

南宮的尺度文獻不載，據考古發掘資料，南宮平面呈長方形，南北長約一千三百公尺，東西寬約一千公尺〔註375〕，則其面積約爲一點三平方公里，稍大於清末興建的臺北城〔註376〕。

靈帝熹平四年（175）二月，《後漢書‧靈帝紀》載：「南宮、平城門及五庫東垣屋自壞。」〔註377〕鄰近數棟建築物同時無預警損壞，與屋齡無關，推測可能係洛河北移，地下水浸潤造成地基下陷有關；中平二年（185）南宮又遭遇大火災，事見《後漢書‧靈帝紀》）載：「二月己酉，南宮大災，半月乃減。」〔註378〕李賢注引（續漢志）載：「時燒靈臺殿，樂成殿，延及北闕，度道西，燒嘉德、合歡殿。」〔註379〕南宮大火至少燒了半個月，災情應相當嚴重，故修復時大費周章，並引起社會上極大的爭議，如（後漢書‧宦者傳‧張讓傳）載如下〔註380〕：

> 明年（中平二年），南宮災，（張）讓、（趙）忠等說帝，令稅天下，
>
> 田畝十錢，以修宮室，發太原、河東、狄道諸郡材木及文石。

以《漢書‧食貨志》稱每畝年產粟一石半，每石三十錢〔註381〕。畝十錢即稅率百分之二十二〔註382〕，超過正常什一之稅率兩倍。且徵用到三晉及隴

易撰，臺灣中華書局，臺北，1965年11月，頁11。

〔註374〕《水經注‧穀水》卷十六，北魏‧酈道元撰，世界書局，臺北，1969年5月，頁217。

〔註375〕《中國古代建築史第二卷‧漢代建築‧洛陽宮殿》頁413。

〔註376〕清代臺北城南北長約1.25公里，東西寬爲0.96公里，面積約1.2平方公里。

〔註377〕《後漢書集解一卷八‧靈帝紀》頁136。

〔註378〕《後漢書集解一卷八‧靈帝紀》頁136。

〔註379〕《後漢書集解一卷八‧靈帝紀》，頁139。

〔註380〕《後漢書集解二‧宦者傳‧張讓傳》頁905。

〔註381〕《漢書補注一‧食貨志上》云：「食，人月一石半……餘有四十五石，石三十，爲錢千三百五十，除、社閭、嘗新、春秋之祠用錢每年每戶三百錢……衣，人率用三百。」頁514。。

〔註382〕《漢書‧食貨志》所載每畝年產粟一石半，每石三十錢計所，得四十五錢，

西建材，可謂橫征暴斂，勞民傷財。

> 每州、郡、部送京師，黃門常侍輒令譴呵不中者，因強折錢，買十
> 分雇一，因復貨之於宦官，復不爲即受，材木遂至腐積，宮室連年
> 不成，刺史太守復增私調，百姓呼嗟，凡詔所徵求，皆密令閹密敕，
> 號曰中使，恐動州郡，皆受賕賂。

宦官故意從刁難並倒賣揩油，且中央與地方不肖官員藉機貪污。

> 刺史、二千石及茂才、孝廉遷除皆責助軍修宮，錢大郡二、三千萬，
> 餘各有差，當之官者皆至西園諧價然後得去，有錢不畢者或至自殺，
> 其守清者乞不之官，皆迫遣之。

並指清官新除鉅鹿太守司馬直無法繳修宮錢三百萬，上書表白後被迫吞
藥自殺〔註383〕，可知宦官藉修宮之機索賄之令人咋舌。

南宮之修繕力求精益求精，〈張讓傳〉云：

> 明年（中平三年），遂使鉤盾令宋典繕修南宮玉堂，又使掖庭令畢嵐
> 鑄銅人四列於蒼龍、玄武闕，又鑄四鍾，皆受二千斛，懸於玉堂及
> 雲臺殿前，又鑄天祿、蝦蟆吐水於平門外橋東轉水入宮，又作翻車
> 渴烏施於橋西，用灑南北郊啓。〔註384〕

二千斛約四立方公尺〔註385〕，天祿爲獅子，蝦蟆爲青蛙，翻車爲水碓車，天
祿、蝦蟆在橋東吐水，吐水後流到橋西以翻車提高水位，再由明渠引水入南
宮，在皇城外門運用水力機械的景觀設計是何等巧妙，但修南宮浪費太多民
脂民膏，與東漢的滅亡應有相當的關體。

三、北宮之建置

秦代的北宮可能在西漢初已不存在，故仿長安一都兩宮制度再建北宮，
以崇尚節約的光武帝不可能去做，到明帝即位第三年就著手興建。北宮動工
的時間爲永平三年（58）六月〔註386〕，其竣工時間依〈後漢書‧明帝紀〉載：

　　　每畝徵稅十錢，其稅即 22.2%。
〔註383〕《後漢書集解二‧宦者傳‧張讓傳》頁 905。
〔註384〕《後漢書集解二‧宦者傳‧張讓傳》頁 905。
〔註385〕《中國度量衡史》漢一升約二百立方公分，一斛爲百升，二千斛爲四百萬立
　　　　方公分即四立方公尺。
〔註386〕《資治通鑑上冊‧孝明皇帝上》，北宋‧司馬光撰，元‧胡三省註，文化書局，
　　　　臺北，1971 年 4 月，頁 301。

「（八年，63）冬十月，北宮成。」〔註387〕則北宮興建耗時五年四個月。北宮興建時，天遭夏旱，《後漢書·鍾離意傳》載尚書僕射鍾離意免冠詣闕上疏諫止作北宮有：

> 伏見陛下以天時小旱，憂念元元，降避正殿，躬自克責，而比日密雲，遂無大潤，豈政有未得應天心者也？昔成湯遭旱，以六事自責曰：『政不節邪？使人疾邪？宮室榮邪？女謁盛邪？苞苴行邪？讒夫昌邪？』竊見北宮大作，人失農時，此所謂宮室榮也，自古非宮室小狹，但患人不安寧，宜且罷止，以應天心。〔註388〕

之語，明帝下詔自咎，並北祈明堂、南設雩場，禱請闤候風雨外，又敕將作大將止作諸宮以回應〔註389〕，但工程並未全部中斷，在德陽殿完成的百官大會時，帝思意言，竟謂公卿曰：「鍾離尚書若在，此宮不立。」〔註390〕

可見明帝只是成全忠臣之諫言，始終未動搖其興建北宮之意志。明帝堅持興建北宮的原因，可能與其不願長住歷時已久的南宮有關。

四、北宮之佈局及德陽殿之規制

（一）北宮之佈局

北宮的殿署依《後漢書·郡國志·雒陽》王先謙〈集解〉引惠棟曰：

> 北宮有德陽殿、章德殿、章德前殿、宣明殿、溫明殿、含德殿、天祿殿、壽安殿、迎春殿、永寧殿、溫飭殿、章臺殿、章臺下殿，又蠶室、掖庭、永巷署、朔平署、增喜觀、九子坊皆在北宮。白虎觀在南宮。尚方在北宮。〔註391〕

惠棟云白虎觀在南宮不確，據《元河南志》：「白虎，門名。於門立觀，因名之。內有殿，章帝曾會群儒講《五經》同異。……右北宮。」〔註392〕雖然南北宮皆有白虎門，但白虎觀在北宮白虎門內，南宮並無白虎觀。據《後漢書·章帝紀》：「（建初四年，79）於是下太常，將、大夫、博士、議郎、郎官及諸生、諸儒會白虎觀，講議《五經》同異。使五官中郎將魏應承制問，

〔註387〕《後漢書集解一·明帝紀》頁 69。
〔註388〕《後漢書集解一·卷四十一·鍾離意傳》頁 504。
〔註389〕《後漢書集解一·卷四十一·鍾離意傳》頁 504。
〔註390〕《後漢書集解一·卷四十一·鍾離意傳》頁 505。
〔註391〕《後漢書集解一·郡國志一》頁 1220。
〔註392〕《元河南志二·漢魏城闕宮殿古蹟》，頁 10。

侍中淳于恭奏，帝親稱制臨決，如孝宣甘露石渠故事，作《白虎議奏》。」
〔註393〕當時成篇的論議除《白虎議奏》外，尚有《白虎議通德論》，班固奉
詔撰輯成書即今日著名的《白虎通義》。白虎觀建築規制文獻不載，惟知其
觀內有殿，殿應在一樓，既名爲觀推測規制與南宮東觀相似，爲層樓建築，
室內有梯可登樓觀望。

　　北宮之宮門依據《元河南志》之〈後漢東都城圖〉〔註394〕，與南宮相
同，北宮東西南北四個宮門爲蒼龍門、白虎門、朱雀門、玄武門，四個宮門
外亦有闕，闕名與宮門相同；朱雀門內亦有司馬門，再北進爲北端門，其左
右有左、右掖門，掖門後爲東、西掖庭，北端門內由南而北依次爲溫飭殿、
安福殿，其北直達德陽門，門內即爲北宮正殿德陽殿，出德陽殿南而北依次
爲宣明殿、朔平署、平洪殿而達玄武門、此排爲中軸線建築；東一排由南而
北依次爲天祿殿、章臺殿、含福殿、壽安殿、章德殿、崇德殿諸殿宇；東二
排由南而北依次爲永寧殿、迎春殿、延休殿、安昌殿、景福殿及永安宮諸宮
殿；東面僅一排由南而北依次前爲並列的增喜觀及白虎觀，後爲崇德署、崇
政殿及永樂宮諸宮殿；北宮由洛陽城東上第一門卜東門經東面蒼龍門內，東
上雲龍門、崇賢門、建禮門等五門可達正殿德陽殿，西上第一門上西門經西
面白虎門內，西上神虎門、金商門、（圖上疑缺行義門）等五門可達正殿德
陽殿。

　　北宮的尺度文獻不載，據考古發掘資料，北宮平面呈長方形，南北長約
一千六百公尺，東西寬約一千四百公尺〔註395〕，則其面積約爲二點二四平方
公里，約清末興建的臺北城面積的二倍〔註396〕。

（二）德陽殿之建築裝飾

德陽殿爲北宮正殿，其建築依後漢李尤〈德陽殿賦〉：

> 開三階而參會，錯金銀於兩楹，入青陽而窺總章，歷戶牖之所經，
> 連璧組之潤漫，雜蚪文之蜿蜒，爾迺周閣迴匝，峻樓臨門，朱闕巖
> 巖，嵯峨概雲，青瑣禁門，廊廡翼翼……中方池而特立，果竹鬱茂
> 以蓁蓁，鴻雁裔裔而來集。〔註397〕

〔註393〕《後漢書集解一卷三・章帝紀》，頁78。
〔註394〕《元河南志二・漢魏城闕宮殿古蹟》附圖，頁6。
〔註395〕《中國古代建築史第二卷・漢代建築・洛陽宮殿》頁413。
〔註396〕清末臺北城南北長約1.25公里，東西寬爲0.96公里，面積約1.2平方公里。
〔註397〕《古今圖書集成七十七・考工典卷四十六・宮殿藝文一》頁462。

《元河南志》引蔡質《漢官典職》曰：「德陽殿，畫屋朱梁，柱皆金鏤，一柱三帶，韜以赤緹，周旋容萬人，激洛水於殿下。」〔註398〕」，據《中國古代建築史第二卷・漢代建築》引《東漢會要・卷六》謂：

> 德陽殿周旋容萬人，陛高二丈，皆文石作壇，激沼水於殿下，畫屋朱梁，玉階金柱，刻鏤作宮掖之好，廁以金翡翠，一柱三帶，韜以赤緹。天子正旦節會，朝百官於此。〔註399〕

可知其建築外觀，陛高二丈即臺基高約四點八公尺，臺基以玉石臺階上下，即〈古詩十九首〉所謂「阿閣三重階」，三座臺階，每座臺階由下而上共計三層，每層九級，三層共二十七級，每級高約十八公分，有如今北京太和殿前三層漢白玉石臺階，德陽殿四周以朱閣環繞，閣間連以廊廡。其裝飾依金柱赤緹是指橘紅色柱上套上三道金色銅環，但進口大門兩楹柱用金、銀、翡翠裝飾，門戶用青瑣文之格子門。德陽殿不臨洛水，而激沼水於殿下，當係由洛水引渠至宮前高水池，藉水的位能在德陽殿下池沼噴水，如同現在建築物前面之景觀噴水池，池畔及中島栽植水果及綠竹以引鴻雁來棲息，宮殿前水渠縈繞，當係今日北京紫禁城太和殿前金水河之濫觴，而殿中造景水池即仿長樂宮之魚池、未央宮之滄池。

（三）德陽殿面積之商榷

《漢官典職》及《東漢會要》皆曰：「德陽殿，周旋容萬人。」但《元河南志》引《洛陽宮殿簿》曰：「（德陽）殿南北行七丈，東西行三十七丈四尺。」〔註400〕若此，德陽殿爲狹長方形平面（長寬比約七比一），南北七丈（約十六點六公尺），東西三十七丈四尺（約八十八點八公尺），面積爲一千四百七十四平方公尺（約四百四十六坪），然以一個人的迴旋空間爲二點五四平方公尺計算〔註401〕，周旋容萬人需要二萬五千四百平方公尺（七千七百坪）的面積，德陽殿的尺度如果《洛陽宮殿簿》記載無誤的話，只能周旋容六百人，推測《漢官典職》所載周旋容萬人應指德陽殿大朝前庭。

（四）德陽殿及朱雀五闕高度之商榷

德陽殿的高度文獻不載，但《東漢會要・卷六》謂：「自偃師，去宮四十

〔註398〕《元河南志卷二・漢魏城闕宮殿古蹟》頁9。
〔註399〕《中國古代建築史第二卷・漢代建築・洛陽宮殿》頁414。
〔註400〕《元河南志二・東漢城闕宮殿古蹟》頁9。
〔註401〕人雙手伸開的長度約等於身高1.8公尺計算，迴旋空間即以此長度的圓面積＝1／4×π×1.8²＝2.54平方公尺。

三里，望朱雀五闕，德陽其上，苀崒與天連。」〔註402〕另《後漢書・鍾離意傳》載「德陽殿成」王先謙《集解》引《漢官典職》曰：「德陽殿周旋容萬人，自偃師去宮四十五里，激洛水於殿下。」〔註403〕此外，《水經注・穀水》引《漢官典職》曰：「偃師去洛四十五里，望朱雀闕，其上鬱然與天連，是明峻極也；洛陽故宮名有朱雀闕、白虎闕，蒼龍闕、北闕，南宮闕也。」〔註404〕洛陽南、北宮門皆有闕，偃帥在洛陽東面，由東向西眺望，因視線關係，白虎闕被蒼龍闕所遮蔽，照理只能看到南北宮之六闕，可能因雲霧關係，只能見到朱雀等五闕出現在天際線上。

　　闕高及殿高以《漢官典職》及《水經注・穀水》偃師去宮四十五里（約十九點二四公里）計算，用地球弧面差加上大氣折光差公式，可算出朱雀五闕的高度約為二十五公尺〔註405〕，約漢尺一百零五尺（十丈五尺），〈古詩十九首〉之四云：「兩宮遙相望，雙闕百餘尺」〈古詩〉所稱之雙闕為朱雀五闕中之二闕，〈古詩〉所描寫雙闕高度堪稱正確；《東漢會要》稱德陽殿又高過朱雀五闕，假定其屋簷剛在朱雀五闕上面，屋頂高約八公尺〔註406〕，推測德陽殿的高度為三十三公尺左右，即約十四丈左右。

（五）南、北宮之聯絡佈局及闕庭

　　南、北宮之聯絡布局依據《後漢書・郡國志・司隸・雒陽》王先謙〈集解〉引惠棟曰：「案東京有南北宮，相去七里，中央作大屋複道三道行，天子從中道，從官夾左右，十步一衛。」〔註407〕《古詩十九首》第四首：「兩宮遙相望，雙闕百餘尺。」李善注引蔡質《漢官典職》曰：「南宮、北宮相去七里。」〔註408〕但據《後漢書・郡國志・司隸》云：「周時號成周」李賢注：「《帝王世紀》曰：『城東西六里十一步，南北九里一百步』，《晉元康地道記》曰：『城

〔註402〕《中國古代建築史第二卷・漢代建築・洛陽宮殿》，劉敍杰主編，頁414。
〔註403〕《後漢書集解一・卷四十一・鍾離意傳》，頁505。
〔註404〕《水經注卷十六・穀水》頁215。
〔註405〕以地球弧及大氣折光公式，高度（公尺）＝0.0671×兩地視線距離（公里）平方，計算出朱雀五闕高度＝0.0671×19.24×19.24＝24.84公尺。
〔註406〕《中國古代建築史第二卷・漢代建築・建築技術》頁436，漢代四阿頂坡度約45度，而德陽殿進深七丈，以45度斜上屋脊，則屋頂高度為進深的一半即三丈半，合今尺八點三公尺。
〔註407〕《後漢書集解一・郡國志一・雒陽》頁1220。
〔註408〕《增補六臣注文選卷二十九・古詩十九首》頁536。

內南北九里七十步，東西六里十步，地三百頃二十畝有三十六步』」〔註 409〕
而言，則洛陽城南北全長僅九里餘，但依考古發掘資料，南宮之南北長約一
千五百公尺，東西寬約一千公尺，北宮南北長約一千六百公尺，東西寬約一
千四百公尺，以漢里一里爲四二七點五公尺計，南宮南北長三點五里，北宮
南北長三點七里，則洛陽城顯然容不下兩宮及其間的七里廣場（即《東都賦》
所稱的闕庭），文獻所載兩宮相距七里顯然有誤，依據考古資料兩宮遺址相距
僅約一里〔註 410〕等，《漢宮典職》及李善注記載有誤。

「兩宮遙相望，雙闕百餘尺。」一般認爲南北兩宮遙遙相望，一定相互
對齊，《元河南志》載東漢洛陽城圖就是如此〔註 411〕，其實依考古發掘資料兩
宮並不對齊，兩宮之西城垣相錯開約五百公尺〔註 412〕。兩宮因錯開的關係故
不似北京城之有中軸線。

兩宮間的往來交通，則作複道三道，中央複道供皇帝輦馬行走，左右兩
複道則爲百官所通行，其方式與長安街道相似，所不同的複道上作大屋頂遮
陽蔽雨，推測複道上層三道爲天子馳道及從官道，一般百姓走複道下層之地
面道路，其寬可能是方軌十二即九十六尺約二十三公尺左右，寬約現代四線
街道寬度，兩宮間的三道複道猶如今日的高架道路。

至於兩宮間的廣場，〈東都賦〉云：「是以皇城之內，宮室光明，闕庭神
麗，奢不能踰，儉不能侈。」〔註 413〕所稱都「闕庭」也就是宮前廣場，因有
北宮的朱雀闕與南宮的玄武闕而得名。闕庭幅寬約一千七百公尺（約四漢
里），進深四百三十公尺（約一漢里）〔註 414〕，面積七十三公頃，大於今日世
界最大的北京天安門廣場〔註 415〕，爲古今中外最大的宮前廣場〔註 416〕。「兩

〔註 409〕 《後漢書集解一・郡國志一・雒陽》頁 1220。
〔註 410〕 《中國古代建築史第二卷・漢代建築・洛陽宮殿》頁 414。
〔註 411〕 《元河南志二・漢魏城闕宮殿古蹟》附圖，世界書局，臺北，1963 年 11 月，
頁 6。
〔註 412〕 《中國古代建築史・第一卷》頁 399 東漢洛陽城平面圖 5-22 所量度尺寸。
〔註 413〕 《增補六臣注文選卷一・東都賦》頁 35。
〔註 414〕 《中國古代建築史・第一卷》頁 399 東漢洛陽城平面圖 5-22 所量度尺寸。
〔註 415〕 《北京風光・天安門廣場》云：「天安門廣場是世界最大的廣場，面積四十四
萬平方米（四十四公頃）」北京美術出版社，北京，1991 年 9 月，頁 9。
〔註 416〕 西洋宮前廣場皆不大，古羅馬最大的圖垃眞廣場約 9,000 平方公尺即 0.9 公頃
（沃德及珀金斯《羅馬建築》，1999 年 12 月，中國建工出版社，頁 43），羅
浮宮廣揚 5.8 公頃，白金漢宮廣揚 1.25 公頃，梵締岡聖彼德廣揚 2.5 公頃（富

宮遙相望，雙闕百餘尺。」其實就是在闕庭上眺望兩宮的雙闕，爲當時洛陽城最顯著的地標。

雙闕遭董卓焚毀後，直到黃初元年（220）曹魏文帝重修北宮〔註417〕後，僅恢復宮前雙闕，如曹植〈贈徐幹詩〉「圓景光未滿，眾星粲以繁，聊且夜行游，游彼雙闕間。」〔註418〕闕庭仍是士人冶遊之地。

（六）永安宮之規制

〈東京賦〉云：「永安離宮，修竹冬青，陰池幽流，玄泉洌清；鴨鷗秋棲，鶴鷾春鳴，睢鳩麗黃，關關嚶嚶。」《後漢書·百官志三》云：「永安丞各一人，三百石，本注曰：『宦者；永安北宮東北別小宮名，有園觀。』」〔註419〕《後漢書·獻帝紀》）載：「（中平六年，189）九月甲戌，即皇帝位，年九歲，遷皇太后於永安宮。」〔註420〕李賢注曰：「董卓遷也，《洛陽宮殿名》曰：『永安宮，周迴六百九十八丈，故基在洛陽故城中。』」〔註421〕則其周圍爲一千六百六十公尺，形狀假定爲方形，則面積約十七公頃。

其位置依《中國古代建築史第二卷·漢代建築·洛陽宮殿·永安宮》謂：「南臨上東門大街，東近都城垣，北臨武庫，西臨穀門大街與北宮東牆相對。」〔註422〕」永安宮之「陰池幽流，玄泉洌清」薛綜注曰：「水稱陰；幽流謂伏溝從地下流通於河也；水黑色故曰玄泉，洌，清澄貌。」則永安宮除了有蒼鬱的竹林外，玄泉之清澈泉水也引入池沼內，並將池水用暗渠引通至宮外溪河，群鳥齊鳴，可知林泉之幽深。玄泉推測是宮內泉名，否則黑色之泉水如何稱爲洌清？又依後漢李尤之〈永安宮銘〉：「合歡黃堂，中和是遵，舊廬懷本，新果暢春，候臺集道，俾司星辰。」〔註423〕合歡堂應是永安宮的景福殿主堂，供太后所居。舊廬謂殿堂利用舊有，而非新建，候臺爲宮內設天文測候臺，以其地較幽靜較少光礙、利於觀測之故。

拉契《西洋建築史》1965，頁 827,689,648）。
〔註417〕《三國志集解卷二·魏書·文帝丕》云：「黃初元年（220），初營洛陽宮」即重修北宮，晉·陳壽撰，劉宋·裴松之注，民國·盧弼集解，武英殿刊本，藝文印書館，臺北，頁 105。
〔註418〕《增補六臣注文選卷二十四·曹植贈徐幹詩》頁 439。
〔註419〕《後漢書集解一卷二十六·百官志三·鉤盾令》頁 1349。
〔註420〕《後漢書集解一卷九·獻帝紀》頁 145。
〔註421〕《後漢書集解一卷九·獻帝紀》頁 145。
〔註422〕《中國古代建築史第二卷·漢代建築·洛陽宮殿·永安宮》頁 414。
〔註423〕《元河南志卷二·後漢城闕宮殿古蹟》頁 12。

第八節　東漢洛陽宮室之結局

歷史總是重演，洛陽宮室在東漢末年遭董卓焚毀，與西漢長安宮室遭赤眉焚毀如出一轍。據《後漢書·獻帝紀》載：「（初平三年，192）三月乙巳，車駕入長安，幸未央宮，已酉，董卓焚洛陽宮廟及人家。」〔註424〕，未央宮已焚毀於王莽之亂，董卓又因東方兵起，欲徙都長安以近隴西老巢，即陸機〈西征賦〉所云：「愍漢氏之剝亂，朝流亡以離析，卓滔天以大滌，刼宮廟而遷迹。」之憾事〔註425〕據《後漢書·董卓傳》載：

> 於是遷天子西都，初，長安遭赤眉之亂，宮室、營、寺焚滅無餘，寇掠積尸盈路，卓自屯留畢圭苑中，悉燒宮、廟、官府、居家，二百里內無復子遺，又使呂布發諸帝陵及公卿以下冢墓，收其珍寶，……分遣其校尉李傕、郭汜、張濟將步騎數萬擊破河南尹朱儁於中牟，因略陳留、潁川諸縣，殺略男女，所過無復遺類。〔註426〕

於是洛陽宮室盡爲灰飛煙滅，令人扼腕。洛陽附近的陳留，係蔡琰（177？～239？）的故鄉，亦不能倖免，當時親歷其境而且流離漂泊的她，有別子切膚之痛，如其〈悲憤詩〉所云：

> 漢氏失權柄，董卓亂天常……斬截無孑餘，尸骸相撐拒，獵野圍城邑，所向悉破亡，……兒前抱我頸，問母何所之？人言母當去，豈復有還時。……城郭爲山林，庭宇生荊艾，白骨不知誰？縱橫其覆蓋。……〔註427〕

亦言及城邑破亡、城郭已成廢墟，城內土地長成樹林之狀況，

洛陽被焚後二、三十年仍然荊棘叢生，到處荒無人煙，其情景正如曹植〈送應氏詩上首〉所云：

> 步登北芒阪，遙望洛陽山，洛陽何寂寞，宮室盡燒焚；垣牆皆頓擗，荊棘上參天，不見舊耆老，但覩新少年；側足無行徑，荒疇不復田，游子久不歸，不識陌與阡；中野何蕭條，千里無人煙，念我平常居，氣結不能言。〔註428〕

〔註424〕《後漢書集解一卷九·獻帝紀》頁145。
〔註425〕《增補六臣注文選卷十·西征賦》頁191。
〔註426〕《後漢書集解二卷七十二·董卓列傳》頁832。
〔註427〕《中國文學史初稿·秦漢文學》頁269。
〔註428〕《增補六臣注文選卷二十·曹子建送應氏詩二首》頁384。

此景正是曹操在建安二十五年（220）正月自漢中至洛陽營造建始殿〔註429〕前，曹植所見洛陽的寫景詩。北邙山的東漢光武帝原陵、安帝恭陵、靈帝文陵也同遭呂布掘陵取寶，晉初張載目睹陵園遭挖掘後數十年後景象有感而作〈七哀詩〉如下：

> 北芒何壘壘，高陵有四五，恭文遙相望，原陵鬱膴膴；季世喪亂起，
> 賊盜如豺虎，毀壞過一杯，便房起幽戶；珠柙離玉體，珍寶見剽虜，
> 園寢化為墟，周墉無遺堵；……狐兔窟其中，蕪穢不復掃……〔註430〕

在兩千年後的今天，漢代洛陽城除夯土城牆仍有部份遺跡外，只有見到一望無垠而且綠油油的玉米田，已體會不出過去繁華的歲月，北邙山漢魏諸陵墓已由大陸整埋保護，並設置洛陽古墓博物館。

〔註429〕《三國志集解・魏書・武帝操》卷一云：「二十五年，春正月至洛陽」。引《世語》曰：「自漢中至洛陽起建始殿。」不久，黃初元年（220）二月文帝曹丕：「初營洛陽宮」重修北宮，洛陽景象已非子建之詩景，頁82，105。
〔註430〕《增補六臣注文選卷二十三・張載七哀詩》頁427。

第四章　由兩都二京賦探討漢代禮制
三宮建築

　　漢代禮制三宮之名出於張衡（78～139）〈東京賦〉所云：「乃營三宮，佈政頒常。」〔註1〕薛綜（？～243）注曰：「三宮，明堂、辟雍、靈臺。」〔註2〕班固（32～92）〈東都賦〉亦云：「觀明堂，臨辟雍，揚絹熙，宣皇風。登靈臺，考休徵。」〔註3〕三宮中明堂與三禮中之《周禮》《禮記》有關，辟雍與《周禮》《禮記》有關，靈臺與《禮記》有關，故稱禮制三宮。

　　明堂出自《周禮・考工記・匠人》：「周人明堂」，孟子（前472～前289）曾對齊宣王（？～前301）曰：「明堂者，王者之堂也。王欲行王政，則勿毀之矣。」〔註4〕孟子所謂王政，趙歧（約108～201）釋為王道〔註5〕，亦即施行仁政。又今本《三輔黃圖》引《禮記・明堂位》云：「朝諸候於明堂之位，天子負斧扆，南鄉而立。明堂也者；明諸侯之尊卑也。」〔註6〕又《孝經》曰；「宗祀文王於明堂，以配上帝。」〔註7〕由此可見周代明堂有行王政、朝諸侯、祭天祀祖的功用。

〔註1〕《增補六臣注文選卷三・東京賦》頁66。
〔註2〕同註1。
〔註3〕《增補六臣注文選卷一・東都賦》頁37。
〔註4〕《孟子注疏卷二上・梁惠王下》漢・趙歧注，宋・孫奭疏，新文豐出版公司，臺北，1983年9月，頁35。
〔註5〕《孟子注疏卷二上・梁惠王下》，頁35。
〔註6〕今本《三輔黃圖》頁40。
〔註7〕《孝經注疏卷五・聖治章》宋・邢昺注疏，新文豐出版公司，臺北，1977年1月，頁36。

　　秦代明堂制度依《呂氏春秋》記載天子於一年十二月中分居明堂十二室以行月令，到漢代用途更增加明天道之作用，故古本《三輔黃圖》云：「明堂者，明天道之堂也，所以順四時、行月令、宗祀先王、祭五帝，故謂之明堂。」〔註 8〕天道依《莊子・庚桑楚》所云：「夫春氣發而百草生，正得秋而萬寶成，夫春與秋，豈無得然哉？天道已行矣。」〔註 9〕則知天道是自然界運行之規律。

　　其次辟雍，辟雍最早出於《詩經・大雅・靈臺》：「虞業維樅，賁鼓維鏞；於論鼓鐘，於樂辟雍。」〔註 10〕毛注曰：「賁；大鼓也。鏞；大鐘也。論；思也，水旋丘如璧曰辟雍，以節觀者。」〔註 11〕又《禮記・王制》：「大學在郊，天子曰辟雍，諸侯曰頖宮。」〔註 12〕則原指天子之大學，有圓水環繞土丘，其形如璧而得名；到了漢代，其用途如《白虎通・辟雍》〔註 13〕：

　　　　天子立辟雍何？所以行禮樂、宣德化也。辟者，璧也。又以法天於
　　　　雍水側，象教化流行也。辟之爲言積也，積天下之道德也；雍之爲
　　　　言壅也，壅天下之殘賊，故謂之辟雍也。

　　而李善〈東都賦注〉引《東觀漢記》曰：「永平三年（60）上宗祀武皇帝於明堂，禮畢，升靈臺。三月，初臨辟雍，行大射禮。」〔註 14〕故漢代辟雍已成爲行禮樂、節觀者、象教化流行、行大射禮等表徵性建築物，天子之學已另建太學矣。

　　其三靈臺，靈臺始於周文王時代，出自《詩經・大雅・靈臺》：「經始靈臺，經之營之；庶民攻之，不日成之。」〔註 15〕周代靈臺如孟子所云：「文王以民力爲臺爲沼，而民歡樂之，謂其臺曰靈臺，謂其沼曰靈沼，樂其有麋鹿魚鱉，古之人與民偕樂，故能樂也。」〔註 16〕則有如公園之臺樹，與民共樂。

　　但漢靈臺之功用爲古本《三輔黃圖》所稱爲侯者觀天文災變〔註 17〕，也

〔註 8〕　古本《三輔黃圖》頁 61。
〔註 9〕　《莊子集釋卷八・雜篇・庚桑楚》戰國・莊周撰，清・郭慶藩編，王孝魚整
　　　　　理，萬卷樓・臺北，1993 年 3 月，頁 771。
〔註 10〕　《詩經注疏卷十六・大雅・靈臺》頁 580。
〔註 11〕　同註 10。
〔註 12〕　《禮記注疏卷十二・王制》頁 236。
〔註 13〕　《四庫全書子部十・雜家類二・白虎通義》漢・班固撰，清・陸費墀校，台
　　　　　灣商務印書館景印本，臺北，1986 年 7 月，頁 850-33。
〔註 14〕　《增補六臣注文選卷一・東都賦》頁 37。
〔註 15〕　《詩經注疏卷十六・大雅・靈臺》頁 580。
〔註 16〕　《孟子注疏卷一上・梁惠王上》頁 11。
〔註 17〕　古本《三輔黃圖》頁 63。

就是〈東都賦〉登靈臺、考休徵〔註 18〕以及〈東京賦〉所稱馮相觀祲、祈禖禳災〔註 19〕之用，其用途已由公園觀覽臺變爲天文測候的天文臺。

兩漢禮制三宮建築尤其是明堂建築更是《周禮・考工記》明堂制度的具象化，對後代明堂建築有承先啓後之作用，且又經由現代考古發掘其遺址，透過文獻研究與考古比對，其格局及規制已漸清晰明朗，本章即依此方法對兩漢禮制三宮建築之規制作初步探討。

第一節　漢代興建禮制三宮之沿革

漢代禮制三宮最核心之建築即是明堂，明堂之議始於武帝，如《史記・孝武本紀》云：「元年（前 140）⋯⋯上鄉儒術，招賢良趙綰、王臧等以文學爲公卿，欲議：古立明堂城南以朝諸侯。」〔註 20〕其議立明堂制度內容載於古本《三輔黃圖》：

> 漢明堂在長安西南七里，孝武議立明堂于長安城南，許衰等議曰：『案
> 五經禮樂傳記曰："聖人之教，制作之象，所以法天地、比類陰陽，
> 以成宮室，本之太古，以昭令德，茅屋采椽，越席皮弁，蓋興黃帝
> 堯舜之世，是以三代修之也。〔註 21〕

《漢書・武帝紀》亦載：「建元元年⋯⋯議立明堂，遣使者安車蒲輪、束帛加璧，徵魯申公。」〔註 22〕終因竇太后「治黃老言，不好儒術，使人徵伺得趙綰等姦利事，使人召案綰、臧，綰、臧自殺，諸所興諸皆廢。」〔註 23〕明堂之議甫起即告失敗。

及至元封元年（前 104），《漢書・武帝紀》載：「夏四月癸卯，上還，登封泰山，降坐明堂。」〔註 24〕此即《史記・封禪書》：「泰山東北址，古時有明堂處，處險不敞。」〔註 25〕降坐之古明堂。《史記・封禪書》所載元封四年（前 101）所建的奉高明堂是依照濟南人公玉帶明堂圖所建的圜水、無壁、茅

〔註 18〕　《增補六臣注文選卷一・東都賦》頁 37。
〔註 19〕　《增補六臣注文選卷三・東京賦》頁 67。
〔註 20〕　《史記卷十二・孝武本紀》頁 207。
〔註 21〕　《古本三輔黃圖》頁 62，63。
〔註 22〕　《漢書補注一卷六・武帝紀》頁 84。
〔註 23〕　《史記卷十二・孝武本紀》頁 207。
〔註 24〕　《漢書補注一卷六・武帝紀》，頁 96。
〔註 25〕　《史記卷二十八・封禪書》，頁 553。

蓋、複道重樓之明堂〔註26〕。

　　至成帝時依曾議立辟雍及庠序如《漢書‧禮樂志》載：「劉向因是說上宜興辟雍、設庠序，陳禮樂、隆雅頌之聲，盛揖讓之容……承相大司空奏請立辟雍。」〔註27〕直到漢末平帝（前9～5）元始四年（前4），王莽（前45～23）奏立明堂、辟雍〔註28〕，做爲政治資本，如《漢書‧禮樂志》載：「及王莽爲宰衡，欲耀眾庶，遂興辟雍，因以篡位。」〔註29〕

　　東漢時代僅有光武帝（前6～57）中元元年（56）所興建三宮，如《後漢書‧光武帝紀》所載：「是歲，初起明堂、辟雍及北郊兆域。」〔註30〕又《後漢書‧祭祀志中》所載：「是年（中元元年），初營北郊明堂、辟雍、靈臺，未用事。」〔註31〕此即〈東都賦〉所云：「觀明堂，臨辟雍、登靈臺」〔註32〕以及〈東京賦〉所云：「複廟重屋，規天矩地；左制辟雍；右立靈臺。」〔註33〕之三宮。

第二節　兩漢禮制三宮之規制

一、奉高明堂

　　《史記‧封禪書》所載元封四年（前107）武帝興建奉高明堂之事如下〔註34〕；

> 四月中，至奉高……上欲治明堂奉高旁，未曉其制度，濟南人公玉帶上黃帝時明堂圖，明堂圖中有一殿，四面無壁，以茅蓋，通水圜宮垣，爲複道，上有樓從西南入曰崑崙，天子從之……於定上令奉高作明堂汶上如帶圖。〔註35〕

〔註26〕同註22。
〔註27〕《漢書補注一卷二十二‧禮樂志》，頁482。
〔註28〕《漢書補注一卷十二‧平帝紀》，頁144。
〔註29〕《漢書補注一卷二十二‧禮樂志》，頁482。
〔註30〕《後漢書集解一卷一‧光武帝紀下》頁61。
〔註31〕《後漢書集解二卷八‧祭祀志中》頁1152。
〔註32〕《增補六臣注文選卷一‧東都賦》頁37。
〔註33〕《增補六臣注文選卷三‧東京賦》頁66。
〔註34〕奉高縣依據《中國古今地名大辭典》頁442載：「漢置，在今山東省泰安縣東北十七里。」
〔註35〕《史記卷二十八‧封禪書》頁553。

　　司馬貞《索隱》:「玉帶明堂圖中爲複道,有樓從西南入,名其道曰崑崙,言其似崑崙山之五城十二樓。」〔註 36〕其明堂由西南進入,以西南屬坤位,坤屬地,立於地而祭天。崑崙爲西方聖山,高與天齊,可做爲天人之媒介。

　　《漢書・郊祀志》所載的武帝營建奉高明堂之事與《史記》相同,但載其祭祀功用爲:「及是歲修封,別祠泰一五帝明堂上座,合高皇帝祠坐對之,天子從崑崙道入,始拜明堂如郊禮,燎堂下而上。」〔註 37〕《漢書補注》引吳仁傑稱:「明堂者壇也,〈司儀職〉曰:『將會諸候,則命爲壇三成。』」〔註 38〕

　　若此則明堂僅爲三層之壇,則公玉帶所稱的無壁茅蓋殿何在?武帝怎能立泰一、五帝與高帝祠座在空曠的壇上而令風吹雨淋?筆者推測奉高明堂爲圓形堂基,堂上建有一座無壁之茅蓋屋頂殿宇,其殿宇平面爲方形,四面無壁猶如今日的二樓亭臺,通風良好,故武帝可在堂下進行燎祭,堂基外有圓形水渠環繞,堂西南有崑崙複道供出入,複道跨越水渠如橋,可知奉高明堂之制爲明堂與辟雍同處合建,此風格應爲西漢末年長安明堂辟雍之雛形。

二、長安明堂辟雍與靈臺

　　長安明堂辟雍與靈臺文獻綜述《漢書・平帝紀》云:「元始四年(4)……安漢公奏立明堂辟雍。」〔註 39〕,應劭注曰:

> 明堂所以正四時、出教化,明堂上圓下方,八窗四達,布政之宮,在國之陽,上八窗法八風,四達法四時,九室法九州,十二重法十二月,三十六戶法三十六雨,七十二牖法七十二風,《孝經》曰『宗祀文王於明堂以配上帝』,上帝謂五時帝太昊之屬,黃帝曰合宮,有虞曰總章,殷曰陽館,周曰明堂;辟雍象璧,圜雍之以水,象教化流行。〔註 40〕

在應劭的觀點,明堂建築之門窗戶牖皆象法自然現象。

　　王莽曾在西漢末年奏建禮制三宮如《漢書・王莽傳》云:「元始三年(3)是歲,莽奏起明堂辟雍靈臺,爲學者築舍萬區……制度甚盛。」〔註 41〕王先

〔註 36〕　《史記卷十二・孝武本紀》頁 217。
〔註 37〕　《漢書補注一卷二十五・郊祀志下》頁 557。
〔註 38〕　《漢書補注一卷二十五・郊祀志下》頁 557。
〔註 39〕　《漢書補注一卷十二・平帝紀》頁 144。
〔註 40〕　《漢書補注一卷十二・平帝紀》頁 144。
〔註 41〕　《漢書補注二卷九十九・王莽傳上》頁 1719。

謙《補注》曰：「《黃圖》曰：『《禮》小學在公宮之南，大學在城南就陽位也，去城七里，宰衡起靈臺，作長門宮；南去隄三百步，起國學於郭內之西南。』」〔註42〕

辟雍之功用及規制，東漢初班固之《白虎通義‧卷四‧辟雍》云：

> 天子立辟雍何？所以行禮樂、宣德化也。辟者璧也，象璧圓又以法天；雍者壅之以水，象教化流行也。辟之爲言積也，積天下之道德也；雍之爲言壅也，壅天下之殘賊。故謂之辟雍也。《王制》曰：「天子曰辟雍，諸侯曰泮宮。」外圓者，欲使觀之均平也。又欲言外圓內方。明德當圓、行當方也。不言圓辟何？又圓于辟何？以知其圓也，以其言辟也。何以知有外也？《詩》云：「思樂泮水，薄采其芹。」《詩訓》曰：「水圓如璧。」諸侯曰泮宮者，半於天子宮也，明尊卑有差，所化少也。……天子所以有靈台者何？所以考天人之心，察陰陽之會，揆星辰之證驗，爲萬物獲福無方之元。……。明堂，上圓下方，八窗四闥，布政之宮，在國之陽。上圓法天，下方法地，八窗象八風，四闥法四時，九室法九州，十二坐法十二月，三十六戶法三十六雨，七十二牖法七十二風。〔註43〕

東漢末蔡邕之〈明堂月令論〉曾對三宮合名及明堂制度予以評論：

> （明堂）取其宗祀之貌，則曰清廟。取其正室之貌，則曰太廟。取其尊崇，則曰太室。取其向明，則曰明堂。取其四門之學，則曰太學。取其四面周水圓如璧，則曰辟雍。異名而同事，其實一也。……〈月令記〉曰「明堂者；所以明天氣、統萬物。明堂上通於天，象日辰；故下十二宮，象日辰也。水環四周，言王者動作法天地，德廣及四海，方此水也。」《禮記‧盛德篇》曰：「明堂九室，以矛蓋屋，上圓下方，此水名曰辟雍。」……其制度數各有所法，堂方百四十四尺，坤之策也。屋圓，屋徑二百一十六尺，乾之策也。太廟明堂方三十六丈，通天屋徑九丈，陰陽九六之變也。圓蓋方載，九六之道也。八闥以象八卦。九室以象九州。十二宮以應辰。三十六戶、七十二牖以四戶九牖乘九室之數也。戶皆外設而不閉，示天下不藏也。通天屋高八十一尺，黃鐘九九之實也。二十八柱列於四方，

〔註42〕《漢書補注二卷九十九‧王莽傳上》頁 1719，1720。
〔註43〕《四庫全書子部十‧雜家類二‧白虎通義》頁 850-33。

亦七宿之象也。堂高三尺，以應三統。四鄉五色者象其行。外廣二十四丈，應一歲二十四氣也。四周以水，象四海。王者之大禮也。〔註44〕

《古本三輔黃圖》載漢明堂及辟雍位置及制度：

漢明堂，在長安西南七里之說……漢辟雍，在長安西北七里，河間獻王對三雍宮，即此。……明堂者明天道之堂也，所以順四時、行月令，宗祀先王祭五帝，故謂之明堂，辟雍員如璧，雍以水，異名同事，其實一也，堂方百四十四尺，法坤之策也；方象地，屋圓楣，徑二百一十六尺，乾之策也；圓象天室九宮，法九州；太室方六丈，法陰之變數，十二堂法十二月，三十六戶法極陰之變數，七十二牖法五行所行日數，八達象八風，法八卦。通天臺徑九丈，法乾以九覆六；高八十一尺，法黃鐘九九之數；二十八柱象二十八宿；堂高三尺，土堦三等，法三統；堂四向五色，法四時五行，殿門去殿七十二步，法五行所行；門堂長四丈，取太室三之二；垣高無蔽目之照；牖六尺，其外倍；殿垣方，在水內，法地陰也；水四周於外以象四海，圓法陽也；水闊二十四丈，象二十四氣；水內徑三丈，應覲《禮經》。〔註45〕

又今本《三輔黃圖》亦將漢代三雍之建置，予以說明：

漢辟雍，在長安西北七里，河間獻王來朝，獻雅樂，武帝對之三雍宮，即此。成帝時，犍爲郡水濱得古磬十六枚，劉向說帝宜興辟雍焉〔註46〕……漢明堂，在長安西南七里，《漢書》曰：「武帝初即位，嚮儒術，以文學爲太，議立明堂於城南，以朝諸侯。」應劭注云：「漢武帝造明堂，王莽修飾令大。」〔註47〕……漢靈臺，在長安西北八里，漢始曰清臺，本爲候者觀陰陽天文之變，更名曰靈臺。〔註48〕

另隋代牛弘（545～610）對明堂象徵予以闡明，如《隋書・牛弘傳》載：

明堂者所以宗祀其祖先以配上帝也，夏后氏曰：「世室」，殷人曰：「重

〔註44〕《漢魏六朝一百三名家集・蔡中郎集》，明.張溥編，新興書局，臺北，1968年3月，頁549。
〔註45〕古本《三輔黃圖》頁61～64。
〔註46〕《三輔黃圖校注卷之五・辟雍》頁344。
〔註47〕《三輔黃圖校注卷之五・明堂》頁351。
〔註48〕《三輔黃圖校注卷之五・臺榭》頁329。

屋」，周人曰：「明堂」，東曰青陽，南曰明堂，西曰總章，北曰玄堂，內曰太室，聖人南面而聽，向明而治，人君之位莫不正焉，故雖有五名，而主以明堂也。堂方一百四十四尺，坤之策也；屋圓，楣徑二百一十六尺，乾之策也；明堂方六丈，通天屋徑九丈，陰陽九六之變，且圓蓋方覆，九六之道也；八闥以象卦，九室以象州；十二宮以象日辰，三十六戶七十二牖以四戶八牖乘九宮之數也；戶皆外設而不閉，示天下以不藏也。通天屋高八十一尺，黃鐘九九之實也，二十八柱布四方，四方七柱之象也，堂高三尺，以應三統，四向五色各象其形；水闊二十四丈，象二十四氣；（圜）於外以象四海。王者之大禮也，觀其模範天地，則象陰陽，必據古文，義不虛出……漢代兩京所建與此說悉同。〔註49〕

　　隋代建築大匠宇文愷（555～612）也討論明堂制度及象徵略同於牛弘，據《隋書‧宇文愷傳》載：

堂方百四十四尺，法坤之策也；方象地，屋圓，楣徑二百一十六尺，乾之策也；圓象天室九官，法九州；太室方六丈，法陰之變數；十二堂法十二月；三十六戶法極陰之變數；七十二牖法五行所行日數；八達象八風，法八卦；通天臺徑九尺，法乾以九覆六；高八十一尺，法黃鐘九九之實也，二十八柱象二十八宿，高三尺，土堦三等，法三統；四向五色，法四時五行，門去殿七十二步，法五行所行；門堂長四丈，取大室三之二；垣高無蔽目之照；牖六尺，其外倍之；殿垣方，在水內，法地陰也；水四周於外以象四海，圓法陽也；水闊二十四丈象二十四氣；水內徑三丈，應觀禮。〔註50〕

明堂的尺度在東漢初年的《白虎通義》並無記載，到東漢末年的《明堂月令論》方有詳細尺寸，考蔡邕（132～192）於獻帝（181～234）初平三年（192）冤死獄中，而董卓（？～192）在初平元年（190）悉燒洛陽宮廟、官府、居家，二百里內室屋蕩盡、無復雞犬的慘狀〔註51〕，洛陽禮制三宮亦應無法倖免，推測蔡邕生前顯然曾到洛陽三宮勘察並測量其尺度，才會留下洛陽三宮

〔註49〕《隋書卷四十九‧牛弘列傳》唐‧魏徵撰，藝文印書館，台北，1975年，頁642，643。
〔註50〕《隋書卷六十八‧宇文愷列傳》頁793。
〔註51〕《資治通鑑卷五十九‧漢紀‧孝獻皇帝甲》頁400。

詳實的尺寸，惟文中稱太廟明堂方三十六丈，通天屋徑九丈，陰陽九六之變也，可看出圓屋九丈，方屋六丈，才能適合陰陽九六之變數，可知應是太廟明堂方六丈或太廟明堂三十六方丈之訛簡。其次《白虎通義》人爲明堂僅有象法天地、八風、四時、九州、十二月、三十六雨、七十二風之天地、分野、月令、季節、氣候之自然現象之天人對應。但《明堂月令論》更增加對應時辰、星宿、三統、五行、節氣、四海等自然現象。至於《三輔黃圖》《隋書・牛弘、宇文愷傳》更增加八卦與黃鐘九九之天人對應，後者之明堂尺度推測亦由《明堂月令論》演繹而來。

　　其次，依古本《三輔黃圖》以宗祀先王祭五帝之建築物爲明堂，堂基外圓形水渠，呈圓如璧、雍以水之狀稱之辟雍，異名同事，其實一也。故應合稱「明堂辟雍」，明堂辟雍同處合建非常明顯。再依《今本三輔黃圖》記載，漢辟雍與三雍宮同處，但若依據《漢書・景十三王傳》：「武帝時，河間獻王來朝，獻雅樂，對三雍宮。」〔註 52〕王先謙（補注：「案胡注云：『謂對三雍宮之制度，非召對於三雍宮。』」〔註 53〕三雍宮在王莽以前《史記》及《漢書》未有營建記載，兩本《三輔黃圖》又載漢明堂、辟雍及靈臺分在長安的西南七里、西北七里及八里，三宮又分建三處，顯然互相矛盾。然依《漢書》所載安漢公奏立明堂辟雍及莽奏起明堂辟雍靈臺兩事，明堂辟雍及明堂辟雍靈臺連文，可看出此三宮若非合建一處即是相距不遠；另依《水經注・渭水》云：

　　　　渭水東合昆明故渠……又東合沇水，亦曰漕渠，又東逕長安縣南，
　　　　東逕明堂南，舊引水爲辟雍處，在鼎路門東南七里，其制上圓下方，
　　　　九宮十二堂，四嚮五室，堂北三百步有靈臺，是漢平帝元始四年立。

〔註 54〕

依此記載，明堂與辟雍合建一處，均在長安城南面鼎路門（即安門）東南七里，明堂之北三百步爲靈臺，即三宮分建兩處，但相距不到一里，三宮分建或合建有賴考古資料來判明。

　　其次古本《三輔黃圖》載有漢代明堂的尺度，今本不載，此較《隋書・牛弘傳》所載明堂尺度以及《隋書・宇文愷傳》所引《黃圖》的明堂尺度皆

〔註 52〕《漢書補注二卷五十三・景十三王傳》頁 1131。
〔註 53〕《漢書補注二卷五十三・景十三王傳》頁 1131。
〔註 54〕《水經注卷十九・渭水》頁 243。

與古本《三輔黃圖》相同，《隋書‧經籍志二‧史部》僅載《黃圖一卷》，以文獻古簡今繁的原則，古本《三輔黃圖》一卷本顯較今本（三輔黃圖）六卷本早出，故漢代明堂的尺度可由古本《三輔黃圖》及由《白虎通義》、〈明堂月令論〉等文獻做爲比對今日考古資料依據。

　　近代明堂研究則以清代惠棟之〈明堂大道錄〉爲歷代明堂文獻之總彙，其主要理論以周代太廟明堂之觀點，爲大教之宮，如祭祀、朝覲、耕籍、養老、尊賢、饗射、獻俘、望氣、告朔等國家各種典體皆行其中，故有五廟、五寢、左右个等十二室之前堂後室之制，其作用爲室以祭天、堂以布政。堂上有靈臺以望氣、告朔，堂有東、西、南、北四門，四門之外有四學，東學爲太學，總名辟雍，其外有方澤圓水，象四海，海外象四夷。則其結論爲三宮一學合建之制，世象徵以天子居中，統則海內四民及海外四夷。〔註55〕其以明堂爲中心，集靈臺、四學、辟雍合構的制度代表天子掌控四海華夷的思想確是空前的見解。民國以後，明堂之研究如王國維的〈明堂寢廟通考〉、楊宗震的〈明堂通考〉、顧頡剛的〈阮元明堂論〉、王夢鷗的〈古明堂圖考〉、盧毓駿及修澤蘭皆復原〈周明堂圖〉等學者皆有相當的創見，而近年來大陸明堂的研究則以張一兵研究各朝代明堂制度以及王仲殊復原各朝代的明堂圖最有卓見與成果。

（二）考古資料

　　在 1956 年，陝西省文物管理委員會在今西安市西郊大土門村北邊，東距今西安玉祥門一點五公里，當漢長安南城牆中央安門南出大道一點五公里東側發現西漢禮制建築遺址，並在一九五七至一九六一年由中國科學院考古研究所發掘，其狀況如下：

> 平面呈外圓內方，方位平正，正中爲中心建築，建於圓形的夯土臺上，臺面直徑六十二米，高出地面零點三米。臺上中心建築平面似『亞』字形，四面對稱，每邊四十二米。正中是一個方形夯土臺，每邊長約十七米，發掘時殘高一點五米，臺面已毀沒，推測臺面上原有高大的主體建築（太室）。在中心臺的四角，各有方形的小夯土臺兩個，大小相同，臺面也已毀沒。緊鄰中心臺上的小夯土臺應是爲加固中心臺上的主體建築而設的；外面四角的小夯土臺應是襯托

〔註55〕《明堂大道錄卷一，四‧總論、明堂制度》清‧惠棟撰，臺灣商務印書館，1956 年 4 月，頁 1～11。

主體建築的四個“夾室”建築臺基。中心臺的四邊有四個廳堂，各有二十四米，應即所謂『明堂、總章、青陽、玄堂』，堂內兩側又各有小房間，應即所謂「左个、右个」，四堂圍繞敞廳。中心建築的四周有圍牆，呈正方形，四邊各長二百三十五米，距中心建築各九十六米，夯土築造，殘高零點一五至零點三米，基寬一點八米。……圍牆每邊的正中各有完全相同的大門，門道寬四點五米，長十二點五米，門道中央有木質門檻及門框柱，復原後，門道上應有樓觀式的兩層門樓建築，門樓下部應是木架構造的門闕；圍牆內的四隅有曲尺形配房，每邊長47米，房後緊靠圍牆，房前未見門、牆的遺跡，從發掘現狀推測，應是單坡頂的敞廊建築。環繞圍牆外側有圜水溝，直徑三百六十米左右，寬約二米，深一點八米，溝壁磚砌，正對四門的水溝上又各有長方形小圜水溝，北邊的小圜水溝與西來的昆明故渠相通。〔註56〕

另據《西漢禮制建築遺址》稱：

大土門遺址一九五九年發掘報告說：『遺址分成三部份：中心建築，圍牆、四門及配房建築，圜水溝。中心建築位于圍牆內中央的方形土臺正中部，土臺南北長二百零五米，東西長二百零六米，高一點六米，土臺上部是平面圓形的夯土臺基，臺基上部直徑六十二米，底徑六十米（筆者以爲臺基底寬上狹原則，兩數據宜互換），臺基上建中心建築，從居住地坪至夯土底深二點九米，中心建築平面呈亞字形，方向正南北，每邊長四十二米，正中是方形夯土臺，原臺面已削毀。夯土臺四角各有方形的小夯土臺兩個，大小相同，原臺面亦已削毀，在夯土臺四邊各有一座類似廳堂的建築，廳堂地面低于現存夯土臺面零點三米多，北面廳堂外出抱廈四間，其它三堂每面外出抱廈八間，廳堂與抱廈密佈礎石，木柱及屋頂均已毀沒，僅剩殘垣斷壁。中心建築四周是夯土圍牆，平面方形，每面長二百三十五米，距離中心建築各九十六米，每邊圍牆正中有一門，圍牆四隅有平面呈曲尺形的配房，配房爲敞廳式，兩邊各十間，圍牆外有圜水溝，直徑東西三百六十八米、南北三百四十九米，在水溝面對四門處又挖出平面呈長方形的小水溝，北邊的小水溝與一條從西向東

〔註56〕《考古學・漢長安城遺址》，黃展岳等撰，1986年8月，北京，頁160。

流的古河渠相通。

　　大土門遺址之定名西漢末辟雍遺址是根據：

> 本遺址距離漢長安城南城牆約一公里許，位於南出大道東側，據《水
> 經注·渭水》和《兩京新記》、《長安志》、《雍錄》、《長安志圖》、《唐
> 兩京城坊考》和《漢唐都城圖》的記載，西漢元始年間修建的明堂、
> 辟雍、太學正分布在這一帶，因本遺址帶有圜水溝的建築，故認定
> 它是辟雍遺址。〔註57〕

大土門遺址之西發現有王莽九廟十二處遺址，再西又發現曹家堡遺址，其中
曹家堡遺址，顧頡剛先生認爲是長安明堂遺址〔註58〕。惟該遺址初步探查內
圍牆中心部份未發現有建築遺跡，考古單位初步推測爲王莽未完成的新社稷
遺址〔註59〕。（圖4-1）

圖4-1　大土門遺址

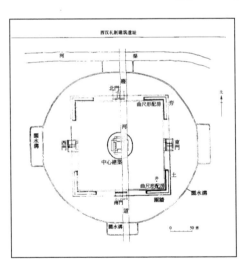

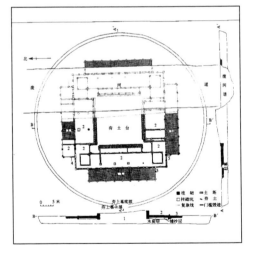

平面實測圖　　　　　　　　　中心建築平剖面圖

取自《西漢禮制建築遺址》，頁198，199。

（三）文獻與考古比對

　　古本《三輔黃圖》所載漢代長安明堂「堂方一百四十四尺」，以前漢尺一

〔註57〕《西漢禮制建築遺址·第十章結論》，中國社會科學院考古研究所撰，頁225。
〔註58〕《西漢禮制建築遺址·第十章結論》，頁223。
〔註59〕《西漢禮制建築遺址·第十章結論》，頁235，

尺等於二十七點六三公分計〔註60〕，則明堂邊長三十九點八二公尺，與考古資料邊長四十二公尺，僅有二點一八公尺的差距，此與外壁尺寸及室內尺寸量度法不同而致。

其次「屋圓，楣徑二百一十六尺」，表示屋頂為圓形，其直徑等於今尺五十九點七二公尺，與發掘報告中心建築物的圓形夯土臺上部直徑六十公尺基本吻合。而「太室方六丈」，則表示太室為正方形平面，邊長十六點五九公尺，依據發掘報告正中方形夯土臺邊長十七公尺大致相符。

至於古本《三輔黃圖》所謂「十二堂，法十二月」以及水經注所謂「九宮十二堂」，依據王世仁教授的復原圖〔註61〕，東西南北方位有青陽、總章、明堂及玄堂四堂及四堂之左右个，九方向共計十二堂。

另「二十八柱，象二十八宿」，方形夯土臺每面計有七個柱洞，四周共二十八柱洞，立二十八柱。

再次「殿門去殿七十二步，法五行所行」，漢每步六尺〔註62〕，七十二步即四百三十二漢尺，等於一百十九點四公尺，殿門應指圍牆四門，此與發掘報告所稱四周圍牆距中心建築九十六公尺，差距二十三點四公尺。它如「門堂長四丈，取太室三之二」，門堂四丈即十一點零六公尺，發掘報告稱圍牆門洞長十二點五公尺，再扣除門框，基本相符。

再如「殿垣方，在水內，法地陰也；水四周於外以象四海，圓法陽也；水闊二十四丈象二十四氣；水內徑三丈，應覲禮。」圓水溝內有方形圍牆（殿垣），且圓水溝外在東西南北有四個矩形小圓水溝，以象四海等，考古發掘已證實，水闊二十四丈即六十六點四公尺，與發掘報告稱直徑三百四十九至三百六十八公尺相差甚大，水內徑三丈即八點三公尺，此與發掘報告溝寬約二公尺亦頗有差距。筆者推測在中心建築圓形夯土臺外尚有未被發現的象徵四海的大圓水渠，其外徑即二十四丈，渠寬即三丈，如以〈東京賦〉所謂「造舟清池，惟水泱泱」而言，此種水渠尺度方能符合，並推測四向各設舟橋以通東西南北門，而考古發掘之三百六十八公尺圓水溝應只是「圓如璧、雍以水」之辟雍象徵建物，那麼殿垣則指中心建築的外牆。

〔註60〕《中國度量衡史》第十五表，頁65，
〔註61〕《西漢禮制建築遺址・第十章結論》引王世仁復原圖，頁228，
〔註62〕《中國度量衡史》引《史記索隱》「〈管子司馬法〉皆云六尺為步，非獨秦制，故周秦漢以下，均以六尺為步」，頁95。

（二）大土門遺址定名之商榷

大陸學者以大土門遺址之位置在漢長安城南垣一公里許（約合二漢里）及安門南出大道之東側，及長安古史地志、記、輿圖的概略記載〔註63〕，以及帶有圜水溝的建築，而認定它應是辟雍遺址。惟依上述文獻與考古發掘資料應是明堂辟雍合構的建築物，宜名爲「明堂辟雍」，其理由如下：

1、古文獻明堂辟雍連文

計有《漢書・平帝紀》云：「元始四年（4）……安漢公奏立明堂辟雍。」，《漢書・王莽傳上》云：「元始三年（3）……是歲，莽奏起明堂辟雍靈臺。……」又云：「（居攝元年（6）十二月）……典靈臺明堂辟雍四郊，定制度。」，《漢書・王莽傳下》云：「（地皇四年（23）九月）……眾兵發掘莽妻、子、父、祖冢，燒其棺槨及九廟，明堂辟雍，火照城中。」等四處。

古本《三輔黃圖》云：「元始四年，起明堂辟雍，爲博士舍三十區。」《隋書・宇文愷傳》引宇文愷〈論明堂〉亦云：「元始四年，起明堂辟雍長安城南門。」古文獻明堂辟雍連文，可以明瞭兩建築關係密切。

2、明堂與辟雍建築特徵，在同一遺址出現

明堂建築的特徵是〈東京賦〉的「複廟重屋，八達九房」以及《水經注》的「上圓下方，九宮十二堂，四嚮五室。」辟雍建築特徵即古本《三輔黃圖》「如璧之圓，雍之以水。」，其中明堂「複廟重屋」及「上圓下方」皆屬建築物立面，因建築物已圮毀，需另行判斷外，「八達九房」及「九宮十二堂，四嚮五室。」均被考古發掘遺址所證實，而辟雍建築特徵即「如璧之圓，雍之以水。」則亦然，這些明堂與辟雍建築特徵同在大土門遺址出現，代表明堂與辟雍建築有共構的可能性。

3、古本《三輔黃圖》明載明堂與辟雍係同一建築

古本《三輔黃圖》云：「明堂者明天道之堂也，所以順四時、行月令，宗祀先王祭五帝，故謂之明堂，辟雍員如璧，雍以水，異名同事，其實一也。」則已明顯表示明堂與辟雍係共構之同一建築，然同書又載「漢明堂在長安西

〔註63〕《西漢禮制建築遺址・第十章結論》載：「《史記・武帝紀》索隱引《關中記》云：「明堂在長安門外，杜門之西也。」《長安志》卷五〈郊丘章〉亦引引《關中記》亦云：漢太學、明堂，皆在長安城南安門之東，杜門之西。引《水經往・渭水》云：渭水東合昆明故渠……又東逕長安縣南，東逕明堂南，舊引水爲辟雍處，在鼎路門東南七里。」頁95。

南七里，孝武議立明堂於長安城南。……辟雍在長安西北七里，河間獻王對三雍宮於此。」前者因竇太后反對，長安西南郊明堂僅議立而未建成；後者魏全瑞認爲此處長安係指唐長安縣方位而言，應指的是大土門村西漢禮制建築遺址〔註 64〕，其地正如《關中記》所稱漢太學、明堂皆在長安城南，安門的之東，杜門（即覆盎門）之西〔註 65〕。正確位置應在漢長安城鼎路門東南二公里（約四里）。（圖 4-2，4-3）

4、《水經注》認爲明堂與辟雍同處

《水經注·渭水》云：

> 渭水東合昆明故渠……東逕明堂南，舊引水爲辟雍處，在鼎路門東南七里，其制上圓下方，九宮十二堂，四嚮五室，堂北三百步有靈臺，是漢平帝元始四年立。

所謂引水爲辟雍處之「處」，即指明堂南面引渠環繞明堂爲辟雍，酈道元很明顯以明堂與辟雍同處，故上文不提兩者距離，靈臺位於不同位置，故稱在明堂北三百步。

5、考古資料之證據

長安明堂遺址平面尺度及布局如下：

> 平面呈外圓內方，方位平正，正中爲中心建築，建於圓形的夯土臺上，臺面直徑六十二米。中心建築的四周有圍牆，呈正方形，四邊各長二百三十五米，……。環繞圍牆外側有圓水溝，直徑三百六十米左右，寬約二米，深一點八米〔註 66〕。

而洛陽明堂遺址平面尺度及布局：「明堂遺址與辟雍遺址東西相望，東西三百八十六米，南北近四百米……中心爲直徑六十餘米的圓形夯築殿基。〔註 67〕」

而洛陽辟雍遺址平面尺度及布局：「辟雍遺址範圍約一百七十米見方，四面各築一門，中心爲邊長四十五米的方形夯築殿基，〔註 68〕辟雍四面門外有水溝，其上架橋〔註 69〕。

〔註 64〕　《三輔黃圖校註卷之五·辟雍》頁 344。
〔註 65〕　《關中記輯注·靈臺太學》頁 95。
〔註 66〕　《考古學·漢長安城遺址》，頁 160。
〔註 67〕　《中國考古·第四章·秦漢考古·洛陽漢魏故城》，頁 463。。
〔註 68〕　《漢陽洛陽故城研究·漢魏洛陽城保護、考古研究的回顧與展望》，頁 1003。
〔註 69〕　《中國大百科全書·考古學·漢魏洛陽城遺址》，王仲殊撰〈漢長安城遺址〉，頁 183。

圖 4-2　西漢末年明堂辟雍與靈臺位置圖

由長安市地圖塡繪

圖 4-3　明堂辟雍與靈臺遺址發掘位置圖

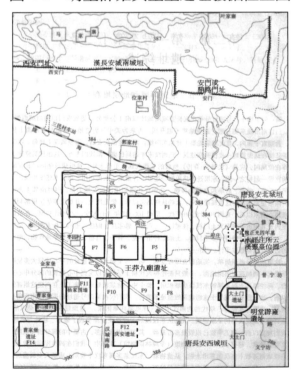

由長安考古地形圖塡繪

因洛陽明堂、辟雍早建長安明堂辟雍五十二年，後者興建的平面尺度應參

考前者，前者雖已焚毀，然遺跡猶在，洛陽明堂尺度在六十餘米直徑夯土臺明顯是沿用長安明堂尺度，且遺址總尺度三、四百米亦相差有限，若大土門遺址僅為辟雍遺址，其總幅員應如洛陽辟雍，實際為二倍，洛陽明堂、辟雍應是將長安明堂辟雍分離興建，因光武帝禮制三宮的營建係以其崇尚禮教之信念而將有祀天祭祖的明堂與有大射進賢的辟雍分別建造，而王莽是以為取得尚古遵禮名聲而建，只將明堂之外圍做成圓水渠即成辟雍，成效迅速，又在明堂北又建靈臺，三宮皆在安門大道之東，以便空出大道西面興建九座祖廟。

6、考古探查未發現另有明堂遺址

長安都城內已劃為保護區，如大土門遺址僅為辟雍遺址，在今日以空照或衛星的遙感探測技術的精確，不可能不會發現另外的明堂遺址，自大土門遺址發現迄今已五十年，以大陸對古建築遺址考古探查之勤，不可能找不到大土門遺址附近另外的明堂遺址，故筆者認為元始四年（4）王莽奏建的明堂辟雍應是合建在一起。〔註70〕

（五）西漢長安靈臺位置之商榷

長安靈臺，古本《三輔黃圖》稱位於長安西北八里，《水經注》稱明堂北三百步有靈台，三百步即一千八百漢尺即一漢里。若以長安係指唐長安城而言，明堂在長安北七里，加上一里，即靈臺位置，兩文獻記載不悖，又韋述《兩京新記》稱：「修真坊內有漢靈臺，漢平帝四年所立，今餘址高五尺，周圍一百二十步。」〔註71〕再以今日考古發掘資料而言，明堂北一里（約五百公尺）未曾發現遺址，推測其位置，值唐長安西城牆之北段，因唐修真坊為長安西北角第一坊，附近有北魏正光四年墓葬，靈臺應在其附近，惟靈臺高度據《三輔故事》引東晉郭緣生《述征記》云：「長安宮南有靈臺，高十五仞」而言，其高度達一百零五尺〔註72〕，到唐代中葉遺址僅剩五尺，推測係因北魏建墓及隋代建城取土及自然風化因素，高度被夷低。

（六）西漢長安明堂辟雍與靈臺規制之探討

1、長安明堂辟雍規制探討

（1）長安明堂辟雍平面

〔註70〕何清谷亦持此觀點，詳《三輔黃圖校註卷之五·明堂》注一，頁352。
〔註71〕《兩京新記輯校卷三·修真坊》唐韋述撰，辛德勇輯校，三秦出版社，西安，2006年1月，頁55。
〔註72〕《儀禮·鄉射禮》云：「杠長三仞」，鄭玄注云：「七尺曰仞」，仞長七尺。

《大戴禮記》稱「明堂室九室，一室有四戶、八牖，凡三十六戶、七十二牖，以茅蓋屋，上圓下方。」〔註73〕以及蔡邕〈明堂月令論〉：

> 其制度數，各有所法：堂方百四十四尺，坤之策也；屋圓徑二百一十六尺，乾之策也；太廟明堂方三十六丈，通大屋徑九丈，陰陽九六之變也；圓蓋方載，六九之道也；八闥以象八卦；九室以象九州；十二宮以應辰；三十六戶，七十二牖，以四戶九牖，乘九室之數也；戶皆外設而不閉，示天下不藏也。

《大戴禮記》成書於西漢中葉，其〈明堂論〉王莽興建明堂時沒有不參考的理由。

王世仁〔註74〕曾經兩次復原大土門遺址的中心建築，最近一次復原的大土門遺址復原分爲兩層，平面亞字形，有十二簾隅，九階，南三階，其餘各向二階，臺階可通至二層，東西兩面个內側有上下二層之樓梯；底層平面爲九室平面，每向二室，連中央的太室共計九室；二層平面之布局，東面青陽，南面明堂，西面總章，北面玄堂等四堂，四堂連左右兩个，每向三堂，四向共十二堂。（圖4-4）

圖4-4　王世仁復原西漢明堂辟雍

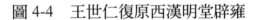

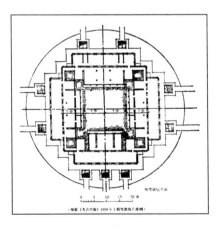

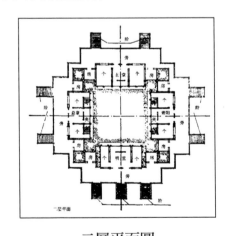

底層平面圖　　　　　　　　　　二層平面圖

取自西漢禮制建築遺址頁 229，229。

〔註73〕今本《三輔黃圖卷五·明堂》清·孫星衍，莊逢吉校，世界書局，台北，1963年11月，頁39，40。

〔註74〕王世仁：1934年出生，北京清華大學畢業，曾任北京市文物與古建築研究所所長，爲古建築、文物保護專家。

圖 4-5　依據王世仁復原西漢明堂辟雍底層平面之推定之九室圖

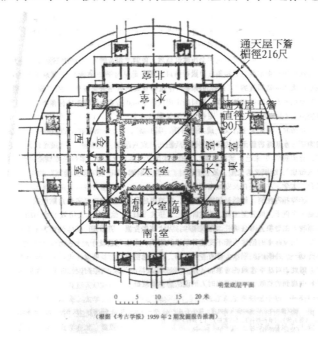

（根据《考古学报》1959 年 2 期发掘报告推测）

（2）長安明堂辟雍立面之探討

　　王世仁以若干漢闕、畫象磚、畫象石、出土樓閣形象之明器、銅器等等所顯現的立面外觀及布局，推測大土門遺址中心建築爲方形及長方形爲主體，這屋頂爲除四向之室外，四角隅及中央太室皆爲短脊四注式屋頂（清式營造稱爲廡殿屋頂），其中太室爲重簷四注式屋頂，外觀復原其如圖 4-6，4-7，4-8，4-9 所示。

圖 4-6　王世仁復原西漢明堂辟雍南立面圖

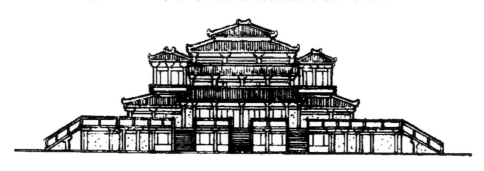

南立面圖

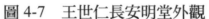

剖面圖及東西立面圖

取自《中國古建探微》頁 21，22。

圖 4-7　王世仁長安明堂外觀

林修杰繪，取自中國建築——臺基，頁 12。

圖 4-8　劉敦楨長安禮制建築復原圖

林修杰繪，取自《中國建築‧禮制與建築》，頁 14。

　　但這種做爲外觀復原的主軸雖然實際，但對於最重要的禮制建築的明堂，格局很難用一般世俗建築來類比。《大戴禮記》所謂以茅蓋屋、上圓下方；《孝經援神契》所謂明堂上圓下方；〈東京賦〉所謂複廟重屋，規天矩地《水經注》所謂上圓下方，九室重隅十二堂等；都以明堂建築特徵有上圓下方的外觀立面。而古本《三輔黃圖》更有屋圓楣徑二百十六尺，通天臺徑九丈之辭，更直指中心建築其中央的上層通天臺平面的圓形以及大屋簷的圓頂。

　　因此，筆者以中心建築太室的上層係圓形平面，而其屋頂重簷，上簷蓋覆通天臺，其直徑應超過九丈，若出簷五尺，則上簷直徑爲十丈，下簷即二百十六尺即二十一點六丈，這樣大直徑屋頂若以《大戴禮記》以茅蓋屋的茅蓋屋頂，因其重量較輕，結構上比較容易解決，茅蓋屋頂只要拉牽固定抵抗風力即可，猶若固定帳篷的方法，推測在漢朝應有此技術。大屋頂雨水剛好滴到明堂四周的圓形夯土臺上，推測臺外有水渠可供排水之用。（圖 4-9）

圖 4-9　筆者依水經注長安明堂的記載另繪之復原草圖

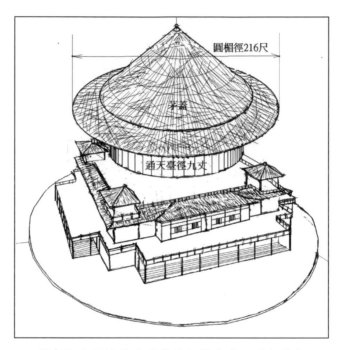

筆者依水經注長安明堂的記載參考王世仁外觀

（3）長安靈臺規制之探討

其位置及規制如古本《三輔黃圖》所云：「周文王靈臺，在長安西北四十里，高二丈，周回百二十步。」〔註75〕

而漢代長安靈臺，載於今本《三輔黃圖卷五・臺榭》：

漢靈臺，在長安西北八里，漢始曰清臺，本爲候者觀陰陽天文之變，更名靈臺。郭緣生《述征記》曰『長安宮南有靈臺，高十五仞，上有渾儀，張衡所製，又有相風銅鳥，遇風乃動，一曰：長安靈臺，上有相風銅鳥，千里風至，此鳥乃動。又有銅表，高八尺，長一丈三尺，廣尺二寸，題云：「太初四年（前 101）造。」〔註76〕

渾儀據何清谷稱：

渾儀即水運渾天儀，東漢張衡主持製成，它是用水作動力，由複雜的齒輪傳動的天文儀器，可以準確地自動演示天體運行的情況，是

〔註75〕古本《三輔黃圖・周文王靈臺》頁 63。

〔註76〕今本《三輔黃圖卷五・臺榭》頁 37。

現代天象儀的前身。〔註77〕

據陳遵嬀稱：「陽嘉元年（132），張衡創制水運渾天儀。」〔註78〕；相風銅烏據何清谷認為是古代銅製烏鴉形風向器。〔註79〕銅表據何清谷認為原稱圭表，是用來測量日影長度的儀器，並用來推定二十四常節氣〔註80〕。由此可知，靈臺由周代的供公共遊覽的臺榭建築，到了西漢末年變成了氣象天文臺。

　　長安靈臺的規模《述征記》僅載高十五仞，即一百零五漢尺（今尺二十九公尺），不載長寬尺度，幸而唐代韋述的《兩京新記》載其周圍一百二十步，餘高五尺。也就是長安靈臺周圍等同周文王靈臺，但是高度超過後者五倍；長安靈臺的形狀及建築狀況文獻不載，惟依據 1974 年冬到 1975 年春，中國科學院考古研究所在漢晉洛陽城南郊，發掘一處漢晉靈臺遺址，遺址平面呈方形，中央有一高臺，基址約五十公尺見方，分雙層，下層南北長約四十一公尺，東西殘寬約三十一公尺，高於地面一點八六公尺，上層臺底臺基約三十公尺見方，臺頂塌毀成一個橢圓形平面，殘高約八公尺，南北長十一點七公尺，東西寬八點五公尺〔註81〕作比較；則長安靈臺形狀可推定為方形，邊長三十步等於一百八十漢尺（一漢尺以 27.65 公分計合五十公尺），與洛陽靈臺相周。長安靈臺若原高為一百零五尺，如洛陽靈臺，則其高度《水經注》所載的高六丈，《洛陽伽藍記》載猶高五丈餘，這應是到北魏時高度，《述征記》所載的高度應是長安靈臺的原高，即一百零五尺合十丈五尺，以西漢帝陵的尺度來比較之，如宣帝杜陵「墳丘呈覆斗形，底部和頂部平面均為方形，邊長分別為一百七十五米與五十米，高二十九米。」〔註82〕計算出杜陵墳丘的斜度角約為二十五度〔註83〕，這個角度應低於黃土的安息角三十五度〔註84〕。長安靈臺若是依照文獻資料計算出來的高度二十九公尺，下層臺基依文獻記載的邊長五十公尺，高度若定為一仞即七尺等於一點九四公尺

〔註77〕《三輔黃圖校注・卷五・臺榭・漢靈臺》注六，頁 330。
〔註78〕《中國天文學史第一冊・第五章・第三節・秦漢天文學》頁 205。
〔註79〕《三輔黃圖校注・卷五・臺榭・漢靈臺》注七，頁 331。
〔註80〕《三輔黃圖校注・卷五・臺榭・漢靈臺》注九，頁 331。
〔註81〕《漢魏洛陽故城研究・漢魏洛陽南郊的靈臺遺址》頁 120。
〔註82〕《三輔黃圖校注卷六・陵墓》宣帝杜陵注一，何清谷校注，頁 436。
〔註83〕由三角計算 $\tan\theta = 29/62.5 = 0.464$，則 $\theta = 24°53'$。
〔註84〕所謂土壤的安息角 ϕ 就是土壤傾卸後不再坍塌時之最大角度，長安靈臺經過版築夯實屬於密實黃土，屬於無機粉土，依據交通部交通研究所編譯《實用土壤力學》上冊表 17.1 砂及粉土之代表性 ϕ 值為 $30°\sim35°$。

計算，則上層高度約爲二十七公尺，上層臺基以三十公尺見方計，臺頂邊長文獻不載，如依洛陽靈臺殘餘八點五至十一點七公尺橢圓形殘臺而言，則洛陽靈臺頂推測爲三丈即爲八點三公尺見方，長安靈臺可以推定亦是此值，其頂上面積爲六十九平方公尺（約臺坪二十一坪），足夠供一小型測候天文臺放置三種天文測候儀器使用。

但依上述數據來計算長安靈臺臺邊斜度角約爲六十九度〔註 85〕，此角度大於土壤的安息角，除非做擋土牆，否則靈臺夯土呈不穩定狀態，且坡度太陡，不適宜登臨。

故筆者推定《述征記》所載長安靈臺高度應有誤，其高度與以與洛陽靈臺一樣以《水經注》的六丈（十六點五九公尺）爲準，其上層臺邊斜度角約爲五十七度〔註 86〕，此角度雖大於安息角度，但可將靈臺側面做夯土擋土牆以穩定邊坡。今考古發掘東漢靈台臺基有成排木柱洞，推測長安靈臺應用排木柱樁夯土牆擋土。

三、洛陽禮制三宮之制度

（一）文獻記載洛陽明堂、辟雍與靈臺之規制

除蔡邕〈明堂月令論〉及《三輔黃圖》所載制度外，另〈東都賦〉云：「覲明堂，臨辟雍，揚輯熙，宣皇風；登靈臺，考休徵。」〔註 87〕李善注引《東觀漢記》曰：「永平三年（60）正月，上宗祀光武皇帝於明堂，禮畢，升靈臺。三月，初臨辟雍，行大射禮。」〔註 88〕以及〈東京賦〉所云：「乃營三宮，布政頒常。複廟重屋，八達九房，規天矩地，授時順鄉；造舟清池，惟水泱泱；左制辟雍，右立靈臺。」〔註 89〕

薛綜注曰：

> 三宮明堂、辟雍、靈臺。布，頒也；常，舊典也；所以行教屯布典
> 禮之宮也；複廟，重覆也；重屋，重棟也；謂明堂廟屋，前後異制。
> （規天矩地）謂宮室之飾，圓者象天，方者則地也；鄉，方也。造

〔註 85〕 $\tan\theta = 27.09 / (30-8.3) \div 2 = 29.03 / 10.85 = 2.861$，則 $\theta = 69°30$。

〔註 86〕 上層臺高 $= 16.59 - 1.94 = 14.65$ 公尺，$\tan\theta = 14.65 / (30-8.3) \div 2 = 16.59 / 10.85 = 1.529$，則 $\theta = 56°49$。

〔註 87〕 《增補六臣注文選卷一・東都賦》頁 37。

〔註 88〕 《增補六臣注文選卷一・東都賦》頁 37。

〔註 89〕 《增補六臣注文選卷三・東京賦》頁 66。

舟，以舟相比次爲橋也；泱泱，水流也；（左制辟雍，右立靈臺）言
德陽殿東有辟雍，於西有靈臺，謂其上頒教令者曰明堂，大合樂鄉
射者曰辟雍，司歷紀、候節氣者曰靈臺也。〔註90〕」

李善注云：

《禮記》曰：「複廟重檐、達鄉〔註91〕謂天子廟飾也」。《大戴禮》曰：
「明堂九室，而有八牖，上圓下方。」然九室則九房也；八牖，八
達也。《范子》曰：「天者，陽也，規也；地者，陰也，矩也。」《三
輔黃圖》曰：「明堂九方象地，圓象天。」〔註92〕

洛陽靈臺、明堂、辟雍之規制載於《水經注‧穀水》：

穀水又逕靈臺北，望雲物也。漢光武所築，高六丈，方二十步。世
祖嘗宴於此台，得鼮鼠於臺上。……穀水又東，逕平昌門南，故平
門也。又逕明堂北，漢光武中元元年（56）立。尋其基構，上圓下
方，九室，重隅，十二堂，蔡邕《月令章句》同之。故引水於其下
爲辟雍也。〔註93〕

《元河南志‧後漢城闕宮殿古跡‧明堂靈臺辟雍》云：

光武中元元年建，《漢官儀》曰：「明堂去平城門二里所，天子出，
從平城門先歷明堂，乃至郊祀。」又曰：「辟雍去明堂三百步，四門
外有水以節觀者，門外皆有橋，車駕從北門入。」，《漢宮閣疏》曰：
「靈臺高三丈，十二門。」〔註94〕

《玉海》引《洛陽記》云：「平昌門南直大道，東是明堂，大道西是靈臺也。」
〔註95〕晉之平昌門即東漢之平城門，《元河南志》引《洛陽記》云：「辟雍在
靈臺東，相去一里。」〔註96〕北魏時靈臺狀況載於《洛陽伽藍記》卷三云：「大
統寺在景明寺西，寺東有靈臺一所，基址雖頹，猶高五丈餘，即是漢光武帝
所立者。」〔註97〕靈臺遺址現高僅剩八公尺〔註98〕，即約三丈許。

〔註90〕《增補六臣注文選卷三‧東京賦》，頁66。
〔註91〕所謂重簷就是多層樓的多重屋簷；達鄉見於《禮記‧明堂位》，鄭玄注云：「鄉
　　　　牖屬；謂戶窗也，每室八窗，謂之四達。」孔穎達疏云：「達鄉：達，通也。
　　　　鄉，謂窗牖也；每室四戶八窗，窗戶皆相對，以牖戶通達，故曰達鄉也。」
〔註92〕《增補六臣注文選卷三‧東京賦》，頁66。
〔註93〕《水經注卷十六‧穀水》頁218。
〔註94〕《元河南志卷二‧後漢城闕宮殿古跡》頁15。
〔註95〕《元河南志卷二‧魏城闕宮殿古跡》頁21。
〔註96〕《王海六卷一百五十五‧宮室‧漢靈台》頁3087。
〔註97〕《洛陽伽藍記校箋卷三‧大統寺》，中華書局，北京，頁131。

（二）洛陽明堂、辟雍與靈臺是否合建問題

明堂與辟雍與靈臺是否合建問題，由《漢官儀》記載：「辟雍去明堂三百步」及《洛陽記》記載：「平昌門南直大道，東是明堂，道西是靈臺。」以及《水經注》的記載：「穀水又逕靈臺北，……又逕明堂北。」可知洛陽明堂、辟雍與靈臺三宮分三處建造，由漢明帝永平三年正月祀光武帝於明堂，禮畢再登靈臺，到三月第一次蒞臨辟雍，辟雍不與明堂靈臺同處可得旁證。此與長安明堂、辟雍合建一處，靈臺另建他處共分二處不同。

據考古發掘資料，在漢魏洛陽遺址發掘出東漢禮制三宮的遺址

> 辟雍在開陽門外大路東側；明堂在開陽門外大路的西側，平城門外
> 大路的東側，東距辟雍約一百五十公尺；靈臺在平城門外大路的西
> 側。〔註99〕

三宮分三處建造，與文獻資料的記載基本相符。

（三）洛陽明堂、辟雍與靈臺遺址的考古發掘

洛陽明堂、辟雍在 1972 年由中國科學院考古研究所洛陽工作隊所發掘，辟雍遺址，位於今偃師縣崗上村東側，位於明堂遺址之東，其狀況：

> 辟雍遺址範圍約一百七十米見方，四面各築一門，中心爲邊長四十
> 五米的方形夯築殿基，殿基北有一條南北向大道，晉代之三臨辟雍
> 碑即出土于夯土殿基之南。……明堂遺址與辟雍遺址東西相望，東
> 西三百八十六米，南北近四百米，東、南、西三面圍牆尚有遺跡可
> 尋，中心爲直徑六十餘米的圓形夯築殿基。〔註100〕

圓形夯築殿基之上有一個遺址：

> 南北長六十四米、東西寬六十三米、高二點五米以上的方形夯土臺
> 基，應是明堂主體建築，在其南側和西側，還發現三座小型夯土臺
> 基。〔註101〕

靈臺遺址在 1974 年冬到 1975 年春亦由同一考古工作隊發掘：

> 在漢魏洛陽故城遺址南郊，今偃師市佃庄鄉崗上村與大郊寨之間，
> 有一巨大夯土臺，這便是中外矚目的東漢靈臺遺址。……靈臺遺址

〔註98〕《漢魏陽洛陽故城研究·漢魏洛陽城南郊的靈臺遺址》，頁 121。
〔註99〕《大百科全書·考古學·漢魏洛陽城遺址，南郊的禮制建築和太學》，頁 183。
〔註100〕《漢陽洛陽故城研究·漢魏洛陽城保護、考古研究的回顧與展望》，頁 1003。
〔註101〕《中國考古·第四章·秦漢考古·洛陽漢魏故城》，頁 463。

的整個範圍達四萬平方米，東西有夯築的牆垣，牆垣內的中心建築，
就是人們今天尚能看到的這座夯築高臺，它在地面之下的臺基長寬
各約五十米，地面上現存的夯土臺，東西殘寬三十一米，南北殘長
約四十一米，殘高約八米餘。在夯土高臺的四周，各有上下兩層平
臺，平臺之上有建築遺跡，其中下層平臺，周圍原應係環築回廊，
北面保存較好，其他三面已無遺跡可尋了，北面正中有坡道或踏道
可通達上層平臺；坡道兩側為回廊，東西各五間以上，每間面闊二
點五米，進深約二米。上層平臺，四周各有五間建築，每間面闊約
五點五米，每面總長二十七米，建築的後壁與下層回廊後壁相同，
即利用夯土臺削為後壁，並在後壁上挖槽立柱，柱下置方形柱礎。
地面全部用長方形小磚按人字形鋪砌。四面建築的牆壁上分別塗以
青色、白色、紅色、黑色，色彩殘跡，至今可見，這種以方位不同
而顏色有別的現象，應和五行學說及當時崇尚四靈的習俗有關。上
層平臺的西面，和其餘三面不同，它在原有五間建築的後面，又加
闢一內室，進深二米，外室與內室有牆隔開，內室的北邊兩間與南
邊三間也以土牆隔開，室內地面鋪方磚，後壁無立柱，這個內室很
可能就是《晉書‧天文志》：『作銅渾天儀于密室中』的密室有關
呢？……（靈臺遺址）東西六十三米，南北六十四米的平面呈方形
夯土基址一座……而這座夯臺被破壞的現存高度是八米餘……據當
地七十多歲老人回憶他童年時見到此臺的高度要比現在還要高兩三
米。〔註102〕（圖 5-9）

（四）洛陽明堂、辟雍與靈臺的規制

洛陽三宮與長安三宮布局不同，依據文獻資料與考古資料證明洛陽明
堂、辟雍與靈臺三宮係分處建造，洛陽明堂之規制與長安明堂辟雍相似，其
中心建築在一個直徑約六十餘公尺的夯土臺上，但長安明堂辟雍有直徑三百
六十公尺的圓水溝，而洛陽明堂卻是一個四百公尺左右略成方形的基址，未
發現有圓水溝。而辟雍稍小，也是具有直徑一百七十公尺方形基址，惟文獻
所載洛陽辟雍之外有「造舟清池，惟水泱泱」之圓水渠始終未發現，這是兩
者最大相異點。依發掘遺址地圖，辟雍在洛河南岸不遠，該地屬於沖刷較大

凹岸，圜水渠或係已遭洛河沖毀而無蹤？

　　洛陽明堂圜形夯土臺上的主體建築方六十四公尺臺基與長安明堂主體建築相若，判斷其平面應相似，亦即《水經注所稱》的九室重隅十二堂之制，而其立面亦應是上圓下方之制。

　　洛陽辟雍之制，《水經注》認爲引水於明堂下即爲辟雍，亦即明堂、辟雍合建一處；但與曾目睹明堂、辟雍的東漢張衡之〈東京賦〉所云的左制辟雍、右立靈臺格局不符，幸現代考古資料已發現辟雍遺址，其布局亦爲方形，邊長一百七十公尺，約爲明堂遺址之半，內有四個品字形夯土臺分置四方，南方有一較大方形夯土臺爲主體建築，則其平面應有五棟建築，判斷應是五行的金木水火四室及南面的土室，其作用就是〈東都賦〉所謂的「揚輯熙、宣皇風」以及〈東京賦〉所謂的「因進距衰、表賢簡能」功能。

圖 4-10　東漢靈臺遺址平面剖面示意圖

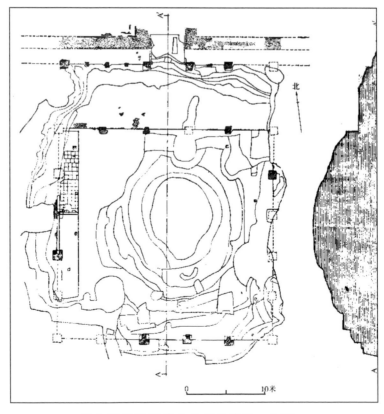

引自漢魏洛陽城南郊靈臺遺址一文圖一

洛陽靈臺，其作用就是〈東都賦〉所謂的「考休徵」以及〈東京賦〉所謂的「馮相觀祲、祈禳禳災」功能，劉良注云：「靈臺；觀祲之臺。祲；氣也。休；美也。徵；應也。言天子所升此臺觀氣以考美應。」〔註103〕李善注曰：

《周禮·春官》：「馮相氏掌歲日月星辰之位，辨其災祥以爲時侯。』，鄭玄曰：「馮；乘也。相；視也。祲謂陰陽氣相侵漸以成也。祈；求福也。禳；除也。災；禍也。謂求祈福而除災害也。禳，福也。」
〔註104〕

由此，洛陽靈臺有觀測天文氣象並祈福禳災之功能。其高度依《水經注》謂高六丈，以北魏前尺一尺等於二十七點八一公分計，六丈等於十六點八七公尺，三十年後〔註105〕，《洛陽伽藍記》謂猶高五丈餘，兩文獻基本相符。1974年測量時高僅餘八公尺多，依當地老人回憶在 1900 年代應該還有十公尺左右，《元河南志》引《漢宮闕疏》所載高三丈應該有誤。靈臺尺度《水經注》記載方二十步，即邊長一百二十尺，即今尺三十三點三八公尺，應是靈臺本身的臺基尺寸，與現在的夯土臺基邊長三十一點三二至四十一點三三公尺基本相符。至於洛陽靈臺整個院落範圍文獻不載，若依考古發掘遺址尺寸南北長二百公尺，東西寬二百二十公尺計算，周長計八百八十公尺，約合漢尺六百步，即方一百五十步。王世仁曾對洛陽靈臺及附屬建築作考證性的推測復原，圖 4-10，4-11 即其平面與立面復原圖。

圖 4-11　王世仁復原東漢靈臺立面圖

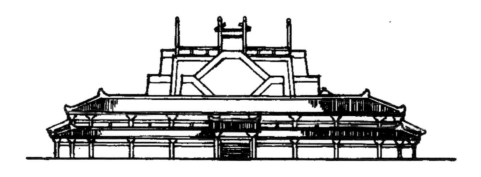

〔註103〕《增補六臣注文選卷一·東都賦》頁 37。
〔註104〕《增補六臣注文選卷三·東京賦》頁 66。
〔註105〕依阮忠仁考證，酈道元撰水經注在延昌 4 年～正光 5 年（515～524），楊衒之撰洛陽伽藍記東魏武定 5 年（547），參見嘉義大學人文藝術學報創刊號嘉義，2002 年 3 月。

圖 4-12　王世仁復原東漢靈臺總圖

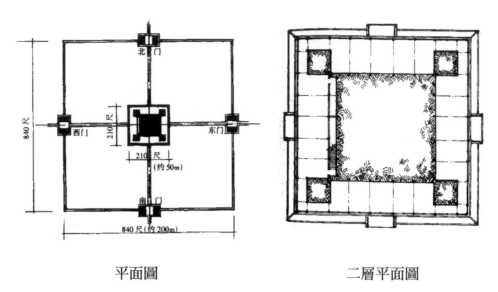

平面圖　　　　　　　　　　　二層平面圖

　　由文獻與考古資料證實明堂、辟雍和靈臺等三宮在兩漢的佈局不同，除靈臺另處建造外，西漢時代無論是奉高明堂或是長安明堂皆與辟雍合建在一處；東漢初期已將三宮分建三處。

　　筆者另繪東漢靈臺外現觀復原圖如下：

圖 4-13　筆者手繪東漢靈臺外觀復原示意圖

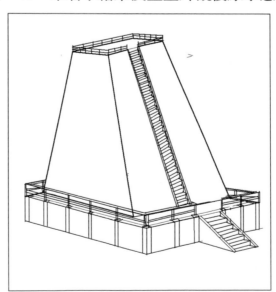

第三節　漢代三宮建築規制復原之商榷

一、明堂立面外觀之商榷

　　明堂之立面文獻資料都是複廟重屋，上圓下方，規天矩地，也就是下層平面是方形，上層或樓層平面為圓形，象徵當時天圓地方觀念，王世仁質疑通天臺徑九丈如何覆在方六丈的太室上方〔註106〕？太室上的二十八柱排成方形，通天臺圓形屋身可用內接圓解決，太室方六丈是室內淨寬，兩側加上考古資料四十公分（約一點五漢尺）的柱徑，太室方共六丈三尺，以直斜比一點四一四倍計算，其內接圓徑八點九丈，接近九丈。至於通天臺圓屋身可用彈性較大的竹材或木材解決，也可能參考當時匈奴的穹廬〔註107〕（即今日的蒙古包）營建法興建。（圖4-14）。

圖4-14　長安明堂通天臺屋身直徑與圓楣徑之檢討圖

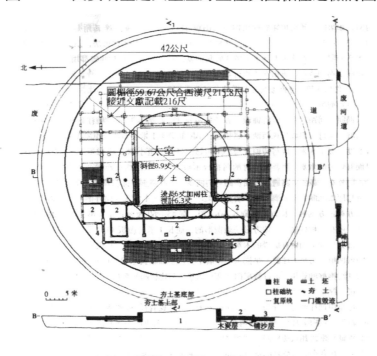

1.夯土　2.草泥地面　3.方磚鋪地　4.斜坡路　5.空心磚

底圖根據考古平面圖

〔註106〕《中國古建探微·明堂形制初探·東漢明堂靈臺》王世仁著，頁51。
〔註107〕辭出自《漢書補注卷九十四·匈奴傳下》，頁1019。

二、明堂屋頂瓦蓋與茅蓋之商榷

明堂上層或通天臺直徑九丈、圓楣徑二百十六尺，王世仁質疑如此大直徑的圓屋頂在構造上造型上都不可能出現〔註108〕，但這應是指覆蓋的瓦屋頂而言，若以茅蓋屋頂非不無可能。以考古資料明堂邊長四十二公尺～四十二點四公尺計算，平均邊長四十二點二公尺，其斜徑爲邊長一點四一四倍亦即五十九點六七公尺，西漢尺等於二十七點六五公分計算，其斜徑合二百十五點八漢尺，與文獻記載二百十六尺相當吻合，筆者認爲由明堂四方各角隅共立十六根通天柱以撐下簷茅蓋有關，茅蓋之說應起於漢武帝奉高明堂「明堂中有一殿，以茅蓋通水，四面無壁」之格局，其淵源於黃帝合宮以草蓋之〔註109〕，堯堂茅茨不翦〔註110〕，舜總章以草蓋之〔註111〕，此與古聖守儉有關，王莽喜復古風，明堂茅蓋，自有可能。

其次，依據大土門遺址考古發掘報告：「大瓦當出於大門內，小瓦當出於配房，中心建築內只出一塊殘雲紋瓦當。」〔註112〕也就是中心建築外面圍牆大門及角隅配房有三十八塊大小瓦當出土，但是複廟重屋、九室十二堂的中心建築只出土一塊殘破瓦當，此爲中心建築非爲瓦蓋之有力證據。

奉高明堂的四面無壁風格，在長安明堂遺址考古發掘中有東西南北面各有一堂，方磚鋪地，有柱無壁，應是奉高明堂遺意。

三、古本《三輔黃圖》「水闊二十四丈，水內徑三丈」之商榷

古本《三輔黃圖》云：「殿垣方在水內法地陰也，水四周于外；象四海。圓；法陽也。水闊二十四丈；象二十四氣。水內徑三丈；應覲禮經。」王世仁認爲：「水闊二十四丈的水面顯然太寬，且與水內徑三丈的尺度有矛盾。」〔註113〕但《黃圖》所云：「水四周于外象四海」，而〈東京賦〉所云：「造舟清池，惟水泱泱」，水寬當不止三丈，其一爲三丈寬之水難稱泱泱，如圓水渠僅寬三丈，如何象四海？長安明堂辟雍以在東西南北四個圓水梁象徵四

〔註108〕同註 105。
〔註109〕《增補六臣注文選卷三・東京賦》薛綜注，頁 63。
〔註110〕《韓非子・五蠹篇》，臺灣中華書局，臺北，1966 年 3 月，頁 2。
〔註111〕《增補六臣注文選卷三・東京賦》薛綜注，頁 63。
〔註112〕《西漢禮制建築遺址・第九章大土門遺址》，頁 206。
〔註113〕《中國古建探微・明堂形制初探》頁 52。

海，洛陽辟雍則有四海的水體布局，班固〈東都賦‧辟雍詩〉云「乃流辟雍、辟雍湯湯；聖皇蒞止，造舟爲梁。」依《爾雅注》云；「造舟，比船爲橋」，三丈水渠難容五艘比船之舟橋，筆者推測其洛陽辟雍布局應以圓如璧雍之以水爲準，也就是《黃圖》所云的方形殿垣外皆是水，則將在四向產生四個較大的水面，才能所謂象四海之規模，四海之外則有圓水渠。如圖 4-15 所示。若以夯土台基直徑六十二米，中心建築邊長四十二米，其間弓形幅寬十米如四海，則東西海闊二十二丈，水寬三點六丈，或水闊及內徑之數。

圖 4-15　王世仁東漢明堂總平面之圓水渠圖

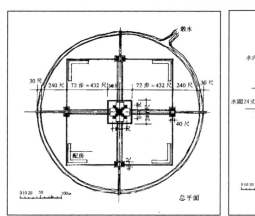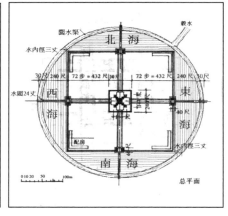

引自《中國古建探微》圖 3-5（左），筆者另加之圓水渠及四海圖（右）

四、洛陽明堂總尺度推算之商榷

洛陽明堂尺度據王世仁之推算：

> 殿門去殿七十二步（四百三十二尺），再加上明堂面廣二百四十尺則外圍牆每面總長一千一百零四尺，再加上牆距水溝二十四丈，水溝寬三丈，則水溝外徑應爲一千六百四十四尺，約合 389 米。按勘測簡報，遺址範圍東西約三百八十六米，南北長四百米，考慮當時水溝不完全正圓形，則這個總平面尺度是可信的。〔註114〕

其中除了牆距水溝距離宜改爲四海水闊二十四丈外，統計數字應屬正確。惟總尺寸如加上殿垣及牆垣厚度當更接近遺址的尺度。

〔註114〕《中國古建探微‧明堂形制初探》頁 53。

第四節　歷代明堂源流

　　明堂是我國數千年來統治政權最重要的建築，自《淮南子》所載神農氏明堂「有蓋而無四方」〔註115〕的草亭無壁式明堂開始，歷黃帝合宮〔註116〕、唐堯的衢室〔註117〕、虞舜的總章〔註118〕，夏后氏世室〔註119〕等遠古明堂應是茅茨不剪、采椽不斲的單層茅蓋建築，也就是《淮南子・本經篇》所云：「古者明堂之制；下之潤溼弗能及，上之霧露弗能入，四方之風弗能襲，土事不文、木工不斲、金器不鏤。」〔註120〕之建築風格。殷人重屋〔註121〕則是爲層樓建築，至周代明堂始有五室之格局〔註122〕，《禮記・明堂位》曾載：「周公朝諸侯於明堂之位，天子負斧，南向而立。」〔註123〕周公朝諸侯之明堂，其地點未獻未載，正式記載有明堂地點的是孟子請齊宣王欲行王政勿毀明堂〔註124〕亦即《史記・封禪書》所載的泰山東北阯古明堂〔註125〕；《呂氏春秋》載有十二月令天子分月居青陽、明堂、總章、玄堂等四堂之太廟及左个、右个兩室，加上中央的太室〔註126〕，則秦代明堂爲四堂九室之制；正式有興建記錄的是漢武帝依齊人公玉帶圖所建的奉高明堂，其制爲圜水環繞宮垣，堂殿無壁，以茅蓋頂，殿有崑崙樓，以複道出入〔註127〕。西漢末年王莽又奏建長安明堂辟雍及靈臺，其明堂辟雍制度依《水經注・渭水》所云明堂南引水爲辟雍，其制上圓下方、九宮十二堂、四嚮五室〔註128〕，但不久即毀於赤眉兵燹。數十年後，東漢光武帝建造洛陽明堂、辟雍及靈臺，號稱三宮，其制爲《水經注・穀水》所稱上圓下方、重隅、九室十二堂〔註129〕之制，

〔註115〕《淮南鴻烈解卷九・主術篇》，頁2。
〔註116〕《中國子學名著集成79・尸子卷下》，戰國・尸佼撰，清・汪繼培輯，頁530。
〔註117〕《中國子學名著集成69・管子卷十八・桓公問》，春秋・管仲撰，明・凌汝亨輯，頁599。
〔註118〕同註110。
〔註119〕《周禮注疏卷四十一・考工記・匠人》，頁643。
〔註120〕《淮南鴻烈解卷八・本經篇》，頁17。
〔註121〕同註119。
〔註122〕同註119，頁644。
〔註123〕《禮記注疏卷三十一・明堂位》，頁575。
〔註124〕《孟子注疏卷二上・梁惠王下》，頁35。
〔註125〕《史記卷二十八・封禪書》，頁553。
〔註126〕《中國子學名著集成84・呂氏春秋・十二紀》，頁1～257。
〔註127〕《史記卷二十八・封禪書》頁553。
〔註128〕《水經注卷十九・渭水》頁243。
〔註129〕《水經注卷十六・穀水》頁218。

兩漢明堂規制類似。武帝奉高明堂浮於圜水之上，無壁足以觀天，企求天人之交通意味十足。《水經注》所載東漢九室十二堂之制，明顯以天子所居九室每年在十二堂內瞻望黃道十二宮之用意。此後，即是北魏孝文帝於太和十年（486）所建造的代京明堂，其制依《水經注・漯水》所稱：

> 明堂上圓下方，四周十二堂九室，而不爲重隅也；室外柱內、綺井之下，施機輪、飾縹碧，仰象天狀，畫北道之宿焉，蓋天也，每月隨斗所建之長轉應天道，此異古也。加靈臺於其上，引水爲辟雍，水側結石爲塘，事準古制。〔註130〕

由此而知代京明堂不但爲歷史上與辟雍靈臺三宮合建成單一建築之首例，明堂也初次當作室內天象館使用，靈臺用途雖未記載，料亦應作露天瞻星之用，代京明堂實係一座天文臺；至於晉代明堂依《隋書・宇文愷傳》引《晉起居注》云：「廟宇之制，理據未分，直可爲一殿，以崇嚴祀，其餘雜碎，一皆除之。」〔註131〕故因陋就簡將其中一殿改稱明堂，宇文愷批評：

> 晉堂方構，不合天文，既闕重樓，又無璧水，空堂乖五室之義，直殿違九階之文，非古欺天，一何過甚！〔註132〕

南朝偏安東南，朝廷享年不永，明堂之建更無足論，如《隋書・禮儀志一》載梁武帝天監十二年之（513）建康明堂：「毀宋太極殿，以其材構明堂十二間，基準太廟，以中央六間安六座，悉南向，……大殿後爲小殿五間，以爲五佐室。」〔註133〕其六座供五方帝及配帝，另六間可能供祭六世祖先昭穆之室，小殿則僅象徵性之五方室。直至隋代，《舊唐書・禮儀志二》載將作大匠宇文愷兩次呈獻明堂木樣，亦即將明堂木造縮小比例的模型給文帝及煬帝，惜未興建〔註134〕。迨至唐高宗總章二年（669）太常博士柳宣諸儒議定八角三層臺基，堂高三層，上圓下方，面寬一百七十一尺，堂簷直徑二百八十八尺，高一百零二尺的總章明堂〔註135〕，惜群議未決，終未創立。直至武則

〔註130〕《水經注校證卷十三・漯水》，頁315。
〔註131〕《隋書第四冊卷六十八・宇文愷傳》，唐・魏徵撰，中華書局，1966年3月，頁4。
〔註132〕同註131。
〔註133〕《隋書第一冊卷六・禮儀志一》，唐・魏徵撰，中華書局，臺北，1966年3月，頁10。
〔註134〕《舊唐書第二冊卷二・禮儀志二》，後晉・劉昫撰，中華書局，臺北，1966年3月，頁1。
〔註135〕《舊唐書第二冊卷二・禮儀志二》頁6及王世仁《明堂形制初探》頁18。

天垂拱三年（687），毅然拆毀東都洛陽之乾元殿，就其地並用其建材創建史上最高大且最具特色的明堂，明堂建築達到高峰，其制載於《舊唐書・禮儀志二》如下：

圖4-16　武后重建明堂圖

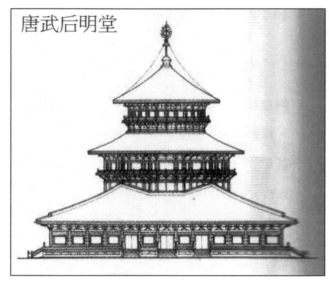

取自建築古蹟大發現，西安唐明堂圖，智博文圖公司，臺北，頁226。

凡高二百九十四尺，東西南北各三百尺，有三層，下層象四時，各隨方色，中層法十二辰，圓蓋，蓋上盤捧九龍捧之，上層法二十四氣，亦圓蓋，亭中有巨木，大十圍，上下通貫，……亘之以鐵索，蓋爲鷥鸞，黃金飾之，……明堂之下施鐵渠，以爲辟雍之象，號萬象神宮。〔註136〕

鷥鸞爲鳳屬神鳥〔註137〕，「蓋爲鷥鸞」也就是屋脊如長安鳳闕，上有金鳳蓋標。萬象神宮化算爲今尺〔註138〕，則邊長達九十三公尺，高度約九十一公尺，平面及高度尺度皆超過北京天壇祈年殿及臺北中正紀念堂〔註139〕，爲

〔註136〕《舊唐書第二冊卷二・禮儀志二》頁8。
〔註137〕《段氏說文解字注篇四上・鳥部》云：「鸞：鷥鸞，鳳屬神鳥也。……《春秋國語》曰：『周之興也，鷥鸞鳴於岐山。』」頁108。
〔註138〕吳洛《中國度量衡史》表十五，唐尺合0.311公尺，頁66。
〔註139〕中正紀念堂底邊長五十五公尺，高七十公尺，北京天壇祈年殿尺度依《中國名勝詞典》載高三十八公尺，直徑三十三公尺，頁30。

歷史上最高大的禮制建築。但此明堂完壽命僅八年，證聖元年（695），即遭僧懷義焚毀〔註140〕，但武后不甘心，立即重建明堂，萬歲通天元年（696），重建新明堂完成，其制「高二百九十四尺，方三百尺，上施金塗鐵鳳，高二丈，後爲大風所損，更爲銅火珠，群龍捧之。」〔註141〕高度與平面同原制，到開元二十五（737）年拆除明堂第三層，高度降低九十五尺，改稱乾元殿〔註142〕，武后東都明堂歷五十年滄桑後走入歷史。

到了宋朝，只有宋徽宗在政和七年（1115）拆除秘書監改建九室八个的明堂，其布局依王世仁稱：「將若干單座建築組合起來，構成封閉的組群。」〔註143〕象徵性的圜水渠也不見，明堂建築已趨沒落。元代郊祀觀念不同漢人，終元之世不建明堂。明開國後，明太祖於洪武十年（1377）建大祀殿於南京，合祀天地，永樂十八年（1420）始建北京大祀殿，其制下壇上屋，嘉靖九年（1530），大學士張璁奏言：「大祀殿，其制下壇上屋，屋即明堂，壇即圜丘。」〔註144〕則明堂成爲下壇上屋之制，嘉靖二十四年（1545）：「將大祀殿改建爲圓形建餘，更名爲大享殿，即爲明堂，中置神壇牌位，祭五方帝，行祈穀禮。」〔註145〕，則爲明堂成爲圓形屋身之濫觴，此大享殿亦即北京天壇祈年殿之前身。直至清代，乾隆四十九年（1784）北京國子監建造重簷方亭且有圓形水池的辟雍，這已是明堂制度建造的尾聲。

辛亥革命以後，數十年來國勢凌夷，國府當局又認明堂建築係專制帝王的表徵，已無意禮制三宮之建。晚近大陸在 1952 年建造的重慶人民大會堂（圖5-16）及民國五十五年（1966）國府在臺北陽明山建造的中山樓（圖5-17）。其上圓下方的格局略可稱明堂復古之作，所具明堂之流風餘韻不言而喻，但就周公朝諸侯於明堂以來的三千年來的明堂建築史而言，明堂由政治性建築物蛻變爲禮制性建築，明堂無疑是我國歷史上相舍重要的指標性建築物，源遠流長，歷久不衰，它的上圓下方造型無疑象徵我國古代先祖的天圓地方的天地觀，也是藉著明堂當做天地之間的媒介載體，正像是在歐洲具有高聳尖

〔註140〕《資治通鑑卷205・唐紀21・則天順聖皇后中之上》，頁1384。
〔註141〕《資治通鑑卷205・唐紀21・則天順聖皇后中之上》，頁1385。
〔註142〕《資治通鑑卷205・唐紀25・玄宗至道大聖大明孝皇帝中之中》，頁1455。
〔註143〕《中國古建探微・明堂形制初探》，頁83。
〔註144〕《明史卷四十八・禮志二》，張廷玉等撰，藝文印書館，臺北，1975 年，頁514。
〔註145〕同141。

塔之歌德式教堂是教士與上帝聯繫之媒介載體一樣，換言之，我國古代明堂是建立所謂天人合德的哲學思想之建築物，故孟子要求齊宣王勿毀明堂也是此意。明堂制度的探討及明堂建築的建造雖然歷經數千年而不衰，但漢代三次建造的奉高、長安及洛陽明堂卻是開創明堂制度的先河，《周禮‧考工記‧匠人》對周代明堂制度片斷的記載，讓歷代學者絞盡了腦汁鑽進牛角尖如水中探月，千百年來學者耗費極大心力搞明堂，但僅靠文獻的研究與考證，學者雖各伸其理，然見解未一，以由明堂遺址來直接研究較爲實際。西周早期周公明堂與戰國時代齊國泰山明堂以及漢武帝奉高明堂已無遺址可尋，幸而西漢末年長安明堂及東漢初年洛陽明堂遺址卻陸續被發現，其遺址的尺度可與文獻作比對，其地下殘餘的牆壁與基礎及柱洞的大小及間距，可以作爲判斷柱間距離以及平面格局及尺度，也可以瞭解明堂院落、結構與梁架組成，甚至立面外觀，屋頂的型式皆可作比較接近眞實的復原，由遺址考古的比對可令明堂的研究更上一層臺階。

圖 4-17　張嘉德設計之重慶人民大會堂

取自《大百科全書‧建築園林，城市規劃》圖版 18（下）

圖 4-18　修澤蘭設計之臺北陽明山中山樓

取自雅虎網路。

第五章　由兩都二京賦探討漢代苑囿建築

今本《三輔黃圖》載漢代長安之苑囿有周靈囿、上林苑、甘泉苑、御宿苑、思賢苑、博望苑、西郊苑、三十六苑、樂遊苑、宜春下苑、梨園〔註1〕，西郊苑應即是上林苑〔註2〕，除周靈囿建於周文王時代，思賢苑建於漢文帝時代，樂遊苑建於漢宣帝時代，其餘諸苑皆建於漢武帝時代。今舉《西都、西京賦》所提到上林苑及甘泉苑敘述之。

第一節　上林苑

一、上林苑之緣起

今本《三輔黃圖》稱上林苑為秦時舊苑〔註3〕，載於《史記・秦始皇本紀》：「諸廟及章臺、上林皆在渭南，每破諸侯，寫放其宮室，作之於咸陽北阪上。」〔註4〕當時上林苑已供皇室遊獵，如《史記・李斯列傳》：

「於是及入上林齋戒，日游弋獵。」〔註5〕

〔註1〕　《三輔黃圖校注卷之四・苑囿》頁 269～292。
〔註2〕　《三輔黃圖校注卷之四・苑囿》稱西郊苑繚以周垣四百餘里，除上林苑外，無如此鉅大之苑，而〈西都賦〉又有西郊則有上囿禁苑之辭，可以斷定兩者係同一苑。頁 288。
〔註3〕　《三輔黃圖校注卷之四・苑囿・漢上林苑》頁 270。
〔註4〕　《史記卷六・秦始皇本紀》頁 121。
〔註5〕　《史記會注考證卷八十七・李斯列傳》頁 1044。

　　漢高祖時上林苑有許多空地，蕭何請高祖棄苑還民耕田，不要成爲供野獸棲居吃草的荒地，高祖大怒不許〔註6〕。文帝嘗登上林虎圈問詢上林禽獸簿之事〔註7〕，景帝亦與其弟梁孝王游獵上林中〔註8〕，則知上林苑仍繼續使用，惟當時上林苑只是舊苑重用，其規模依《雍錄》云：

> 秦之上林，其邊際所抵難以詳究矣！《水經》於宜春觀曰：『此秦上林故地也。』《史記》載上林所起曰：『作朝宮渭南上林苑中，先作阿房前殿。』則宜春觀、阿房宮皆秦苑故地也。〔註9〕

　　宜春宮依照今本《三輔黃圖》所載位在長安城東南〔註10〕，阿房宮在渭南，則秦上林苑遠小於武帝時之上林苑。

二、上林苑之文獻綜述

　　〈西都賦〉描寫長安之西郊苑囿上林苑概況，並提及上林苑之規模及珍禽奇獸種類及產地如下。〔註11〕：

> 西郊則有上囿禁苑、林麓藪澤，陂池連乎蜀漢，繚以周牆四百餘里，離宮別館三十六所，神池靈沼，往往而在，其中乃有九眞之麟，大宛之馬，條枝之鳥，踰崑崙、越巨海，殊方異類，至于三萬里。

　　〈西京賦〉亦有如下的描寫，且提及上林苑之地理範圍及圍牆周長。〔註12〕

> 上林禁苑，跨谷彌阜，東至鼎湖，斜界細柳，掩長楊而聯五柞，繞黃山而款牛首，繞垣綿聯四百餘里，植物斯生，動物斯止。

　　上林苑在漢代供諸帝遊獵之用，如《今本三輔黃圖》引《漢舊儀》云：「上林苑，方三百里，苑中養百獸，天子秋冬射獵取之。」〔註13〕因此除〈西都、西京兩賦〉外，司馬相如的〈上林賦〉以及揚雄的〈羽獵賦〉皆描寫上林游

〔註6〕　《漢書補注二卷三十九‧蕭何傳》頁991。
〔註7〕　《漢書補注二卷五十‧張釋之傳》云：「（文帝）問上林尉禽獸簿十餘問，尉左右視，不能盡對，虎圈嗇夫從旁代尉對……詔釋之拜嗇夫上林令。」頁1095。
〔註8〕　《漢書補注二卷四十七‧文三王傳》云：「二十九年（梁孝王在文帝二年立，二十九年即景帝前七年，前150）十月孝王入朝……入者侍帝同輦，出者同車，遊獵上林中。」頁1058。
〔註9〕　《雍錄‧苑囿‧上林疆境》頁187。
〔註10〕《三輔黃圖校注卷之三‧宜春宮》云：「宜春宮，本秦之離宮，在長安東南，杜縣東，近下杜。」頁245。
〔註11〕《增補六臣注文選卷一‧西都賦》頁25。
〔註12〕《增補六臣注文選卷二〈西京賦〉頁51。
〔註13〕《三輔黃圖校注卷之四‧苑囿》頁271。

獵之事，在研究上林苑之情況相當重要。

三、西漢上林苑之創建及規制

（一）上林苑創建之爭議及決策

武帝在創建上林苑當年曾數度微行勘察上林苑西區預定地，進行狩獵，踐蹋農地，毀損莊稼，遭百姓謾罵，載於《漢書·東方朔傳》：

> 建元三年（前138），微行始出，北至池陽、西至黃山、南獵長楊、東游宜春，微行常用飲酎已。八、九月中與侍中常侍、武騎及待詔、隴西北地良家子能騎射者期之殿門，故有期門之號自此始。微行，以夜漏下十刻迺出，常稱平陽侯。旦明，入山下，馳射鹿、豕、狐、兔，手格熊羆，馳騖禾稼稻秔之地，民皆號呼罵詈。……齎五日糧……是後南山下，乃知微行數出也。〔註14〕

但這種打遊擊式的巡幸狩獵易遭民怨，交通上道遠勞苦，且有安全顧慮，武帝遂下決定：

> 使大中大夫吾丘壽王與待詔能用算者二人舉籍阿城以南，盩厔以東、宜春以西，提封頃畝及其賈直，欲除以爲上林苑，屬之南山。
> 又詔中尉、左右內史表屬縣草田欲以償鄠杜之民。〔註15〕

但遭東方朔反對，並認爲三不可，即著名的〈泰階諫疏〉如下云：

> 奢侈越制，天爲之變，上林雖小，臣尚以爲大也。夫南山天下之阻也，南有江淮、北有河渭，從汧隴以東、商洛以西，厥壤肥饒。漢興，去三河之地，上霸產以西，都涇渭之南，此所謂天下陸海之地，秦之所以虜西戎而兼山東者也，其山出金、玉、銅、鐵、豫章、檀、柘異類之物不可勝原，此百工所取給、萬民所卬足也。又有秔、稻、梨、栗、桑、麻、竹箭之饒，土宜薑芋、水多鼃魚，貧者足以給家足、無饑寒之憂。故豐鎬之間號爲土膏，其賈畝一金，今規以爲苑，絕陂池水澤之利而取民膏腴之地，上乏國家之用，下奪農桑之業，棄成功，就敗事，損耗五穀，是其不可一也；且盛荊棘之林，而長養麋鹿，廣狐菟之苑，大虎狼之虛，又壞人冢墓、發人室廬，令弱幼懷土而思、耆老泣涕而悲，是其不可二也；斥而營之，垣而圍之，

〔註14〕《漢書補注二卷六十五·東方朔傳》頁1296。
〔註15〕《漢書補注二卷六十五·東方朔傳》頁1297。

> 騎馳東西、車騖南北，又有深溝大渠，夫一日之樂，不足以危無隄
> 之輿，是其不可三也；故務苑囿之大，不恤農時，非所以彊國富人
> 也。夫殷作九市之宮而諸侯畔，靈王起章華之臺而楚民散，秦興阿
> 房之殿而天下亂。〔註16〕

東方朔認爲以草田換膏腴之地，既浪費農地，又不公平，使老幼懷土而悲，
並以乘輿飆竄危險苦諫，復警以殷、楚、秦之敗因，但武帝心意已決，雖終
不聽諫止，但仍然優遇東方朔，予以封官賜金，遂於當年十二月起上林苑。
因施工範圍廣大，依據上述文獻武帝興建的上林苑只是西半部，至於東半部
到達藍田縣的鼎湖宮以及四百餘里的宮牆應是以後陸續興建完成，以武帝在
元狩五年（前 118）上林苑東面隅鼎湖宮生了大病〔註17〕，判斷是時鼎湖宮應
已完成，則上林苑施工期間至少經歷了二十年。

（二）上林苑創建年代

上林苑《古本三輔黃圖》稱係秦之舊苑，建元三年（前 138）開〔註18〕。

> 另《漢書・東方朔傳》云：「初，建元三年，微行始出，北至池陽……
> 乃使大中大夫吾丘壽王與待詔能用算者二人，舉籍阿城以南，盩厔
> 以東，宜春以西，提封頃畝，及其賈直，欲除以爲上林苑。」〔註19〕
> 《漢書・揚雄傳上》亦云：「其年十二月羽獵……武帝廣開上林。」
>
> 〔註20〕

由此項記載，可知武帝係在建元三年（前 138）十二月創建上林苑。

（三）上林苑之範圍

〈西京賦〉稱上林苑大致範圍：「東至鼎湖，斜界細柳，掩長楊而聯五柞，
繞黃山而款牛首。」另今本《三輔黃圖》引《漢書》云：「武帝建元三年開上
林苑，東南至藍田、宜春、鼎湖，御宿、昆吾，旁南山而西，至長楊、五柞，
北繞黃山，瀕渭水而東，周袤三百里，離宮七十所。」〔註21〕則有較詳細的

〔註16〕 《漢書補注二卷六十五・東方朔傳》頁 1297。

〔註17〕 《史記卷二十八・封禪書》云：「文成死，明年，病鼎湖甚。」不載年代，茲
依據《資治通鑑卷二十・漢紀十二》所載年代，頁 133。

〔註18〕 古本《三輔黃圖》世界書局，臺北，1963 年 11 月，頁 37。

〔註19〕 《漢書補注二卷六十五・東方朔傳》頁 1296。。

〔註20〕 《漢書・揚雄傳上》漢・班固撰，宏業書局，臺北，1972 年 6 月，頁 3541。

〔註21〕 《三輔黃圖校注卷之四・苑囿》頁 270，查《漢書》之〈揚雄傳上〉有類似文
辭。

座落。

依據《漢書・東方朔傳》云：「乃使大中大夫吾丘壽王與待詔能用算者二人，舉籍阿城以南，盩厔以東，宜春以西，提封頃畝，及其賈直，欲除以為上林苑，屬之南山。」〔註22〕除載範圍外，更明載吾丘壽王是上林苑施工的總工程師。

因漢成帝好遊獵，上林苑也出現在揚雄傳記及賦文中，如《漢書・揚雄傳上》云：「武帝廣開上林，南至宜春、鼎湖、御宿、昆吾，旁南山，而西至長楊、五柞，北繞黃山，瀕渭而東，周袤數百里。」〔註23〕但揚雄〈羽獵賦〉亦有同樣描述，惟南至宜春、鼎湖改為東南至宜春、鼎湖，但據《今本三輔黃圖》稱：「宜春宮，本秦之離宮，在長安城東南，杜縣東，近下杜……鼎湖在湖城縣界，又一說在藍田。」〔註24〕以昆明池遊樂區為中心而言，則宜春在上林苑之東南、鼎湖在上林苑之東南角，《羽獵賦》的方位較正確。

由以上文獻，可知東南至鼎湖，西到盩厔，北達阿城，南抵南山。鼎湖依薛綜注係地名，位在華陰東〔註25〕，何清谷認為在陝西省藍田縣西南〔註26〕，盩厔今陝西省周至縣，阿城即阿房宮在今西安市西郊〔註27〕，南山即終南山〔註28〕。

（四）上林苑之廣袤

〈西都賦〉稱：「繚以周牆四百餘里」，〈西京賦〉稱繞垣綿聯四百餘里，今本《三輔黃圖》稱周袤三百里，《漢書・揚雄傳上》稱周袤數百里。這是上林苑的四周圍牆長度，應以當時文獻記載四百餘里即約二百公里為準。

而上林苑的面積，今本《三輔黃圖》引《漢宮殿疏》稱：「方三百四十里」〔註29〕，又引《漢舊儀》稱「方三百里。」〔註30〕《長安志》稱方百四十里〔註31〕。

〔註22〕《漢書・東方朔傳》頁2847。
〔註23〕《漢書・楊雄傳上》頁3541。
〔註24〕《三輔黃圖校注卷之三・甘泉宮・宜春宮》頁245，255。
〔註25〕《增補六臣注文選卷一・西京賦》頁51。
〔註26〕《三輔黃圖校注卷之四・苑囿・漢上林苑》注二，頁272。
〔註27〕《三輔黃圖校注卷之四・秦宮・阿房前殿》注二，頁59。
〔註28〕《增補六臣注文選》卷九〈長楊賦〉云：「命右扶風發民入南山。」李善注：「南山，終南山也。」頁171。
〔註29〕《三輔黃圖校注卷之四・苑囿・漢上林苑》，頁270，271。
〔註30〕《三輔黃圖校注卷之四・苑囿漢上林苑》頁271。
〔註31〕《三輔黃圖校注卷之四・苑囿漢上林苑》注四引陳直說，頁271。

　　《漢宮殿疏》的方三百四十里爲見方三百里，即周長爲一千三百六十里，面積十一萬五千六百里（約二萬一千一百平方公里）；《漢舊儀》的方三百里爲見方三百里，則周長爲一千二百里面積九萬方里（即一萬六千四平方公里），《長安志》的方百四十里則周長四百二十里，面積一萬九千六百方里（即三千五百八十三平方公里）；諸文獻中以《長安志》記載最接近實際面積，約合臺北、新竹兩縣面積的總和〔註32〕，這是我國歷史上最大的皇家禁苑。

　　今校核上林苑之四至，由陝西省地圖量度，上林苑東自鼎湖西至五柞約一百公里，北起渭水南抵終南山幅寬約四十公里，面積約四千平方公里左右，其周長約一百八十公里，與〈西都賦〉及〈西京賦〉所載四周圍牆四百餘里相符，另《長安志》所載的面積應是正確數值。

　　上林苑到隋唐代時仍然再整修使用，隋代稱爲大興苑，唐代改稱長安禁苑，惟幅員已大爲縮小，禁苑南鄰唐長安城之北城牆，北至渭城，東至滻水，西包漢長安故城，周回一百二十（唐）里，面積六百二十一平方（唐）里〔註33〕（即一百九十五平方公里），面積已不及漢上林苑的十八分之一。

（五）上林苑之門、宮、觀規制

　　〈西都賦〉稱離宮別館三十六所，今本《三輔黃圖》稱上林苑有離宮七十所，而《關中記》云：「上林苑，門十二，中有苑三十六，宮十二，觀二十五，」〔註34〕另《三秦記》云；「漢上林苑有池十五所。」〔註35〕。

　　至於上林苑的十二門，諸文獻皆不提，據劉慶柱引《漢書・外戚傳下》有延壽門，引《漢書・酷吏傳・咸宣傳》有虪室門〔註36〕等二門。

　　但《關中記》所載的上林苑之宮有建章、承光、包陽、儲元、尸陽、望遠、犬臺、宣曲、昭臺、葡萄、鼎湖、步高、步壽、存神、集靈、櫟陽、甘棨、師德、池陽、谷口、長平、扶荔、首陽、望仙、長陽、禮陽、羽陽、山槃、槁池、用取、虢、回中、長門、鉤弋、渭橋等三十三宮，觀有繭、平樂、博望、益樂、便門、眾鹿、樛木、三爵、陽祿、陽德、鼎郊、椒唐、當路、則陽、走馬、虎圈、上蘭、昆池、豫章、郎池、華光、望仙、白渠、宜春、

〔註32〕依據《辭全・臺灣省各縣方地理簡表》臺北縣面積 2,052 平方公里，新竹縣面積 1,528 平方公里，合計 3,580 平方公里，頁 86～87。

〔註33〕《中國古代建築史第二卷・園林・隋大興苑——唐長安禁苑》頁 451～453。

〔註34〕《關中記輯注・上林苑》所載，頁 67。

〔註35〕《三秦記・池苑・上林諸池苑》頁 49。

〔註36〕《關中記輯注・上林苑》注二所載，頁 72。

射熊、仙人、霸昌、安臺、淪沮、柘、嶀、陰德等三十二觀〔註37〕，加上古本《三輔黃圖》所載的走狗、飛廉、燕昇、觀象、白鹿、魚鳥、元華等七觀〔註38〕，合計三十九觀，總計上林苑有七十二所宮觀。

宮觀的布局依據司馬相如〈上林賦〉之描述，上林苑的宮觀散佈於山谷之間蓋爲「離宮別館，彌山跨谷」〔註39〕。

其建築式樣所謂「高廊四注、重坐曲閣、華榱璧璫。」〔註40〕則知建築外觀爲四注式廡殿屋頂，宮觀屋頂重簷、平面呈曲尺形且具多層平座及走廊，屋簷飾以彩椽及璧玉瓦當。

其宮觀之聯絡交通即「輦道纚屬、步櫩周流、長途中宿。」〔註41〕則知各宮觀之間以縈紆之輦道相聯，輦道每一定距離配置樓閣以供憩息，宮觀樓臺既遠又高，甚至需中途夜宿。

山岩間樓臺的施工及景觀如「夷峻築室、累臺增成、巖窔洞房。」〔註42〕，則是開鑿山體岩壁甚至夷平山頭以建築堂室及多層的樓臺，另有在岩壁間開鑿連通之洞窟做爲窟室；日夜間遊覽山嶺幽谷間宮觀之心際感受有如「杳眇而無見，奔星更於閨闥、宛虹拖於楯軒。」〔註43〕偶然會看到流星與虹霓出現於六宮觀門戶欄檻之間或屋簷之上。皇帝飾青龍及瑞象之乘輿逶邐於東廂房及西清室之間，即「青龍蚴蟉於東廂，象輿婉蟬於西清。」〔註44〕

宮觀間的裝飾、景觀及環境布局則爲「靈圉燕於間，偓佺之倫暴於南榮，醴泉湧於清室，通川過於中庭……玫瑰碧琳，珊瑚叢生。」〔註45〕可知間館有仙人燕娛之壁畫，歇山博風屋簷上列置仙人塑像，清室中有甘泉湧出，並引水渠流過中庭，庭中佈置叢枝珊瑚及玫瑰赤玉，而中庭建渠引泉流通，後來亦用到甘泉苑中，並傳到後世明清紫禁城太和殿前的金水河流渠。

（六）上林苑之池、苑之數量

上林苑之池依《三秦記》載有承露、昆靈、天泉、戟子、龍、魚、牟首、

〔註37〕《關中記輯注·上林苑》，頁 67，68。
〔註38〕古本《三輔黃圖》頁 36，37。
〔註39〕《增補六臣注文選卷八·上林賦》頁 157。
〔註40〕《增補六臣注文選卷八·上林賦》頁 157。
〔註41〕《增補六臣注文選卷八·上林賦》頁 157。
〔註42〕《增補六臣注文選卷八·上林賦》頁 157。
〔註43〕《增補六臣注文選卷八·上林賦》頁 157，158。
〔註44〕《增補六臣注文選卷八·上林賦》頁 157。
〔註45〕《增補六臣注文選卷八·上林賦》158。

蒯、菌鶴、西陂、當路、東陂、太一、牛首、積草、糜、舍利、百子等十八池〔註46〕，另加古本《三輔黃圖》的昆明池、初池、郎池等三池〔註47〕共二十一池。昆明池另敘如後。

此外，《關中記》稱上林苑中有苑三十六，文獻中僅有《今本三輔黃圖》引《漢儀注》云：「太僕牧師諸苑三十六所，分佈北邊、西邊，以郎爲苑監，宦官奴婢三萬人，養馬三十萬匹，養鳥獸者，通稱爲苑，故謂之牧馬處爲苑。」〔註48〕如是則三十六苑非游獵娛樂之苑，乃牧馬場卅六處也，大規模養馬目的平時可供游獵、戰時可供騎兵使用。

上林苑亦有將有罪富豪之園林設施及植栽沒入園中者，如今本《三輔黃圖》載茂陵富民袁廣漢之私苑：

> 於北邙山下築園，東西四里、南北五里，激流水注其中，構石爲山，高十餘丈，連延數里。養白鸚鵡、紫鴛鴦、牦牛、青兕，奇獸珍禽，委積其間，積沙爲洲嶼，激水爲波濤，至江鷗海鶴孕雛產鷇，延漫林池，奇樹異草，靡不培植。屋皆徘徊連屬、重閣修廊，行之移晷不能徧也。〔註49〕

袁廣漢因罪伏誅，園林被沒入爲官園，其鳥獸草木沒入上林苑中〔註50〕。袁廣漢在北邙山（與洛陽北邙山同名，在今陝西省興平縣北門外〔註51〕，其面積二十方里（三點六六平方公里，約爲清末臺北府城面積之三倍），其珍禽異獸且不表，但其構石爲山，積沙爲洲嶼，激水爲波濤，爲中國園治假山、造島、堰流成湍等手法之雛形，亦是私家園林內建假山之濫觴。

（七）上林苑之遊樂場

對於上林苑之雜劇遊樂場——平樂觀，又稱平樂館，〈西京賦〉亦有如下的描寫〔註52〕：

> 大駕幸乎平樂之館，張甲乙而襲翠被，攢珍寶之玩好，紛瑰麗以奓靡，臨迴望之廣場，程角觝之妙戲，烏獲扛鼎，都盧尋橦，衝狹燕

〔註46〕《三秦記·池苑·上林諸池苑》頁49。
〔註47〕古本《三輔黃圖》頁38。
〔註48〕《三輔黃圖校注卷之四·苑囿·三十六苑》頁288，289。
〔註49〕《三輔黃圖校注卷之四·苑囿》頁270，查《漢書》之〈揚雄傳上〉有類似文辭。
〔註50〕《三輔黃圖校注卷之四·苑囿》頁275。
〔註51〕《三輔黃圖校注卷之四·苑囿》注二，頁275。
〔註52〕《增補六臣注文選》卷二〈西京賦〉頁56。

烏濯，胸突銛鋒，跳丸劍之揮霍，走索上而相逢。

可見平樂觀裝飾及擺設非常奢華，且可到平樂廣場觀看摔跤角力，力士舉鼎、夷人攀橦、矛鬢衝跳、盆水燕舞、胸觸刀刃、跳躍劍環、雙人空中走索等諸種特技表演。

其內有銅雕飾物如〈東京賦〉如下的描寫〔註53〕：

其西有平樂都場，示遠之觀，龍雀蟠蜿，天馬半漢，瑰異譎詭，燦爛炳煥鼎。

龍雀依薛綜注即飛廉〔註54〕。據《水經注・穀水》引應劭曰：

飛廉神禽，能致風氣，古人以良金鑄其象，明帝永平五年，長安迎取飛廉並銅馬，置上西門外平樂觀。」〔註55〕又引晉灼曰：「飛廉，鹿身，頭如雀有角，而蛇尾豹文，董卓銷爲金用。銅馬徙於建始殿，胡軍喪亂，此象遂淪。」〔註56〕

則已將平樂觀兩大銅雕飛廉與銅馬的滄桑交代清楚。

揚雄〈羽獵賦〉亦對平樂觀之遊樂場景有如下之描寫：〔註57〕

望平樂、徑竹林、蹂蕙圃、踐蘭唐，舉烽烈火，蠻者施技，方馳千駟……狡騎萬帥……拖蒼豨、跋犀犛；蹶浮麋，斮巨挻、搏玄猨、騰空虛，距連卷、踔夭蹻，嬉間間。

則是各種雜劇及馬戲表演，常爲漢畫像磚、石之題材。

漢武帝常遊平樂觀，如《漢書・東方朔傳》所云：「董偃常從武帝遊戲北宮，馳逐平樂，觀雞鞠之會，角狗馬之足，上大歡樂之。」〔註58〕平樂觀有時也是會見外國君長、使者之處，如《漢書・西域傳》云：元康二年（前64），宣帝「自臨平樂觀，會匈奴使者，外國君長，大角抵，設樂。」〔註59〕角抵應如今日的蒙古摔跤。

由上推測，平樂觀主建築物應是一個視界良好的臺榭建築，其周圍即各種表演百戲的遊樂場。依李尤〈平樂觀賦〉云：

〔註53〕《增補六臣注文選》卷三〈東京賦〉頁66。
〔註54〕《增補六臣注文選》卷三〈東京賦〉頁66。
〔註55〕《水經注校證卷十六・穀水》頁400。
〔註56〕《水經注校證卷十六・穀水》頁400。
〔註57〕《增補六臣注文選卷八・羽獵賦》頁167。
〔註58〕《漢書補注二卷六十五・東方朔傳》頁1299。
〔註59〕《漢書補注二卷九十六下・西域傳・烏孫國》頁1660。

徒觀平樂之制，鬱崔嵬以離婁，赫巖巖其岳嶺，紛電影以盤旴，彌
平原之博敞，處金商之維隅，大廈累而鱗次，承岧嶢之翠樓，過洞
房之轉闥，歷金環之華鋪，南切洛濱，北陵倉山。〔註60〕

　　平樂觀位在山嶺之間的平坦之地，其建築有成排象魚鱗之大廈、翠樓及
洞房，連以縈紆之廊道，其門面裝飾有金銅獸面銜環之鋪首。在漢靈帝時代，
平樂觀改建爲高壇建築，供閱兵演戲之觀覽臺，及如《水經注・穀水》引華
嶠《後漢書》所云的閱兵臺：

靈帝于平樂下起大壇，上建十二重，五采華蓋高十丈，壇東北爲小
壇，復建九重，華蓋高九丈，列奇兵騎士數萬人，天子住大蓋下，
禮畢，天子躬擐甲，稱無上將軍，行陣三匝而還，設秘戲以示遠人。

〔註61〕
其大壇高十二重，每重以九尺計，每重臺階以九階級計，共一百零八級階級，
而每級一尺計即二十七點六五公分，應屬合理。十二重壇全高十丈八尺即約
三十公尺，其高度足以眺望全場，壇上華蓋高十丈，則近二十八公尺之高度，
其受風力影響太大，事實上難以撐起，十丈華蓋可能係十尺華蓋之誤，小壇
華蓋九丈也應是九尺才合理。

　　至於平樂觀之位置，依《元河南志》云：「明帝永平五年，至長安迎取飛
廉銅馬置上西門外平樂觀。」〔註62〕即在上西門外，處洛陽城西面，亦即李
尤所謂處金商之維隅，又其南北界即爲李尤所稱的南到洛水北岸，北面越過
倉山，倉山應指邙山西脈蒼翠之山崗。然此位置，酈道元提出質疑，據《水
經注・穀水》云：「今于上西門外無他基觀，惟西明門外獨有此臺，巍然廣秀，
疑即平樂觀也。」〔註63〕查北魏西明門即東漢洛陽城西垣最南的廣陽門，此
兩文獻記載值得商榷，因平樂觀建築非僅是單純的臺觀，尚須有容納數萬軍
隊操練的教場以及遊樂、雜劇、秘戲的表演場，其場所廣袤應達數百公頃，
西垣至白馬寺約一點五公里，上西門至廣陽門爲二點二公里〔註64〕，故可以
推斷言上西門外平樂觀，係因上西門正對北宮西門白虎門，出入平樂觀皆由

〔註60〕　《藝文類聚卷六十三・居處部三・觀》頁 1124。
〔註61〕　《水經注校證卷十六・穀水》頁 400。
〔註62〕　《水經注校證卷十六・穀水》頁 400。
〔註63〕　《水經注校證卷十六・穀水》頁 400。
〔註64〕　考古探查資料，廣陽門至雍門約 880 米，雍門至北魏西陽門約 500 米，西陽
　　　　　門至上西門約 820 米，合計 2.2 公里，詳見《漢魏洛陽故城研究・漢魏洛陽城
　　　　　初步勘查》，科學出版社，北京，2000 年 9 月，頁 9。

上西門，然平樂觀之縱深當達廣陽門之南，而靈帝所建平樂觀之大小觀覽壇可能在廣陽門外，也就是酈道元所云巍然廣秀之臺基，北魏距後漢僅三百餘年，臺基形式變化不大。

（八）上林苑之狩獵場

上林苑之狩獵場爲上蘭觀，如〈西都賦〉亦有如下的描寫〔註65〕：

> 遂繞酆鄗，歷上蘭，六師發逐，百獸駭殫，震震爚爚，雷奔電激。
> 草木塗地，山淵反覆，蹂躪其十二三，乃拗怒而稍息。

〈西京賦〉亦有如下的描寫〔註66〕：

> 陳虎旅於飛廉，正壘壁於上蘭，結部曲、整行伍、燎京薪、駴雷鼓、縱獵徒、赴長莽。

揚雄〈羽獵賦〉亦對上蘭觀之狩獵有如下之描寫：〔註67〕

> 翼乎徐至上蘭，移圍徙陣，浸淫蹙部，曲隊堅重，各景行伍，壁壘天旋，神扶電擊，逢之則碎，近之則破，鳥不及飛，獸不得過，軍驚師駭，刮野掃地。

以上文獻皆僅就皇帝狩獵情況的描寫，對於上蘭觀主體建築均不載。上林苑狩獵場到東漢時仍然爲帝王使用，如〈西京賦〉如下的描寫〔註68〕：

> 歲惟仲冬，大閱西園；虞人掌馬，先期戒事，悉率百禽，鳩諸靈囿，獸之所同，是謂吉備，乃御小戎，撫輕軒，中畋四牡，既佶既閑，弓矛若林，牙旗繽紛，迄于上林，結徒爲營。

由上文獻觀之，上林苑爲漢家皇帝御用的狩獵場，有如清代皇帝建在熱河承德之木蘭圍場。

（九）上林苑之果園

今本《三輔黃圖》引《漢舊儀》云：「帝初修上林苑，群臣遠方，各獻名果異卉三千餘種植其中，亦有製爲美名，以標其異。」〔註69〕〈上林賦〉列舉盧橘、黃甘、橙、榛、枇杷、柿、樗、奈、棗、楊梅、櫻桃、蒲陶、薁、棣、荅遝、離支等。〔註70〕《三秦記・上林諸池苑》載樊川園有五升瓶大的

〔註65〕《元河南志卷一・後漢城闕宮殿古蹟》頁15。
〔註66〕《增補六臣注文選》卷二〈西京賦〉頁53。
〔註67〕《增補六臣注文選卷八・羽獵賦》頁168。
〔註68〕《增補六臣注文選卷二・西京賦》頁73，74。
〔註69〕《三輔黃圖校注卷之四・苑囿》頁271。
〔註70〕《增補六臣注文選・卷八上林賦》頁158。

含消梨，御粟苑出產十五枚一升之大栗。〔註71〕

《西京雜記》載上林苑有群臣獻上自遠方所產的名果，梨有十種、棗有七種、栗有四種、桃有十種、李有十五種、柰有三種、查有三種、椑有三種、棠有四種、梅有七種、杏有二種、林檎十株、枇杷十株、枇杷十株、橙十株、安石榴十株、梬十株等近百種果樹。〔註72〕

（十）上林苑之昆明池

昆明池係上林苑的最重要池苑建築，兼具游覽、蓄水及軍事用途。〈西都賦〉描寫上林苑昆明池概況如〔註73〕：「集乎豫章之宇，臨乎昆明之池，左牽牛而右織女，似雲漢之無涯，茂樹蔭蔚，芳草被隄。」〈西京賦〉亦有類似的描寫〔註74〕：「迺有昆明靈池，黑水玄沚，周以金堤，樹以柳杞；豫章珍館，揭焉中峙，牽牛立其左，織女立其右，日月於是乎出入，象扶桑與濛汜。」

兩賦均描寫水中臺榭豫章觀立於昆明池之池中島，池的東西立有牛郎、織女兩石人。

1、昆明池之建置及功用

昆明池之建置年代依《漢書·武帝紀》云：「（元狩三年，前 120）減隴西、北地、上郡戍卒之半，發謫吏穿昆明池。」〔註75〕《今本三輔黃圖卷四·池沼·昆明池》則稱：「武帝元狩四年（前 119）穿，在長安西南。』」〔註76〕二文獻年代有差別，推測前者爲動工時間，後者爲竣工時間。

其開鑿用途，其一是軍事用途，如《漢書·食貨志上》云：「是時粵欲與漢用船戰逐，迺大修昆明池，列館環之，治樓船高十餘丈，旗織加其上、甚壯。」〔註77〕揚雄〈羽獵賦〉亦云軍事用途：「武帝廣開上林……穿昆明池，象滇河。」張銑注曰：「滇河謂乎伐滇池國，其國多水，故作此池以象彼國之水以習戰。」〔註78〕

〔註71〕《三秦記·池苑·上林諸池苑》頁 47。漢升以新莘嘉重而言約 200.6 立方公分，五升大之梨爲 1,003 立方公分以球形，用公式體積＝3／4×直徑 3 計算，其含消梨直徑爲 7.5 公分：大栗體積 67 立方公分，其直徑爲 3 公分。

〔註72〕《西京雜記·上林名果異木》頁 41，42。

〔註73〕《增補六臣注文選卷一·西都賦》頁 31。

〔註74〕《增補六臣注文選·西京賦》頁 51，52。

〔註75〕《漢書·武帝紀》，漢·班固撰，宏業書局，臺北，1972 年 6 月，頁 176。

〔註76〕《三輔黃圖卷之四·苑囿》頁 31，32。

〔註77〕《漢書補注一·食貨志下》頁 529。

〔註78〕《增補六臣注文選卷八·羽獵賦》頁 164。

另依《今本三輔黃圖卷四‧池沼》稱漢昆明池之用途：

〈西南夷傳〉曰：「天子遣使求身毒國市竹，而為昆明所閉，天子欲伐之，越巂昆明國有滇池，方三百里，故作昆明池以象之，以習水戰。」

〈食貨志〉：「時越欲與漢用船戰逐，乃大修昆明池也。」〔註79〕

由於武帝在元鼎五年（前113）遣伏波將軍路博德、樓船將軍楊僕擊南越、元封二年（前109）遣樓船將軍楊僕、左將軍荀彘將應募罪人擊朝鮮〔註80〕，以兩次戰役在開掘昆明池後十年內發動且皆動用到水師，可知開昆明池動機主要是軍事目的。

其二可做長安都城的水源，如《讀史方輿紀要‧昆明池》引胡氏曰：「武帝作石䦶堰，堰交水為池，昆明基高，故其下流尚可壅激以為都城之用，於是並城流列三派，城內外皆賴之，唐大和以後石䦶堰廢，而昆明涸矣！」〔註81〕

其三亦可當養殖魚類之用，如《西京雜記》載：「武帝作昆明池，欲伐昆明夷，教習水戰，因而於上游戲養魚，魚給諸陵廟祭祀，餘付長安市賣之。」〔註82〕因昆明池水域廣大（面積十六點六平方公里約為新莊市面積），魚產豐富，甚至影響魚價，如《初學記‧昆明池》載：「（昆明池），於池中養魚，以給諸陵祠，餘付長安市，魚乃賤。」〔註83〕

其四為風水上的對應，如《初學記‧昆明池》引《風俗通義》云：「《孫子》有金城湯池之說，後人因此開地為池，以養魚鼈。」〔註84〕而〈西都賦〉正稱長安為萬雉之金城，風水之對應則挖昆明池當為金池，以期永固，但《風俗通義》又曰：「《孫子》：『金城湯池而無粟者，太公、墨翟不能守之。』」〔註85〕故長安終不免被赤眉賊所攻破。

2、昆明池之廣袤

昆明池的周長，依《古本三輔黃圖》云：「上林苑有昆明池，周匝四十里註〔註86〕，其面積依《三輔舊事》云：「昆明池地三百三十六頃。」〔註87〕但

〔註79〕《三輔黃圖卷之四‧苑囿》頁31，32。
〔註80〕《漢書補注一‧武帝紀》頁94，97。
〔註81〕《讀史方輿紀要卷五十三‧陝西二‧昆明池》頁2524。
〔註82〕《西京雜記‧昆明池養魚》頁3。
〔註83〕《初學記卷七‧地部下‧昆明池第四》頁148。
〔註84〕《初學記卷七‧地部下‧昆明池第四》頁147。
〔註85〕《風俗通義校注卷十‧佚文‧宮室》，明文書局，臺北，1982年4月，頁580。本引文經查《孫子兵法》及《史記‧孫子列傳》並無該引文，疑古書佚文。
〔註86〕《古本三輔黃圖》頁38。《西京雜記‧昆明池養魚》云：「池周回四十里」記

依考古勘察資料：「昆明池遺址範圍東西四點二五公里，南北五點六九公里，池岸周長十七點六公里，面積十六點六平方公里。」〔註88〕《古本三輔黃圖》所載四十里之周長爲十七點一公里，與實測資料基本相符，而《三輔舊事》記載面積三百三十六頃即一千八百六十公頃亦即十八點六二平方公里，稍大於實測面積，推測經過二千多年之歲月，湖面已有變動，文獻記載大致正確。〔註89〕

3、昆明池鳩工之考異

昆明池利用古代沔池開鑿而成，見《今本三輔黃圖》云：「昆明池，漢武習水戰也，中有靈沼神池，云：『堯時理水訖，停舟此池』。蓋堯時已有沔池，漢代因而深廣耳！」〔註90〕

所用之勞動力如《漢書‧武帝紀》云：「（元狩三年，前120）減隴西、北地、上郡戍卒之半，發謫吏穿昆明池。」〔註91〕但《今本三輔黃圖》引《漢書》曰：「元狩三年，減隴西、北地、上郡戍卒之半，及吏弄法者，謫之穿此池。」〔註92〕

此兩文獻指同一事，然文稍異，今以施工量來判別，以現在昆明湖遺址低於四周池畔二至四公尺〔註93〕，則開挖深度平均爲一丈而言，約五千萬立方公尺的挖方〔註94〕，亦即可儲水五千萬噸。謫吏爲勞心者，人數不多，其有限勞力不可能完成此龐大的挖掘昆明池工事，今本《三輔黃圖》所謂利用

載數字相同，頁3。

〔註87〕《古本三輔黃圖》，世界書局，臺北，1963年11月，頁38。

〔註88〕《關中記輯注‧昆明池》注一所載，頁55。

〔註89〕《三輔舊事》疑出自後漢韋彪，尺制用後漢尺爲23.75公分，每里1800漢尺等於427.5公尺，40里即爲17.1公里，漢頃爲百畝，每畝二百四十步，每步爲三十六平方漢尺，即2.0306平方公尺，則每漢畝等於553.44平方公尺，故每漢頃等於55,344平方公尺，等於5.5344公頃，336漢頃等於1,859.6公頃。

〔註90〕《關中記‧甘泉宮》頁70。

〔註91〕《漢書‧武帝紀》頁176。

〔註92〕《三輔黃圖校注卷之四‧池沼》頁294，元狩三年應是開挖動工時間。

〔註93〕《三輔黃圖校注卷之四‧池沼‧昆明池》注三何清谷引胡謙盈踏察云：「漢昆明池遺中就是今長安縣斗門鎮東的一片窪地，地勢比周圍低二至四米，總面積約十平方公里。」頁294。

〔註94〕昆明池面積16.6平方公里，即16,600,000平方公尺，假定昆明池平均挖深一丈約2.4公尺，則土方＝16,600,000×3＝49,800,000立方公尺≒50,000,000立方公尺，假定動用三郡戍卒半數約五萬人挖掘，挖方人工每日平均工作量二立方公尺，約需五百工作天完成，文獻記載元狩四年應是竣工時間。

隴西、北地、上郡戍卒之半，推測約數萬人進行開挖方屬合理〔註95〕，故《漢書·武帝紀》疑有錯簡，筆者認為「發」字疑為「及」字之誤。至於五千萬方的棄土推測係供應各地的宮、觀、臺、闕、樓、閣版築高臺基之用。

4、昆明池之舟楫

《三輔舊事》云：「（昆明池）有百艘樓船，上建樓櫓，戈船各數十，上建弋矛，四角悉華幡、葆麾，蓋照燭涯。」〔註96〕則顯有水軍之軍事裝備。

《西京雜記》記載昆明池舟船數則更達數百艘：「昆明池中有戈船、樓船各數百艘，樓船上建樓櫓，戈船上建弋矛，四角悉幡旄、旅葆麾蓋，照灼涯涘。」〔註97〕

又《今本三輔黃圖》引《廟記》曰：「池年隻作豫章大船，可載萬人，上起宮室，因欲遊戲，養魚給諸陵祭祀，餘付長安廚。」〔註98〕豫章大船即樓船，每艘載百人，百艘可載萬人，百人的乘載加上船上的樓櫓，每艘噸位當有百噸以上，當然為水軍操練習戰之用。

另《三輔故事·昆明池》云：「池中有龍首船，常令宮女泛舟池中，張鳳蓋、建華旗、作櫂歌，雜以鼓吹，帝御豫章觀臨觀焉。」〔註99〕這龍首船已是帝王遊幸之遊覽船。

6、昆明池之石雕

昆明池所立牽牛與織女兩石人，其位置據今本《三輔黃圖》引《關輔古語》口：「昆明池有二石人，立牽牛與織女於池之東西，以象天河。」〔註100〕，此外，亦如太液池立有石鯨，如《三輔故事·昆明池》云：「池中有豫章臺及石鯨，刻石為鯨魚，長三丈，每至雷雨，常鳴吼，鬣尾皆動。」〔註101〕雷雨時有風浪，浪激石鯨，鳴吼有聲，誠其然也。石鯨亦用於皇室祈雨之祭祀，《西京雜記》記載石鯨之靈驗：「昆明池刻玉石為鯨魚，每至雷雨，魚常鳴吼，鬐尾皆動，漢室祭之以祈雨，往往有驗。」〔註102〕石鯨據陳直〔註103〕稱：「原

〔註95〕《讀史方輿紀要》引《括地志》云：「昆明池深六哥，袤十里。」則深為四十八唐尺，約十五公尺，可能是靠湖中心最深的湖深。頁2524。
〔註96〕古本《三輔黃圖》頁38。
〔註97〕《西京雜記·昆明池舟數百》頁268，269。
〔註98〕《三輔黃圖校注卷之四·苑囿》頁297。
〔註99〕《三輔故事·昆明池》頁10。
〔註100〕《三輔黃圖校注卷之四·苑囿》頁300。
〔註101〕《三輔故事·昆明池》頁10。
〔註102〕《西京雜記·玉魚動蕩》頁40，41。

在長安縣開瑞莊，今移藏於西安碑林博物館內。」〔註104〕石鯨之尺度依據《關中佚志輯志》稱：

> 石鯨原在長安縣斗門鎮馬營寨村西……斷爲鯨體、鯨尾兩截……鯨體長五公尺，今存陝西歷史博物，鯨尾長一點一公尺，仍留在原地……石鯨總長爲六點一公尺，合漢代二點六五丈，《三輔故事》記石鯨長三丈，當係約數。〔註105〕

陸機〈西征賦〉曾提及昆明池與二石人：

> 乃有昆明池乎其中，其池則湯湯汗汗，滉瀁彌漫，浩如河漢，日月麗天，出入乎東西，旦似暘谷，夕類虞淵；昔豫章之名宇，披玄流而特起，儀景星於天漢，列牛女以雙峙。〔註106〕

則知昆明池到晉代依舊綠波蕩漾，牛女二石人仍屹立於池中，北周時曾經濬渫昆湖池，如庾信〈奉和濬池初成清晨臨泛〉：「千金高堰合，百頃濬源開，翻蓬積草浪，更識昆明灰。」〔註107〕再由唐杜甫〈秋興〉詩之七云：

> 昆明池水漢時功，武帝旌旗在眼中，織女機絲虛夜月，石鯨鱗甲動秋風；波漂菰米沈雲黑，露冷蓮房墜粉紅，關塞極天惟鳥道，江湖滿地一漁翁。〔註108〕

以及唐宋之問〈奉和晦日幸昆明池應制〉詩云：

> 春豫靈池會，滄波帳殿開，舟凌石鯨度，槎拂牛斗迴，節晦蓂全落，春遲柳暗催，象溟看浴景，燒劫辨沈灰；鎬飲周文樂，汾歌漢武才，不愁明月盡，自有夜珠來。〔註109〕

由二首詩意可知昆明池在唐代依然江湖滿地，所立牽牛與織女兩石人及石鯨在唐代仍屹立於池中，惟池中已長菰米、蓮花，可知池水已有淤泥，池水應較漢代爲淺耳，自宋代以後不再濬治，遂湮爲民田〔註110〕，再歷千載，如今

〔註103〕陳直（1901～1980），曾任西北大學教授，考訂《史記》、《漢書》及《三輔黃圖》成果卓著，爲學術界所推崇。

〔註104〕《三輔黃圖校注卷之四・池沼・昆明池》注一頁299。

〔註105〕《關中佚志輯注・西京記》昆明池石鯨注，頁34。

〔註106〕《增補六臣注文選》卷十〈西征賦〉頁203。

〔註107〕《古今圖書集成七十七・考工典卷一百二十七・池沼部藝文二》鼎文書局，臺北，頁1174。

〔註108〕《古唐詩合解卷十・秋興之七》清・王堯衢箋註，頁2。

〔註109〕《古唐詩合解卷十二・奉和晦日幸昆明池應制》清・王堯衢箋註，頁2。

〔註110〕《讀史方輿紀要》引《雍勝錄》云：「池在長安故城西十八里，深四丈八尺，

昆明池已池湮爲窪地〔註111〕，然此三石刻仍然存在，牛郎、織女石像依何清谷稱在西安城西約十公里斗門鎮東南石爺廟內石雕爲織女像，高二點三公尺（漢尺一丈），石爺廟之東一點五公里之北常家莊附近田間亦有小廟——石婆廟，廟內石雕爲牽牛像，高二點九公尺（漢尺一丈二尺）〔註112〕。

第二節　甘泉苑

〈西京賦〉所謂：「其陰則冠以九嵕，陪以甘泉，乃有靈宮起乎其中，秦漢之極觀，淵雲之所頌歎，於是乎存焉。」〔註113〕

今本《三輔黃圖》載其規制曰：

> 甘泉苑，武帝置，緣山谷行，至雲陽三百八十一里，西入扶風，凡周回五百四十里。苑中起宮殿臺閣百餘所，有仙人觀、石闕觀、封巒觀。〔註114〕

依地理位置而言，甘泉苑在北而上林苑在南，周回五百四十里，較上林苑爲大，但百餘所的殿、臺、閣，除述三觀外，當然包括甘泉宮之十二宮十一臺，其餘的殿、臺、閣名稱文獻記載並不多，如《西京雜記》稱成帝之甘泉紫殿內設有雲帳、雲幄、雲幕，故稱三雲殿〔註115〕。其原因可能規模太小所致。

如〈甘泉賦〉所謂的：「崇丘陵之駊騀兮，深溝嶔巖而爲谷，逞逞離宮般以相嬋兮，封巒石闕阤靡乎連屬。」〔註116〕可知甘泉苑殿、臺、閣佈滿了丘陵山谷之間，而「乘雲閣而上下兮，紛蒙籠以混成。」〔註117〕可知殿閣之間以複道雲閣連絡。

再依據《初學記》引劉歆《甘泉宮賦》云：「冠高山而爲居，乘崑崙而爲

中有豫章臺及刻石爲鯨魚，旁有二石人，象牽牛、織女立於河東西，池中養魚以給諸陵祭祀，自宋以後不加濬治，遂湮爲民田。」則深爲四十八唐尺，約十五公尺，可能是靠湖中心最深的湖深。頁2524。

〔註111〕《三輔黃圖校注卷之四・池沼・昆明池》「昆明池周回四十里」注三何清谷引胡謙盈踏察云：「漢昆明池遺中就是今長安縣斗門鎮東的一片窪地，地勢比周圍低二至四米，總面積約十平方公里。」頁294。

〔註112〕《三輔黃圖校注卷之四・池沼・昆明池》昆明池中二石人注五，頁301。

〔註113〕《增補六臣注文選卷一・西都賦》頁25。

〔註114〕《三輔黃圖校注卷之四・苑囿》頁297。

〔註115〕《西京雜記・三雲殿》頁33。

〔註116〕《增補六臣注文選卷七・甘泉賦》頁140。

〔註117〕《增補六臣注文選》卷七・甘泉賦》頁141。

宮……緣石闕之天梯，桂木雜而成行……甘醴湧於中庭兮，激清流之瀰瀰……離宮特觀，樓比相連。」〔註118〕則知甘泉宮觀分佈於甘泉山上，須用石階登山，甘泉宮的中庭則有甘泉湧出並由水渠蜿蜒引流。

第三節　樂遊苑

樂遊苑之位置，樂遊苑就建在樂遊原上，樂遊原在長安西南面，其地四望寬敞。」〔註119〕

樂遊苑之建置，今本《三輔黃圖》云：「樂遊苑，在杜陵西北，宣帝神爵三年（前59）起。」〔註120〕依《漢書・宣帝紀》云：「三年春，起樂遊苑。」〔註121〕顏師古注曰：「宣帝立廟於曲池之北，號樂遊，其處今之所呼樂遊廟者是也，其餘基尚可識焉，蓋本爲苑後因立廟乎。」〔註122〕

其地因高敞，適合眺望及遊樂，李白〈憶秦娥〉詞云：「樂遊原上清秋節，咸陽古道音塵別。」〔註123〕杜甫〈樂遊原歌〉詩有「樂遊古原崒森爽。」〔註124〕之句，李商隱〈樂遊原〉詩云：「向晚意不適，驅車登古原，夕陽無限好，只是近黃昏。」杜牧〈將赴吳興登樂遊原一絕〉詩云：「欲把一麾江海去，樂遊原上望昭陵。」立足樂遊原，可以北眺六十公里外的唐太宗昭陵。〔註125〕其苑中建築除樂遊廟外文獻不載，其植被《西京雜記》載有玫瑰樹及首蓿草〔註126〕。樂遊苑直到唐代仍是熱鬧的公共遊樂之地〔註127〕。

〔註118〕《初學記卷二十四・宮第三》，唐・徐堅等著，中華書局，北京，2004 年 2 月，頁 568,570。
〔註119〕《兩京新記》，唐・韋述撰，清・曹元忠輯，世界書局，臺北，1963 年 12 月，頁 12。
〔註120〕《三輔黃圖校注卷之四・苑囿》，何清谷輯注，頁 290。
〔註121〕《漢書・宣帝紀》頁 117。
〔註122〕《漢書・宣帝紀》頁 117。
〔註123〕《中國文學史初稿第四章・唐五代詞》，王忠林等八人合著，萬卷樓，臺北，2002 年 10 月，頁 610。
〔註124〕《杜工部詩集卷一・樂遊園歌》唐・杜甫撰，臺灣中華書局，臺北，1966 年 3 月，頁 10。
〔註125〕《唐詩一萬首・樂遊原・將赴吳興登樂遊原一絕》2002 年 10 月，頁 553、528。
〔註126〕《西京雜記卷一・樂遊苑》云：「樂遊苑自生玫瑰樹，樹下多首蓿，首蓿一名懷風。」葛洪編纂，地球出版社，臺北，1994 年 9 月，頁 16。
〔註127〕《中國古代建築史第二卷・第三章唐長安芙蓉苑》云：「唐代在樂遊苑附近建芙蓉苑及曲江池水岸園林區，建有臨水樓臺」，頁 454。

第四節　濯龍、芳林園

濯龍與芳林園為東漢洛陽名園，在〈東京賦〉云：「濯龍芳林，九谷八溪，芙蓉覆水，秋蘭被涯，渚戲躍魚，淵游龜蠵。〔註128〕」

濯龍園位置位據《元河南志》引司馬彪《續漢書》云；「在洛陽西北角……近北宮。」〔註129〕另依《後漢書・百官志三》云：「濯龍監、直里監各一人，四百石，本注曰：『濯龍；亦園名，近北宮。』」〔註130〕依據《元河南志》所附〈後漢東都城圖〉〔註131〕，濯龍園位在洛陽城西北角城內，接近北宮外的西北角。

濯龍園規模依據〈東京賦〉的描寫應是一個大池沼，據薛綜〈東京賦〉注引《洛陽圖經》曰：「濯龍，池名；故歌曰：『濯龍望如海，河橋渡似雷。』」故濯龍園內之大池為濯龍池，面積不少故眺望如海，池上建河橋，走過橋可聞風激水浪，聲大如雷。《後漢書》曾載明帝遊濯龍園，不敢召馬皇后同遊，並謂馬后「志家不好樂。」〔註132〕因明帝在苑囿離宮遊樂時，馬后輒以風邪霧露為戒，馬皇后建有織室於園中〔註133〕。延熹九年（166），桓帝曾設壇於濯龍園中以祠老子，其情如《後漢書》所云：「文罽為壇，飾淳金釦器，設華蓋之座，用郊天樂也。」〔註134〕

至於芳林園，在步廣里〔註135〕，依據《元河南志》所附〈後漢東都城圖〉，步廣里在上東門內。明帝建有承露以承甘露，園內建有崇光、華光兩殿〔註136〕。芳林園到曹魏明帝時代大加擴建，據《水經注・穀水》引孫盛《魏春秋》曰：

> 景初元年（237）明帝愈崇宮殿，雕飾觀閣，取石英及紫石英及五色大石於太行穀城之山，起景陽山於芳林園，樹藝竹草木，捕禽獸以充其中，於時百役繁興，帝躬自掘土，率群臣三公以下，莫不展力。
>
> 山之東，舊有九江，陸機《洛陽記》曰：「九江直作圓水，水中作圓

〔註128〕《增補六臣注文選》卷三〈東京賦〉頁65。
〔註129〕《元河南志・後漢城闕宮殿古蹟》頁13。
〔註130〕《後漢書集解一卷二十六・百官志三・鉤盾令》頁1349。
〔註131〕《元河南志卷二・後漢洛陽東都城圖》前附圖。
〔註132〕《後漢書集解一卷十・皇后紀》頁157。
〔註133〕《元河南志・卷二・後漢城闕宮殿古蹟》頁13。
〔註134〕《後漢書集解二卷七・祭祀志上》頁1155。
〔註135〕《元河南志卷二・後漢城闕宮殿古蹟》頁14。
〔註136〕《元河南志卷二・後漢城闕宮殿古蹟》頁14。

壇三破之，夾水得相逕通」〈東京賦〉云：「濯龍芳林，九谷八溪，

芙蓉覆水，秋蘭被涯。」今也山則塊阜獨立，江無復髣髴矣！〔註137〕

芳林園之布局，《洛陽記》所說的九江直作圓水，水中作圓壇三破亦即將九江開鑿成圓形水池，池中砌築圓壇，圓壇沿直徑方向剖成三道水渠，即成六道水渠，加上九江原來流進及流出的兩渠合計八渠，各渠相通，此蓋所謂九谷八溪也，此庭園景觀作品由於〈東京賦〉已有描述，推測完成於東漢明帝時代。濯龍與芳林兩園，皆在原野山谷之間營建，如〈西京賦〉所謂：「（皇城）外因原野以作苑，塡流泉以爲沼，發蘋藻以潛魚，豐圃草以毓獸，制同乎梁鄒，誼合乎靈囿。」〔註138〕，光武出自民間，目睹西漢末之大亂、人民顚沛流離之苦，故提倡簡約，與民休息，御園之興建往住因陋就簡，如同郡國梁鄒諸侯王之規制，誼合靈囿，非謂其大直比文王方七十里靈囿，而是指御園如同靈囿一樣，樵夫與獵人皆可自由進入割草、打柴、獵兔，與民同樂〔註139〕，以濯龍與芳林兩園作爲東漢皇家御園，其規模與長安上林苑北較，直如小巫見大巫。

故東漢皇帝在仲冬農人秋收冬藏之閑暇時間，想藉打獵練武，則仍需借用西京上林苑之廣大園林，由園人準備豢養禽獸放入苑中，以供畋獵之用，即如〈東京賦〉所云：

文德既昭，武節是宣，歲惟仲冬，大閱西園；悉率百禽，鳩諸靈囿，

獸之所同，是謂告備，乃御小戎，撫輕軒，中畋四牡，既佶且閑；

弋矛若林，牙旗繽紛，迄于上林，結徒爲營。〔註140〕

之情況。

〔註137〕《水經注卷十六・穀水》頁212。
〔註138〕《增補六臣注文選卷一・西都賦》頁35。
〔註139〕《孟子注疏・梁惠王篇》云：「文王之囿，方七十里，芻蕘者往焉，雉兔者往焉，與民同之。」，藝文印書館，臺北，1983年9月，頁35。
〔註140〕《增補六臣注文選卷三・東京賦》，頁73，74。